本书受中南财经政法大学出版基金资助

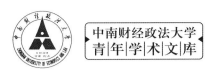

中南财经政法大学
青|年|学|术|文|库

生态资本投资收益研究

屈志光 著

中国社会科学出版社

图书在版编目（CIP）数据

生态资本投资收益研究／屈志光著．—北京：中国社会科学出版社，
2015.12

（中南财经政法大学青年学术文库）

ISBN 978 – 7 – 5161 – 7307 – 7

Ⅰ．①生…　Ⅱ．①屈…　Ⅲ．①生态经济—资本投资—投资收益—
研究　Ⅳ．①F062.2②F830.59

中国版本图书馆 CIP 数据核字（2015）第 300800 号

出 版 人	赵剑英
责任编辑	田　文
特约编辑	陈　琳
责任校对	张爱华
责任印制	王　超

出　　版	中国社会科学出版社
社　　址	北京鼓楼西大街甲 158 号
邮　　编	100720
网　　址	http://www.csspw.cn
发 行 部	010 – 84083685
门 市 部	010 – 84029450
经　　销	新华书店及其他书店

印　　刷	北京君升印刷有限公司
装　　订	廊坊市广阳区广增装订厂
版　　次	2015 年 12 月第 1 版
印　　次	2015 年 12 月第 1 次印刷

开　　本	710×1000　1/16
印　　张	18.25
插　　页	2
字　　数	309 千字
定　　价	66.00 元

凡购买中国社会科学出版社图书，如有质量问题请与本社营销中心联系调换
电话：010 – 84083683

总　序

　　一个没有思想活动和缺乏学术氛围的大学校园，哪怕它在物质上再美丽、再现代，在精神上也是荒凉和贫瘠的。欧洲历史上最早的大学就是源于学术。大学与学术的关联不仅体现在字面上，更重要的是，思想与学术，可谓大学的生命力与活力之源。

　　中南财经政法大学是一所学术气氛浓郁的财经政法类高等学府。范文澜、嵇文甫、潘梓年、马哲民等一代学术宗师播撒的学术火种，五十多年来一代代薪火相传。世纪之交，在合并组建新校而揭开学校发展新的历史篇章的时候，学校确立了"学术兴校，科研强校"的发展战略。这不仅是对学校五十多年学术文化与学术传统的历史性传承，而且是谱写 21 世纪学校发展新篇章的战略性手笔。

　　"学术兴校，科研强校"的"兴"与"强"，是奋斗目标，更是奋斗过程。我们是目的论与过程论的统一论者。我们将对宏伟目标的追求过程寓于脚踏实地的奋斗过程之中。由学校斥资资助出版《中南财经政法大学青年学术文库》，就是学校采取的具体举措之一。

　　本文库的指导思想或学术旨趣，首先在于推出学术精品。通过资助出版学术精品，形成精品学术成果的园地，培育精品意识和精品氛围，以提高学术成果的质量和水平，为繁荣国家财经、政法、管理以及人文科学研究，解决党和国家面临的重大经济、社会问题，作出我校应有的贡献。其次，培养学术队伍，特别是通过对一批处在"成长期"的中青年学术骨干的成果予以资助推出，促进学术梯队的建设，提高学术队伍的实力与水平。再次，培育学术特色。通过资助出版在学术思想、学术方法以及学术见解等方面有独到和创新之处的科研成果，培育科研特色，以形成有我校特色的学术流派与学术思想体系。因此，本文库重点面向中青年，重点面向精品，重点面向原创性学术专著。

　　春华秋实。让我们共同来精心耕种文库这块学术园地，让学术果实挂满枝头，让思想之花满园飘香。

2009 年 10 月

Preface

A university campus, if it holds no intellectual activities or possesses no academic atmosphere, no matter how physically beautiful or modern it is, it would be spiritually desolate and barren. In fact, the earliest historical European universities started from academic learning. The relationship between a university and the academic learning cannot just be interpreted literally, but more importantly, it should be set on the ideas and academic learning which are the so – called sources of the energy and vitality of all universities.

Zhongnan University of Economics and Law is a high education institution which enjoys rich academic atmosphere. Having the academic germs seeded by such great masters as Fanwenlan, Jiwenfu, Panzinian and Mazhemin, generations of scholars and students in this university have been sharing the favorable academic atmosphere and making their own contributions to it, especially during the past fifty – five years. As a result, at the beginning of the new century when a new historical new page is turned over with the combination of Zhongnan University of Finance and Economics and Zhongnan University of Politics and Law, the newly established university has set its developing strategy as "Making the University Prosperous with academic learning; Strengthening the University with scientific research", which is not only a historical inheritance of more than fifty years of academic culture and tradition, but also a strategic decision which is to lift our university onto a higher developing stage in the 21st century.

Our ultimate goal is to make the university prosperous and strong, even through our struggling process, in a greater sense. We tend to unify the destination and the process as to combine the pursuing process of our magnificent goal with the practical struggling process. The youth's Academic Library of Zhongnan University of Economics and Law, funded by the university, is one of our specific measures.

The guideline or academic theme of this Library lies first at promoting the publishing of selected academic works. By funding them, an academic garden with high – quality fruits can come into being. We should also make great efforts to form the awareness and atmosphere of selected works and improve the quality and standard of our academic productions, so as to make our own contributions in developing such fields as finance, economics, politics, law and literate humanity, as well as in working out solutions for major economic and social problems facing our country and the Communist Party. Secondly, our aim is to form some academic teams, especially through funding the publishing of works of the middle – aged and young academic cadreman, to boost the construction of academic teams and enhance the strength and standard of our academic groups. Thirdly, we aim at making a specific academic field of our university. By funding those academic fruits which have some original or innovative points in their ideas, methods and views, we expect to engender our own characteristic in scientific research. Our final goal is to form an academic school and establish an academic idea system of our university through our efforts. Thus, this Library makes great emphases particularly on the middle – aged and young people, selected works, and original academic monographs.

Sowing seeds in the spring will lead to a prospective harvest in the autumn. Thus, let us get together to cultivate this academic garden and make it be opulent with academic fruits and intellectual flowers.

Wu Handong

摘　要

　　全球气温急剧上升、生态环境不断恶化、资源能源日益枯竭、自然灾害明显频发、极端气候反复出现，这一系列问题的交替呈现与持续加剧已经成为经济社会可持续发展的瓶颈，直接威胁着人类的生存与发展。WWF（世界自然基金会）发布的《地球生命力报告2012》指出，随着人口的增长，人类对资源的需求正在不断增加，给地球的生物多样性带来巨大压力，地球多样性自1970年以来下降了28%，热带地区已经下降了60%。尽管各种生态危机的起因并不相同，但是从根本上看，它们都有着共同的特征，即资本的总体配置不当。在过去的100多年里，大量资本被倾注于房地产、化石燃料、结构性金融资产及其内嵌衍生品；相比之下，只有微不足道的资本被投资于可再生能源、生态系统和生物多样性保护，以及环境污染治理、水土保持等方面。

　　为深入贯彻落实科学发展观，我国大力调整产业结构，积极转变发展方式，坚定不移地走资源节约型、环境友好型发展道路，先后制定和实施了环境保护、循环经济发展、生态省（市）建设、国土主体功能区规划、低碳经济试点、生态经济区建设等一系列重大战略措施，生态环境建设投资力度逐年加大，生态资本化与资本生态化已经成为生态环境建设的方向和趋势，生态资本投资正在迅速成为生态经济可持续发展的有效模式与现实路径。然而，相对于生态资本投资实践的蓬勃发展，生态资本投资理论研究明显滞后，尤其是生态资本投资收益方面的研究亟须破题，这既是加快经济发展方式生态化转变的战略节点，又是有效破解当前经济发展与环境保护两难困境的现实问题，具有重要的理论与实践意义。

　　本书以生态资本投资收益为研究主题，是依托国家自然科学基金项目"生态资本运营机制与管理模式研究"（项目编号：70873135）所进行的延续与拓展研究。本书采用文献梳理与社会调查相结合、理论演绎与案例比较相结合，以及博弈分析、产权分析等多种研究方法，以生态资本及其投资收益的概念界定为逻辑起点，以生态资本理论、价值投资理论、生态产品生产理论为理论基础，以生态资本投资的实践探索为现实基础，旨在通过生态资本投资的价值分析，探讨生态资本投资收益的形成机理、影响因素和制度创新，并结合我国统计数据进行生态资本投资收益的实证检验，以期科学定位生态资本投资的价值取向，规范生态资本投资方式和投资强度，为推进绿色繁荣、建设美丽中国提供理论依据和决策参考。

本书的研究内容与篇章结构安排如下：

导论　交代选题的背景和研究的理论与现实意义；考察国内外与本选题有关的研究动态，对相关文献和研究成果进行回顾与述评；陈述研究的思路方法与技术路线；介绍本书框架和可能的创新点，指出有待进一步深入研究的问题。

第一章　核心概念与理论基础。本章对生态资本、生态资本投资、生态资本投资收益等核心概念加以界定，阐明本研究的理论基础，并进行理论评析与思考。

第二章　生态资本短缺及其投资现状。本章指明了生态资本存量估算的缺失，介绍了生态资本存量与流量的分类估算方法；依据生态资本相对于物质资本的最佳比例，进行了我国生态资本短缺的简易估算；并以生态资本投资的实践探索为基础，结合问卷调查，重点剖析了我国生态资本投资过程中存在的问题，指出投资收益的实现是生态资本投资的关键问题。

第三章　生态资本投资的价值分析。本章从生态资本投资的基本要素出发，指出了生态资本投资的价值构成包括生态价值、经济价值和社会价值；通过构建宏观经济动态均衡模型，探讨了生态资本投资价值的宏观均衡实现；分析了生态资本投资价值的微观转化过程，其中，生态资源的资产化是其价值创造过程，生态资产的资本化是其价值增值过程，生态资本的产品化是其价值转换过程，生态产品的市场化是其价值实现过程。

第四章　生态资本投资收益的形成机理。本章指出投资价值是投资收益的本质与源泉，从生态、经济、社会三个维度，分析了生态资本投资的收益类型；考察了生态资本投资生态收益的最佳持续量，阐述了生态规律对生态资本投资生态收益的制约；基于三种生产理论探讨了生态资本投资对经济增长的促进与优化机理；进行了生态资本投资的代际公平、就业促进、福利增加等社会收益形成机理分析。

第五章　生态资本投资收益的影响因素。本章归纳了生态资本投资收益的影响条件，其中，生态效用是其认知条件，生态需求是其约束条件，生态技术是其支持条件，生态市场是其保障条件；在介绍生态资本公共投资主导性的基础上，分析了生态资本公共投资收益的影响因素；基于生态资本私人投资不足的客观现实，探讨了生态资本私人投资收益的影响因素。

第六章　生态资本投资收益的制度创新。本章从生态资本投资收益的产权解释出发，探讨了生态资本投资收益权的界定思路；通过对比机制设计与自然演化的制度观，介绍了生态资本投资收益的机制设计；指出了生态资本投资收益的制度保障，包括生态资本价值核算、生态资本产权交易、生态资本权益补偿、生态资本投资保险及生态资本投资基金等制度。

第七章　生态资本投资收益的实证检验。本章利用国内的统计数据，检验了生态资本投资的生态收益、经济收益和社会收益；在生态资本效率测度的基础上，进行了生态资本投资对生态资本效率影响的 Tobit 回归分析；鉴于生态资本投资收益的区域外溢，进行了生态资本投资收益外溢的空间计量分析。

研究结论与政策建议　阐述前文研究所得出的基本结论，给出政策建议，讨论后续研究的努力方向和重点内容。

本研究可能的创新点，主要表现在以下几个方面：

第一，本书从"生态资本投资"的视角展开研究，在选题上具有一定的挑战性与原创性。生态资本投资是通过一系列有目的、有计划的生态恢复建设、环境污染治理、生态技术研发等活动，对特定范围内的生态资源进行一定的投入，并经过与开发对象的有机结合，使生态资源质量及数量指标均有所改善，并且这种改善最终反映在生态资本存量增加上的投资行为。生态建设、环境保护并不是消极的生态维护行为，而是一种积极主动的生产性投资。本书是生态资本理论与资本投资理论交叉融合研究范式的有益尝试，有可能引发资本及资本投资结构的深层变革。

第二，本书从生态、经济和社会三个维度，阐述生态资本投资所形成的预期收益和增量收益，在研究思路上具有较强的整体性与系统性。在"生态—经济—社会"复合系统中，生态环境已不再是"天然的自然"，而是"人化的自然"，故多数情况下，生态资本实质上是人造生态资本。鉴于当前学术界对生态资本的价值核算尚未有实质性突破，本书立足于生态资本投资所遵循的"生态—经济—社会"综合价值取向，避开生态资本存量评估的理论难题，重点调整生态资本投资所形成的预期收益和增量收益，体现了生态资本投资生态收益、经济收益与社会收益的统一。

第三，本书在研究思路上具有较好的理论逻辑性。基于生态资本投资的价值分析，通过构建生态资本投资宏观均衡模型，分析了生态资本投资价值的宏观均衡实现；阐述了生态资源的资产化、生态资产的资本化、生态资本的产品化、生态产品的市场化等生态资本投资价值的微观转化过程；归纳了生态资本投资收益的影响条件，其中，生态效用是其认知条件，生态需求是其约束条件，生态技术是其支持条件，生态市场是其保障条件；重点探讨了生态资本投资收益的形成机理、影响因素与制度创新，本书在研究思路上具有较好的理论逻辑性。

第四，本书研究成果能够为规范生态资本投资方式和投资强度，提供理论依据和决策参考。生态资本投资从本质上说是一种生态资本产权投资，其之所以在实践中具有较强的吸引力，便是因为投资所获得的产权能够带来收益，因此，投资收益权是生态资本产权投资的核心。本书从生态资本投资收益的产权解释出发，阐述了生态资本投资收益权的界定思路，指出了生态资本投资收益的制度保障，包括生态资本价值核算、生态资本产权交易、生态资本权益补偿、生态资本投资保险及生态资本投资基金等制度。研究成果能够为缓解我国经济社会可持续发展面临的资源环境约束提供参考。

第五，本书在实证检验上具有较好的实践性与指导性。本研究通过引入案例分析，以实地调研为基础，利用我国 30 个省份 2003—2010 年面板数据集等统计数据，尝试性地进行了生态资本投资收益形成的分类检验，考察了生态资本投资对生态资本效率的影响，并借助空间地理加权回归模型，探讨了生态资本投资收益的区域外溢，得到了超出预期的计量结果，蕴含着有重要价值的丰富信息，具有一定的实际应用价值。

然而，本书毕竟只是对生态资本投资收益问题作了初步探索，还有待进一步完善：一是本书更多的是一种"理念倡导"，即将生态建设、环境保护等"看作"一种积极主动的生产性投资。对于不同投资主体的投资收益如何影响其生态资本投资行为等问题，本书却未作详尽探讨，还有待完善。二是本书借助高级宏观经济学分析方法，尝试性地分析了生态资本投资对经济增长的促进与优化机理，然而对于生态资本投资收益的影响因素等问题，却只是将其简化为一个参数或假设，这一问题尚需深入研究。三是由于统计数据存在口径不一、残缺不全等问题，生态资本投资及其收益的数据很难准确估算。鉴于研究数据的可获得性，本书在进行生态资本投资收益的实证检验时，选取了一些"指代变量"，这也使得本书的研究结果只是"一家之言"，有较强的主观性。

关键词：生态资本；投资价值；投资收益

Abstract

There are series of problems occurring alternately and continuing to increase, such as global temperatures rising sharply, the ecological environment worsening, energy resource increasingly drying up, natural disasters occurring frequently and extreme weather appearing again and again. All of them have already become the bottleneck of sustainable development of the economic society and directly threat to human survival and development. WWF have released *The Earth Vitality Report* 2012, which have pointed out that with the growth of the population, human demands for resources have being increasing, which have brought a huge pressure to the earth's biological diversity. Diversity in the earth has fallen by 28% since 1970 and the tropical zones have dropped by 60%. In fact, although all the causes of ecological crisis are not the same, fundamentally, they all have common features, that is, the improper overall configuration of capital. In the past 100 years, a lot of capital has been focused on real estate, fossil fuels and structured financial assets and its embedded derivatives. By contrast, only a tiny capital has been invested in renewable energy, ecosystems and biodiversity protection, and water and soil conservation, etc.

To further implement the scientific outlook on development, our country adjusts the industrial structures, transforms the development mode, walks a road of resource conservation and environment friendly development, and successively formulates and implements a series of major strategic measures, such as environmental protection, recycling economy development, the construction of ecological province (city), land development plan, the low carbon economy pilot and ecological economic zone construction. Then, ecological environment construction investment increases year by year, and ecology capitalization and capital ecological become the direction and trend of ecological environment construction. Eco-

logical capital investment is rapidly becoming an effective mode of ecological eco-
nomic sustainable development. However, relatively to the vigorous development
of ecological capital investment practice, the theoretical research of ecological
capital investment obviously lags, especially the studies on the return of ecologi-
cal capital investment. This is both a strategic node of speeding up the ecological
transformation of the economic development pattern and a practical problem to
break the current dilemma of economic development and environmental protec-
tion. It has importantly theoretical and practical meaning.

This book uses ecological capital investment as the subject, relying on the
national natural science fund project, *Research On the Ecological Capital Opera-
tion Mechanism and Management Mode* (Item number: 70873135), adopting lit-
erature research combines with social investigation, comprehensive induction
combines with case comparison and game, property rights, etc. It uses the con-
cept definition of ecological capital and the return of its investment as the logical
starting point, ecological capital theory, value investment theory, and production
theory as the theoretical basis, the prototype exploration of ecological capital in-
vestment as practice basis. It aims to through the analysis of the value of ecologi-
cal capital investment to explore the formation mechanism, influencing factors
and institutional innovation of the return of ecological capital investment. This
book implements empirical test of the return of ecological capital investment with
China's data to scientifically position value orientation of ecological capital invest-
ment, and standard its way and intensity. It will provide theoretical basis and
decision-making reference to promote green prosperity and build beautiful China.

The research contents and chapters' structure arrangement of this book are as
follows:

Introduction   It describes the background of selected topic and theoretical
and practical meaning of the research, investigates the research dynamic at home
and abroad to review and comment the relevant literature and research results,
states thinking method and technical route of the research, and introduces the
framework and possible innovation points to point out the problem which are going
to be further in-depth studied.

Chapter I   the core concepts and theoretical basis. It defines the core concepts of ecological capital; ecological capital investment, the return of ecological capital investment, and so on, clarifies the theoretical basis of this study, and carries on theoretical analysis and thinking.

Chapter Ⅱ ecological capital shortage and the current status of its investment. Firstly, the chapter points out the lack of the estimation of ecological capital stock, introduces the classified estimation methods of ecological capital stock and flow. Secondly, according to the best ratio which is ecological capital relative to physical capital, it easily estimates the ecological capital shortage in our country. Thirdly, basing on the practice exploration of ecological capital investment, combining with the questionnaire survey, it analyzes the problems existing in the process of ecological capital investment in our country and points out that the realization of the investment returns is the key problem of ecological capital investment.

Chapter Ⅲ the value analysis of ecological capital investment. Firstly, the chapter embarks from the basic elements of ecological capital investment and points out its value composition, including ecological value, economic value and social value. Secondly, it discusses the macroscopic balancing of the ecological capital investment value by building a macroeconomic dynamic equilibrium model. Thirdly, it analyses the microstructure transformation process of the ecological capital investment value. Among them, the ecological resources capitalization is its process of value creation, the ecological property capitalization is its process of value increment, the ecological capital productization is its process of value transformation and the ecological products marketization is its process of value realization.

Chapter Ⅳ the formation mechanism of ecological capital investment. Firstly, the chapter points out that the investment value is the essence and source of investment returns, and analyses the income types of ecological capital investment from three dimensions of ecological, economic and social. Secondly, it investigates the best continuous quantity of the ecological return of ecological capital investment, and elaborates its constraint which is the ecological rules made for it. Thirdly, it discusses the promoting and optimization mechanisms which are the ecological capital investment made for economic growth basing on the three kinds of production theory. Fourthly, it carries out the yield formation mechanism analysis, such as intergenerational equity, employment, welfare return and so on.

Chapter V the influence factors of ecological capital investment. Firstly, the chapter expounds the influence conditions of ecological capital investment. Among them, the ecological function is its cognitive condition, the ecological demand is its constraint condition, the ecological technology is its support conditions, and the ecological market is its guarantee condition. Secondly, it analyses the yield influence factors of public investment of ecological capital basing on introducing dominant public investment of ecological capital. Thirdly, it discusses the influence factors of private investment basing on the objective reality of the lack of private investment.

Chapter VI the system innovation of ecological capital investment. Firstly, the chapter discusses the definition of the return of ecological capital investment, starting from its property interpretation. Secondly, it introduces the design of ecological capital investment mechanism by comparing the system view of mechanism design and the natural evolution. Thirdly, it points out the institutional guarantee of the return of ecological capital investment, including ecological capital value accounting, ecological capital property right trading, ecological capital equity compensation, ecological capital investment insurance and ecological capital investment fund and so on.

Chapter VII the empirical test of the return of ecological capital investment. Firstly, the chapter uses statistics in China to examine ecological return, economic return and social return of ecological capital investment. Secondly, on the basis of measuring ecological capital efficiency, it carries out the Tobit regression analysis of ecological capital investment to ecological capital efficiency. Thirdly, in view of the area overflowing, it carries out the spatial econometric analysis of the overflow of the return of ecological capital investment.

Research conclusions and policy recommendations It expounds the former basic conclusions, gives policy suggestions, and discusses the further research direction and key contents.

The possible innovation points of the research mainly manifest in the following aspects:

Firstly, from the "ecological capital investment" perspective, ecological construction and environmental protection are not negative, but proactive investment behavior. Ecological capital investment is the behavior which makes the ecological resources become more abundant, and ultimately increases the ecological capital stock through the construction of ecological restoration, environmental pollution control, eco-technology research and development activities. This book combines the ecological capital theory and the capital investment theory, could trigger a revolution in capital structure and capital investment. This is perhaps a practical and theoretical innovation.

Secondly, in the "ecology-economy-society" compound system, ecological environment will no longer be "natural", but "artificial", in most cases, the ecological capital is essentially man-made ecological capital. Since the value accounting of ecological capital is difficult, this book mainly adjusts ecological capital investment earnings basing on the "eco-socio-economic" value. It unity the ecological, economic and social return of ecological capital investment, the research is holistic and systemic.

Thirdly, this book discusses the macroscopic balancing of the ecological capital investment value by building a macroeconomic dynamic equilibrium model basing on the value of ecological capital investment. And points out the microstructure transformation process of the ecological capital investment value, among them, the ecological resources capitalization is its process of value creation and the ecological property capitalization is its process of value increment and the ecological capital productization is its process of value transformation and the ecological products marketization is its process of value realization. This is perhaps a theoretical innovation.

Fourthly, this book discusses the definition of the returns of ecological capital investment, starting from its property interpretation. It points out the institutional guarantee of the returns of ecological capital investment, including ecological capital value accounting, ecological capital property right management, ecological capital equity compensation, ecological capital investment insurance and ecological capital investment fund and so on. This can achieve a virtuous circle of ecological capital investment.

Fifthly, in the empirical test of the return of ecological capital investment, this book uses statistics in China to examine ecological return, economic return and social return of ecological capital investment. On the basis of measuring ecological capital efficiency, it carries out the Tobit regression analysis of ecological capital investment to ecological capital efficiency. In view of the area overflowing, it carries out the spatial econometric analysis of the overflow of the return of ecological capital investment. This is perhaps a theoretical innovation.

Although this book has some innovation, there are still some limitations which need to be studied further: Firstly, this book places more weight on qualitative analysis than quantitative analysis. Some issues need to be strengthened through quantitative analysis in the following study, such as the relationship between ecological capital investment and the return of ecological capital investment; this book does not do a detailed discussion on the issues, which also need to be improved. Secondly, since the practice of current domestic and international ecological capital investment is still in the exploratory stage and lacking maturity reference model, which cause difficulty on collecting data such as ecological construction and environmental investment data. This book selects some variables to refer to ecological capital investment, which make the findings of this book are more subjective. Thirdly, this book uses the advanced macroeconomics analysis methods, discusses the macroscopic balancing of the ecological capital investment value by building a macroeconomic dynamic equilibrium model. However, for some issues such as influencing factors of the return of ecological capital investment, it only reduces to some parameters or assumptions, which are the limitation needed to be studied further.

Key words: Ecological Capital; Investment Value; Investment Return

目　录

图目录

表目录

导　论

第一节　选题背景与研究意义

一　选题背景

（一）资本误置的时代

20世纪是人类社会在科技进步和经济增长方面取得辉煌成就的一个世纪，随着世界范围内工业化和城市化的持续推进，人类创造了前所未有的物质财富，史无前例地深刻"改变"并"控制"着自然界和人类自身，诚如狄更斯所说："这是一个最好的时代，又是一个最坏的时代。"①

西方发达国家所开拓的传统工业化道路，是以"统治"和"征服"大自然为指导思想的，在物质财富快速增长的同时，人类所赖以生存和发展的自然环境，也遭受到了全面而严重的破坏。资本主义"踏轮磨坊的生产方式"② 使得劳动已不再是在"创造价值"，而是在"破坏价值"③ 甚至于"创造灾难"，其后果便是将人与自然陷于尖锐的矛盾对立之中，并使人类不断遭受到自然界的"报复"。全球气温急剧上升、生态环境不断恶化、资源能源日益枯竭、自然灾害明显频发、极端气候反复出现，这一系列问题的交替呈现与持续加剧已经成为经济社会可持续发展的瓶颈，直接威胁着人类的生存与发展。

WWF（世界自然基金会）发布的《地球生命力报告2012》指出，随着人口的增长，人类对资源的需求正在不断增加，给地球的生物多样性带

---

① ［英］查尔斯·狄更斯：《双城记》，人民文学出版社1993年版，第1页。

② ［美］福斯特：《生态危机与资本主义》，上海译文出版社2006年版，第86页。

③ ［美］奥尔利欧·佩奇：《世界的未来——关于未来问题一百页》，中国对外翻译出版公司1985年版，第71页。

来巨大压力，这份地球"体检报告"诊断结果表明，地球现在"很不健康"。地球多样性自 1970 年以来下降了 28%，热带地区下降了 60%。人类对自然资源的需求自 1966 年以来翻了一番，我们正在使用相当于 1.5 个地球的资源来维持我们的生活。如果不改变这一趋势，生态赤字将会增长得更快，到 2030 年，即使两个地球也不能满足我们的需求。

　　具体到我国而言，生态环境破坏也十分严重，主要表现在以下几个方面：（1）全国地表水污染较重。长江、黄河、珠江、松花江、淮河、海河和辽河七大水系总体为轻度污染。204 条河流 409 个地表水国控监测断面中，Ⅰ—Ⅲ类、Ⅳ—Ⅴ类和劣Ⅴ类水质的断面比例分别为 59.9%、23.7% 和 16.4%[①]。地下水质量状况不容乐观，水质为优良—良好—较好级的监测点总计为 1759 个，占全部监测点的 42.8%，2351 个监测点的水质为较差至极差级，占全部监测点的 57.2%。（2）根据全国第 2 次遥感调查结果，我国的水土流失面积达 356 万平方公里，占国土总面积的 37%。（3）2013年初，我国华北、华东地区遭遇连续雾霾天气，部分城市空气重度污染，PM2.5[②] 监测指数接近或达到顶峰数值，心脏病和肺病患者数量显著增加。（4）生物多样性下降趋势明显。目前全国受威胁的野生植物超过 4000 种，其中约 1000 种处于濒危状态，受威胁的物种占全部种类的 15%—20%。

　　在这种背景下，很多人都会发出疑问：地球到底怎么了？照这样下去人类到底还能持续多久？地球的承载能力有没有极限？人类生存还有多大的回旋余地？事实上，尽管各种生态危机的起因并不相同，但是从根本上看，它们都有着共同的特征，即资本的总体配置不当。在过去的 100 多年里，大量资本被倾注于房地产、化石燃料、结构性金融资产及其内嵌衍生品；相比之下，只有微不足道的资本被投资于可再生能源、生态系统和生物多样性保护，以及环境污染治理、水土保持等方面。大多数经济增长和发展战略都鼓励物质资本、金融资本和人力资本的快速积累，但其却往往以生态资本的过度耗损和退化为代价。这种增长和发展模式往往以不可逆转的方式耗损着全球的资源环境，既对当代人类的福祉产生了损害，也对未来世代构成巨大风险和挑战。

---

　　① 　数据来源：环境保护部《2011 年中国环境状况公报》。

　　② 　即细颗粒物。PM 为 particulate matter（颗粒物）的缩写，PM2.5 指环境中空气动力学当量直径小于等于 $2.5\mu m$（微米）的颗粒物，大部分可通过呼吸道至肺部沉积，对人体危害很大，这个值越高，就代表空气污染越严重。

（二）经济的绿色转型

幸运的是，人们在反思中觉醒并迅速展开救赎行动，环境保护运动应运而生，绿色革命浪潮席卷全球，循环经济模式方兴未艾，低碳经济与低碳发展热潮迭起，各国政府不约而同地摒弃传统发展道路，调整经济结构、转变生产方式、改进消费模式，相继制定并着手实施"生态环境保护战略""资源储备与替代战略""新能源开发利用规划""循环型社会建设规划"和"碳削减与碳抵消发展规划"①。保护生态环境、节约资源能源、走生态化发展道路俨然成为世界政治经济发展的主旋律，当今世界也正处在一个绿色大转型、绿色大变革、绿色大崛起的特殊阶段。

近年来，国际社会一系列重大变化和发展趋势清楚地表明：在 21 世纪上半叶这一历史时期内，国际竞争将逐渐从政治与军事冲突演变为资源和能源控制，国家安全也将日益从主权安全和领土安全上升为经济安全和生态安全，人类伦理正在经历从"人类中心主义"到"生命中心主义"再到"生态中心主义"的时代变革，人类文明正在实现从"黄色农业文明"到"黑色工业文明"再到"绿色生态文明"的历史演替，世界生态文明时代正在悄然到来。

我国在过去 30 多年里成就了经济增长的世界奇迹。然而，"先污染、后治理"的工业社会发展道路在我国同样未能避免，传统的以牺牲环境、破坏资源为代价的粗放型增长方式，已经给经济社会增添了巨大的生态环境压力。发达国家历经 100 多年陆续出现的生态环境问题，在我国短时期内集中爆发，主要表现为污染物排放量增长较快、新老污染物交织、区域复合污染特征突出。为此，改革开放以来我国政府多次强调经济的绿色转型。1987 年中共十三大首次提出"要从粗放经营为主逐步转上集约经营为主的轨道"，"使经济建设转到依靠科技进步和提高劳动者素质的轨道上来"；1995 年十四届五中全会提出两个具有全局意义的根本性转变：一是经济体制从传统计划经济体制向市场经济体制转变；二是经济增长方式从粗放型向集约型转变；2005 年十六届五中全会提出"国民经济又好又快发展"；2007 年中共十七大提出"加快转变经济发展方式"；2012 年中共十八大又提出"把生态文明建设放在突出地位，融入经济建设、政治建设、文化建设、社会建设各方面和全过程，努力建设美丽中国，实现中华民族

---

① 蔡林海：《低碳经济：绿色革命与全球创新竞争大格局》，经济科学出版社 2009 年版，第 82 页。

永续发展"。可以说，正视经济快速增长与资源环境硬约束的矛盾，重视生态环境建设，不断增加生态资本存量，是建设社会主义生态文明的前提条件和重要基础。

（三）对生态资本进行投资

改革开放以来我国政府多次强调经济的绿色转型，这固然表明了中央政府的战略远见和坚定决心。然而，既然经济绿色转型的口号屡被提及，却也可以反证经济发展方式生态化转变过程中还存在"久推难转""转而不快"的问题。那么，到底应该如何有效推进中国经济发展方式的绿色转型呢？

本书认为，经济发展方式本质上是指推动经济增长的各种生产要素投入及其组合的方式，其实质是依赖什么要素来实现经济增长。由于一个经济体的要素禀赋及其结构在每一个特定的发展阶段都是给定的，并随发展阶段的差异而有所不同，因而经济体的最优经济发展方式也会随发展阶段的不同而变迁。不同的经济发展方式不仅意味着不同的物质资本密集度，还意味着不同的金融资本、人力资本、社会资本①，以及生态资本的相对丰裕程度。值得注意的是，经济发展阶段并非仅有"穷与富"或"发展中与发达"这两种离散情况，而是一条从低收入经济一直到高收入工业化经济的连续频谱。因此，每种特定的经济发展方式都对应着一个最优的资本禀赋结构，从而尽可能降低经济运行的交易费用。

资本禀赋结构是一个经济体中物质资本、金融资本、生态资本、人力资本和社会资本存量的相对份额，而这五种资本禀赋的存量又是可以发生变化的，其存量既可能因消耗而减少，也可能通过自然积累与人为投资而增加。随着工业化进程的加快，物质资本、金融资本、人力资本和社会资本的存量都有了显著的增加，但生态资本却呈现出短缺的现状，其具体表现便是资源耗竭、环境污染和生态破坏。经济绿色转型应遵循资本禀赋的比较优势原则，因此在生态资本相对丰富的禀赋条件下，生态资本价格应该相对便宜；在生态资本变得相对短缺的禀赋条件下，生态资本也就相应地成为相对昂贵的要素。总之，经济绿色转型是一个长期的动态过程，其最优标准取决于该经济体的资本禀赋结构，亦即该经济体物质资本、金融资本、生态资本、人力资本和社会资本的相对丰裕程度，因此，当生态资

---

① 这里的社会资本应该属于"制度资本"的范畴。制度资本可分为正式制度资本和非正式制度资本（即社会资本）。

本处于相对短缺状态时，经济绿色转型的目标便是减少生态资本的消耗，同时通过对生态资本进行投资来增加生态资本的供给。

（四）生态资本投资收益问题的提出

基于对上述选题背景的分析，一个清晰的脉络便逐渐显现出来：在21世纪生态文明时代，资本的外延已经拓展为物质资本、金融资本、人力资本、社会资本和生态资本的总和，国际资本竞争角逐的主战场也正逐步转入绿色经济和生态资本领域。加快我国经济发展方式生态化转变的基础是大力发展绿色经济，而生态资本投资便为其提供了可供选择的现实路径。

从认识逻辑角度来看，提出"生态资本投资收益"这一问题的路径是：生态文明建设→经济绿色转型→资本禀赋的结构调整→生态资本投资→生态资本投资收益（见图0－1）。即生态文明建设决定了必须实现经济的绿色转型，经济绿色转型的本质是资本禀赋的结构调整，而生态资本存量改变将引致资本禀赋的结构变化。资源耗竭、环境污染、生态破坏的"生态资本短缺"现象，源于生态资本的投资（即资本的投放与使用）不足。由于投资是受利益支配最明确的经济活动，作为投资活动的一种，生态资本投资不足的背后原因则是"生态资本投资收益"未得到保障，唯有确保生态资本投资能够获得长期的收益，才能使个人、企业、政府对生态资本投资由"被动"变为"主动"。

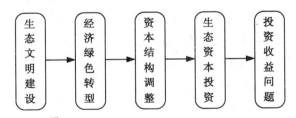

图0－1　研究问题提出的逻辑脉络

爱因斯坦曾经指出，发现问题远比解决问题更为重要。诚然，在应用技术研究领域，发现问题确实是解决问题的第一步。然而，在基础理论研究领域，大量经验事实表明，发现问题远远没有到达解决问题的第一步，而仅仅是明确了问题研究的范围和方向。要想提炼出一个科学的选题，还需要进行大量的文献检索和资料分析，本研究将在后文的分析中，继续对"生态资本投资收益"这一选题进行完善。

二　研究意义

在可持续发展经济学的视野中，生态资本是一种十分重要的资本形态，任何可持续的经济社会发展模式都必须将生态方面的成本和效益放在头等重要的位置。当前，资源短缺、环境破坏、生态失衡以及气候变化等问题已经成为经济社会可持续发展的瓶颈。探讨生态资本投资收益问题，对于树立生态文明理念，缓解我国经济社会可持续发展面临的资源环境约束，具有重要的理论与现实意义。

（一）理论意义

第一，本研究有利于进一步廓清生态资本及其投资概念的理论内涵。生态资本是一种特殊的新型资本，兼具"生态"和"资本"的双重特征，在资本形态上具有新颖性，在存在方式上具有广泛性，在实物类别上具有复杂性，目前，学界对生态资本的概念界定众说纷纭、莫衷一是，各种表述达数十种之多。生态资本投资是一个综合性极强的研究课题，涉及经济学、管理学、生态学、系统科学等多学科领域，由于研究视角和方法的不同，相关研究纷繁复杂、各有侧重、难以统一。那么，到底什么是生态资本？其构成要素究竟包括哪些？为什么会有生态资本？生态资本为什么重要？生态资本是如何产生的？哪些生态资源可以经由投资转化为生态资本？生态资本投资收益的过程与条件是什么？这一系列问题都是生态资本理论研究者不得不作出正面回答的基础性问题。本研究力图从生态经济学的角度，通过分析生态资本投资的理论背景和发展历程来揭示其实质内涵，从理论演绎和实践归纳两个维度推导出生态资本、生态资本投资、生态资本投资收益的概念，以期进一步丰富和拓展生态资本理论。

第二，运用资本投资理念研究生态资本投资收益问题，是对可持续发展资本构成理论的丰富与发展，有利于为绿色经济理论提供核心范畴和基本原理，有可能引发经济学理论的绿色化革命。本研究将生态资本投资引入生态资本理论范畴，使资源环境由外生变量变为内生变量，从而突破了传统资本投资的思维定式，生态资本投资可以引发资本投资结构的深层变革，能够丰富与拓展传统资本投资理论的研究内容。构建生态资本投资收益的理论框架，有利于促进发展战略向生态、经济、社会相互协调的可持续发展战略转变，为实现"生态—经济—社会"三维复合系统健康运行与可持续发展提供重要的理论支撑。

第三，本研究承认资源环境可以转化为"资本"，为推动人类财富观的转变提供了较好的理论依据。传统的财富观认为，只有物质产品的增加，才意味着财富的增长。但经济系统物质产品的增加是以生态系统提供的资源环境为基础的，在经济社会发展与资源环境矛盾不断加剧的时代背景下，丰富的生态资源和良好的生态环境变得越来越稀缺，也越来越有价值，生态系统对经济系统的支撑作用愈加明显。这就要求我们转变传统的物质财富观，树立一种"绿色财富观"和"广义财富观"，即进入人类生命、生产、生活过程并能使这一过程正常进行的一切物质、生态条件都是财富。就物质条件而言，大自然直接供给人类生存的物质条件，以及可以用来加工成生活资料或生产资料的物质，都是财富；就服务功能而言，生态系统提供给人类的调节、文化、支持等服务也是"绿色"财富，投资绿水青山就是创造金山银山。

（二）现实意义

第一，本研究有利于走出资源环境保护的困境，为缓解资源环境问题提供市场化解决路径。长期以来，我们往往注重经济发展，而忽视生态资本的损耗，生态资本存量状况越发令人担忧。但是，由于人造资本的获得必然要消耗生态资本，"维持生态资本存量不变"实际上并不现实，这就需要对生态资本进行投资。生态资本投资收益问题研究有利于开发推广有利于资源节约、环境友好的先进适用技术，提高人类生态识别能力、协调人与自然关系、培育先进生态文化、创新生态管理体制、树立生态文明观念，从而促进"生态—经济—社会"的有机协调、和谐统一、可持续发展，进而为政府投资生态建设、培育生态市场提供管理范式。

第二，本研究有利于推动经济社会发展的绿色生态革命，促进经济发展方式的生态化转变。生态资本投资收益的实现有利于迎接新的绿色产业革命和低碳经济时代的到来，有助于推动经济社会体制的绿色革命。本研究结合生态资本投资收益的影响条件，分析了生态资本公共投资和私人投资收益的影响因素，有利于促进生态产业与区域经济全面、协调、可持续发展，研究成果可为企业开展生态资本投资活动提供参考。

第三，本研究有利于提高生态资本存量的非减性，为经济社会的可持续发展提供基础支撑。生态资本理论提示人们应立足良好生态环境质量的优势，创造经济效益，依托其优良的资源环境发展生态产业，实现生态经济化和经济生态化。本研究将生态资本投资划分为生态资本公共投资和生态资本私人投资两大类，并分别探讨其投资的行为与收益边界，有助于降低中国目前过大的生态资本交易成本。通过生态资本投资收益的制度创新，促进生态产业与生态经济协同发展，加快生态经济区建设进程，促使人们树立生态效益观，摆脱生态贫困与经济贫困的恶性循环，走生态致富之路。

第二节　相关研究文献综述

一　生态资本理论研究

（一）国外生态资本理论研究

1. 生态资本界定

国外学者对生态资本（或直译为自然资本）的概念众说纷纭，到目前为止尚未形成一个统一的认识。自然资本的提出源自于国家债务问题的讨论，Vogt（1967）认为自然资源的耗竭必然降低国家偿还债务的能力，所以自然资源实际上是国家发展的资本，可称为自然资本（Natural Capital）。戴利[1]（1996）认为自然资本是能够在现在或未来提供有用的产品流或服务流的自然资源及环境资产的存量，例如，大洋中能为市场再生捕鱼流量的鱼群、能再生出伐木流量的现存森林、能产生原油的流量的石油储量等。Costanza[2]（1997）则认为生态资本是在一个时间点上存在的物资或信息的存量，每一种生态资本存量形式自主地或与其他生态资本存量一起产生一种服务流，这种服务流可以增进人类的福利。保罗·霍肯[3]（2000）在《自然资本论》中阐述的核心思想，即是把"自然"看作一种资本，认为"生命系统除了像木材、鱼类或食物一样是必不可少的物资源泉外，它们还具有更重要的提供服务的作用，而这种服务对于人类繁荣来说，远比不可再生的资源更为重要"。任何经济系统的健康运转，都必须具备四种类型的资本：人力资本、金融资本、加工资本和自然资本。传统意义上的资本只包括前三种，而忽视第四种，这第四种形式的"自然资本"，是

---

[1]　Daly, H E. *Beyond Growth*: *The Economics of Sustainable Development*. Boston: Beacon Press, 1996: 25—76.

[2]　Costanza R. The Value of the World's Ecosystem Services and Natural Capital. *Nature*. 1997（5）: 253—260.

[3]　［美］保罗·霍肯（中译本）:《自然资本论》，上海科学普及出版社 2000 年版，第 36 页。

由自然资源、生命系统和生态系统组成，"既包括常见的为人类所利用的资源——水、矿物、森林、鱼类、土壤、空气等，也包括草原、大平原、沼泽地、港湾、海洋、珊瑚礁、河岸走廊、苔原和雨林在内的生命系统"。《自然资本论》还提出了自然资本优化配置的四种主要战略，即：增强自然资源的生产力、转向从生物学获得启示的生产模式、采取以解决办法为基础的经营模式、对自然资本进行再投资。

2. 生态资本价值问题

生态资本作为资本的一种类型，固然具有价值。但与物质资本和人力资本等传统资本相比，由于生态资本存在形式的多样性、作用范围的广泛性以及作用方式的复杂性，其价值取向必然具有多元性和复杂性，加之不同文化背景下不同学科的研究者的认识视角不同，关于生态资本价值的表现形式及表现层次就呈现出丰富多样且千差万别的判断。Krutilla 最早于 1967 年定义了自然环境价值，首次将"存在价值"引入主流经济学，认为生态资本的存在价值独立于人们对它进行使用的价值，提出要考虑生态资本在当代和后代之间的公平分配，从而为生态资本价值的定性研究奠定了理论基础①。Pearce（1990）在其专著《世界末日》中，将生态环境资源价值分为使用价值和非使用价值两大类，其中，前者包括直接使用价值和间接使用价值，后者包括选择使用价值和存在价值。同时，Pearce 和 Turner 还讨论了利用自然资本概念来测度可持续性的方法，并使用此指标分别对 18 个国家的可持续发展程度进行了综合评估。1997 年 Costanza 等生态经济学者将全球生态系统服务功能划分为 17 种，并分别进行赋值计算，测得全球生态系统每年可为人类提供约 33 万亿美元的生态服务价值②，这一研究首次对全球生态资本的经济价值进行了确认和评估，虽然其计算结果引发了学术界的广泛争议，但其积极的作用是让人们认识到了生态资本巨大的经济价值。1999 年，美国总统科技顾问委员会（President's Council of Advisors on Science and Technology）发表了 Teaming With Life: Investing in Science to Understand and Use America's Living Capital 的长篇报告，详细分析了美国自然环境现状和质量、自然财富存量和流量、生态环境破坏程度以及由此引起的危害，并

① Krutilla. *Conservation Reconsidered Environmental Resources and Applied welfare Economics*: *Essays in Honor of John V. Krutilla.* Washington. D. C. x: Resources for the Future. 1988.

② Costanza Retal. The value of the World's Ecosystem Services and Natural Capital. *Nature.* 1997.

由此将美国自然资本价值划分为生物多样性的价值、物种多样性的价值、遗传多样性的价值、生态系统的服务价值和生物多样性的美学价值①。保罗·霍肯（2000）在《自然资本论》中提出自然资本具有自然资源的生产力价值，并认为人们应当模仿生物学的生产模式对自然资本进行再投资。戴利（2001）在《超越增长：可持续发展的经济学》一书中，指出自然资本的价值表现在提供有用的产品流和服务流两个方面。Freeman（2002）将生态资本的价值划分为利用价值和非利用价值两个部分，并将评估方法分为直接观察法、间接观察法、直接假设法和间接假设法，在此基础上，Freeman 根据生态资本的不同价值系统地阐述了各种评估方法的模型和应用，从而奠定了生态资本价值评估方法体系的基本框架②。

3. 生态资本与经济增长

在经济增长中考虑生态环境问题，一直是生态经济学家们不懈努力研究的重要课题之一。Hotelling③（1931）首次研究了最优资源消费路径问题，Scott④（1955）、Gordon⑤⑥（1954，1967）和 Smith⑦⑧（1968，1969）等分别对渔业和林业等方面进行了研究，其经济应用模型基本上属于古典或新古典经济增长模型。Maele⑨（1974）首次从

---

① 石上流：《认识自然资本的价值》，《国外科技动态》1999 年第 6 期，第 23—27 页。

② Freeman：《环境与资源价值评估、理论与方法》，中国人民大学出版社 2002 年版，第 83 页。

③ Hotelling H. , The Economics of Exhaustible Resources. *Journal of Political Economy*, 1931, 39 (2): 137—175.

④ Scott A D. , The Fishery: the Objectives of Sole Ownership. *Journal of Political Economy*, 1955 (63): 116—124.

⑤ Gorder H S. , Economic Theory of a Common-property Resource: the Fishery. *Journal of Political Economy*, 1954 (63): 116—124.

⑥ Gorder H S. , A Reinterpretation of the Pure Theory of Exhaustion. *Journal of Political Economy*, 1967, 75 (3): 274—286.

⑦ Smith V L. , Economics of Production from Natural Resource, *American Economic Review*, 1968 (58): 409—431.

⑧ Smith V L. , On Models of Commercial Fishing. *Journal of Political Economy*, 1969 (77): 181—198.

⑨ Maeler K G. , *Environmental Economics: a Theoretical Inquiry*. Jones Hopkins University Press for the future, 1974.

环境质量角度研究了最优经济增长模型。与以往研究不同之处在于：其效用目标函数由 U（c）（其中 c 为消费函数）扩展为 U（c, y）（其中 y 为环境质量）。这一改造，无疑丰富了可持续经济增长的内容，为 Krautkraemer[1]（1985）、Olson[2]（1990）和 Barrett[3]（1992）等学者的后续研究起到了铺垫作用。

Dasgupta 和 Heal（1974、1979）、Stiglitz（1974）等运用新古典增长模型（Ramsey-Cass-Koopmans 模型）对可耗竭性资源的最优开采、利用路径进行了分析，并且得出结论：在一定技术条件下，即使自然资源存量有限，人口增长率为正，人均消费持续增长仍然是可能的。但问题是，在他们的模型中技术进步是外生给定的，这一点引起了学术界的广泛争议。20 世纪 80 年代中后期以来，随着由 Romer（1986、1990）、Lucas（1988）等所构建内生增长模型的出现，经济学家们开始将环境或污染引入生产函数，从而在内生增长模型框架下来讨论生态环境恶化与可持续发展问题。代表性模型有：Bovenberg、Smulders（1995）在 Romer（1986）模型基础上将环境因素引入生产函数的研究；Ligthart、Van der Ploeg（1994）与 Stokey（1998）通过扩展 Barro（1990）的"AK"模型，研究了环境污染外部性与经济持续增长问题；Aghion、Howitt（1998）和 Grimaud、Rouge（2003）等将环境污染和有限的不可再生资源引入熊彼特模型中，考察了环境资源的限制对可持续发展的影响；Carraro、Siniscalco[4]（1997）等建立了包含环境资源的内生经济增长模型。

Howarth[5]（1991）首次将生态资本用于世代交叠模型，并得到了许多有益的研究结论。世代交叠模型，作为现代经济增长理论的重要组成部

① Krauthraemer J A. Optimal growth, Resource Amenities and the Preservation of Natural Environments. *Review of Economics*, 1985（111）：153—170.

② Olson L J. Environmental Preservation with Production. *Journal of Environmental Economics and Management*, 1990.

③ Barrett S. Economic Growth and Environment Preservation. *Journal of Environment Economics and Management*, 1992（23）：289—300.

④ Carraro C. Siniscalco D. *New Directions in the Economics Theory of the Environment*. Cambridge University Press, 1997.

⑤ Howarth R B., Intertemporal equilibrium and exhaustible resource：an overlapping generals approach, *Ecological Economics*, 1991（4）：237—252.

分，最初由 Allais① （1947） 和 Samuelson② （1968） 提出。此后，Dimand③ （1965） 以及 Galor、Ryder④ （1989） 对其进行了深化研究和相关论证。其研究思路是假设社会由年轻人和老人组成，年轻人以工资支付消费和储蓄，年老时以年轻时的储蓄和利息支付消费。美国经济学家 Grossman 和 Krueger 实证研究了环境质量与人均收入之间的关系，指出了污染与人均收入间的关系为"污染在低收入水平上随人均 GDP 增加而上升，高收入水平上随 GDP 增长而下降"⑤ （Grossman、Krueger，1991），这种环境质量与人均收入间的关系即环境库兹涅茨曲线 （EKC)⑥。

（二） 国内生态资本理论研究

1. 生态资本界定

国内探讨生态资本的文献可以追溯到 1997 年刘思华⑦发表于《经济研究》的 "对可持续发展经济的理论思考" 一文，他认为生态资本包括生态资源和生态环境两部分。胡姌⑧ （1998） 认为生态资本是指由人类（以劳务为特征） 或生物资源与物理环境资源和经济中介物品的相互作用，而构成的一个协调的、适应的、进化的，并服务于一定整体目标的生态实体。沈大军⑨ （1998） 认为生态资本是指生态系统中能够对经济增长做出贡献

①　Allais M. *Economic interet*. Paris：Imprimerie Nationale，1947.

②　Samuelson P A. An exact consumption-loan model of interest with or without the social contrivance of money. *Journal of Political Economy*，1968，66 （6)：467—482.

③　Diamond P A. National debt in a neoclassical growth model. *American Economic Review*，1965，55 （6)：1126—1150.

④　Rudio S J，Goetz R.，Optimal growth and land preservation. *Resource and Energy Economics*，1998 （20)：345—375.

⑤　Grossman，G. M.，Krueger，A. B.，Environmental Impact of a North American Free Trade Agreement，*NBER Working Paper*，1991，No. 3914.

⑥　Panayotou，T.，Empirical Tests and Policy Analysis of Environmental Degradation at Different Stages of Economic Development，International Labor Office，Technology and Employment Program，*Working Paper*，1993：238.

⑦　刘思华：《对可持续发展经济的理论思考》，《经济研究》1997 年第 3 期，第 46—54 页。

⑧　胡姌：《生态资本的理论发展》，邓楠主编：《可持续发展：人类关怀未来》，黑龙江教育出版社 1998 年版，第 56—60 页。

⑨　沈大军等：《水资源价值》，《水利学报》1998 年第 5 期，第 26—31 页。

的所有生态因素的总和。黄兴文等①（1999）将生态资产定义为"所有者对其实施生态所有权并且所有者可以从中获得经济利益的生态景观实体"。中国科学院系统科学研究所也较早地对国内生态资本的研究进行了探讨，范金等②（2000）对生态资本的定义、内容、价值计量方法等问题进行了系统分析和综述，认为生态资本是一个综合概念，主要包括四部分：自然资源总量和环境的自净能力、生态潜力、生态环境质量、生态系统作为一个整体的使用价值。牛新国③（2003）通过研究生态资本化与资本生态化之间的互动关系，认为生态环境作为资源是具有"价格或价值"的，其价值大小决定于它的有限性、稀缺性和开发利用条件，生态环境一旦成为人们获取利益的条件，它就成为可以带来更大价值的价值，从而也就被资本化。张军连等④（2003）则认为生态资产是在自然资产和生态系统服务价值这样两个概念的基础上发展起来的，一切自然资源、生态环境及其对人类的服务功能都是生态资产；生态资产价值是指在一定的时间和空间内，自然资产和生态系统服务能够增加的以货币计量的人类福利。王海滨等⑤（2008）认为生态资本是一个边界相对清晰的"生态—经济—社会"复合系统内，相对于其他生态系统具有明显或特殊生态功能和服务功能优势的生态系统，包括环境质量要素存量、结构与过程、信息存量三部分。严立冬等⑥（2009）认为生态资本是所有能创造效益的自然资源、人造资源以及生态服务系统，具有生态服务价值或者生产支持功能的生态环境质量要素的存量、结构和趋势，并指出生态资本的主要含义包括：（1）只有那些具有使用价值的自然资源才有可能转化成为生态资本，从这一点可以看出，并非所有的自然资源都能转化为生态资本，只有真正创造利润才能成为资本的一部分；（2）所有符合生态资本的条件的人造资源也都能成为生

①　黄兴文、陈百明：《中国生态资产区划的理论与应用》，《生态学报》1999 年第 3 期，第 602—606 页。

②　范金、周忠民、包振强：《生态资本研究综述》，《预测》2000 年第 5 期，第 30—35 页。

③　牛新国等：《生态资本化与资本生态化》，《经济论坛》2003 年第 3 期，第 12—13 页。

④　张军连、李宪文：《生态资产评估方法研究进展》，《中国土地科学》2003 年第 3 期，第 53—56 页。

⑤　王海滨、邱化蛟、程序、齐晔、朱万斌：《实现生态服务价值的新视角（一）——生态服务的资本属性与生态资本概念》，《生态经济》2008 年第 6 期，第 44—48 页。

⑥　严立冬、谭波、刘加林：《生态资本化：生态资源的价值实现》，《中南财经政法大学学报》2009 年第 2 期，第 3—8 页。

态资本，这便扩大了生态资本的边界；（3）所有具有价值的生态服务都能成为生态资本，如美丽的风景向人们提供美感、娱乐休息，以致满足人类精神文明和道德需求等生态服务功能，还包括生态的自净能力和品牌效应等。

2. 生态资本价值问题

1998 年，王健民等应用 Odum 的能值方法完成了中国生物多样性经济价值评估研究，中国的年应用能值总量为 7.19×10^{24}，能值美元比为 8.7×10^{12}，说明我国自然资源的耗用量之高及耗用效率之低已达到惊人程度，必须引起极度关切和重视。1999 年欧阳志云等[①]对中国陆地生态系统服务功能进行了评价，认为正是生态系统的服务功能，才使人类的生态环境条件得以维持和稳定。他们研究了中国陆地生态系统在有机物质的生产、CO_2 的固定、O_2 的释放、重要污染物质降解，以及在涵养水源、保护土壤中的生态功能作用，然后运用影子价格、替代工程或损益分析等方法探讨了中国生态系统的间接经济价值。陈仲新、张新时等[②]（2000）采用 Costanza 等的计算方法，对中国生态系统服务功能价值进行了总体评价；蒋延玲等[③]（1999）对中国 33 种主要的森林生态系统进行了评价，结果表明，木材、燃料、饲料的贡献率仅占森林生态服务系统功能总价值的 15%，森林服务功能是显著的；王健民等[④]（2001）对我国全国尺度的生态资产分类价值与总价值进行了测算；谢高地等[⑤]（2003）对青藏高原进行了生态资产的价值评估。

3. 生态资本与经济增长

范金[⑥]（2002）从物质资本、人力资本和生态资本三者结合角度研究了经济增长问题，他将生态资本细分为已经使用的部分（以生产要素投入形式进入生产函数）和未使用部分（以生态消费形式进入消费函数），将传统的效用函数拓展为 $U（C，ER）$，其中 ER 表示用于娱乐消费的生态资

---

① 欧阳志云、王效科、苗鸿：《中国陆地生态系统服务功能及其生态经济价值的初步研究》，《生态学报》1999 年第 5 期，第 607—613 页。

② 陈仲新、张新时：《中国生态系统效益价值》，《科学通报》2000 年第 1 期，第 17—22 页。

③ 蒋延玲、周广胜：《中国主要森林生态系统公益的评价》，《植物生态学报》1999 年第 5 期，第 32—36 页。

④ 王健民、王如松：《中国生态资产概论》，江苏科学技术出版社 2001 年版，第 75 页。

⑤ 谢高地等：《青藏高原生态资产的价值评估》，《自然资源学报》2003 年第 3 期，第 22—29 页。

⑥ 范金：《可持续发展下的最优经济增长》，经济管理出版社 2002 年版，第 86 页。

本，建立了一个考虑生态资本的经济增长模型。佘群芝①（2008）在研究 EKC 时认为经济发展并不必然最终带来环境改善，简单地相信经济增长最终会自动地解决环境问题，则是过于乐观和缺乏理由的；同时还认为经济增长与环境改善可以并行，其前提条件是在收入水平提高的同时，实施有效的环境政策。田东芳等②（2009）以生态资本作为内生变量，利用内生增长模型来分析生态资本与经济增长之间关系，认为生态资本的增长能够促进经济增长。史仕新等③（2004）构建了一个包含人力资本、生态资本及技术进步的经济增长模型，研究结果认为人力资本、生态资本是可持续发展的重要要素，可持续的发展应该是物质资本、人力资本、生态资本与技术进步共同作用的结果。

4. 生态资本与农业发展结合研究

农业生态资本理念的确立，极大地推进了农业生态资本及其运营理论的发展。2008 年以来，以严立冬教授为代表的大批农业生态经济学者进行了卓有成效的艰苦探索，提出了一些颇有见地的观点。严立冬等（2008、2009、2011）提出了绿色农业生态资本的概念④，初步探讨了绿色农业生态资本化的条件、原则、机理和思路，并认为绿色农业生态资本积累是绿色农业生态资本运营的基础和前提⑤，为促进绿色农业生态资本存量的增加，维持绿色农业生态资本存量的非减性，需要建立绿色农业生态资本积累的机制、政策体系，走低碳化发展道路⑥。

二　生态资本投资研究

早期的投资理论强调，将资本投放于必需的机器、厂房、基础设施，

---

①　佘群芝：《环境库兹涅茨曲线的理论批评综论》，《中南财经政法大学学报》2008 年第 1 期，第 13—17 页。

②　田东芳、程宝良：《生态资本与经济增长模型研究》，《环境科学与管理》2009 年第 6 期，第 140—144 页。

③　史仕新、刘鸿渊：《人力资本、生态资本及技术进步的经济增长模型》，《财经科学》2004 年第 5 期，第 62—66 页。

④　严立冬、刘新勇、孟慧君、罗昆：《绿色农业生态发展论》，人民出版社 2008 年版，第 64 页。

⑤　严立冬、孟慧君、刘加林、邓远建：《绿色农业生态资本化运营探讨》，《农业经济问题》2009 年第 8 期，第 18—24 页。

⑥　严立冬、邓远建、屈志光：《绿色农业生态资本积累机制与政策研究》，《中国农业科学》2011 年第 44 卷第 5 期，第 1046—1055 页。

可以增加收入。这种主张的晚近发展是，投资于技术进步将会实现更少的投入，并换取更多的产出。事实上，投资的现代实践正在修正这套模型的重大不足。在生态环境相对优越的国家和地区，这套模型似乎还是可行的，而对于生态环境脆弱的地方，该模型则是有害的。例如，高技术带来的绿色革命，便削弱了农业生态环境对灾害（病虫害、气候变化等）冲击的恢复弹性。正是在这种背景下，生态资本投资开始成为学者们关注的议题。

（一）国外生态资本投资研究

生态资本逐渐取代人造资本而成为生产的限制要素，从而使得对生态资本进行投资成为必要。然而，生态资本投资研究在国内外都非常少。在1992 年的斯德哥尔摩会议上，一些生态经济学者就自然资本投资问题进行了专题讨论，并就自然资本投资在可持续发展实践中的可操作性、地球的承载力、自然资本的可持续使用、生物多样性与自然资本以及自然资本的价值评估等进行了探讨，介绍了自然资本研究的生态经济方法和分析案例的进展，提出了投资于自然资本的经济、技术、社会、政治和文化等方面的管理和政策措施。Terry L. Anderson、Donald. Leal 的 *Environ-Capitalists*: *Doing Good While Doing Well*（2000）一书，是目前生态资本投资研究领域为数不多的学术专著之一。本书应用大量案例，说明在 20 世纪初环保企业家开始出现的几十年中，环保企业家依靠个人、企业、社团和地方政府的力量，通过商业手段拯救野生动物、保护自然风景、改善水质等，在投身环境保护的同时创造了可观的利润。

国外与生态资本投资相关的研究文献主要包括生态建设支出、环境污染治理等方面。美国经济学家瓦希里·里昂惕夫（W. W. Leontief）从宏观上定量分析了环境保护与经济发展之间的关系，并认为，在产品成本中，除了原材料消耗和劳动力消耗外，还应包括处理污染的费用①。OECD（经济合作与发展组织，1997）在对其成员国（奥地利、芬兰、法国、荷兰、挪威、美国等国）的环保支出对 GNP 的实际影响进行研究后发现，环保支出对 GNP 的实际影响并不十分确定，所有环保计划在第一年总是有利于GNP 的增长，而在最后一年的影响则较为复杂，正负影响在不同的国家都有表现；但从整体上看，环保投资的负影响都小于 1% 的 GNP 水平。日本

① ［美］尼古拉斯·巴尔：《福利经济学前沿问题》，中国税务出版社 2000 年版，第 129 页。

曾经因环境污染严重而被称为"公害列岛"，环境污染治理也成了该国学术界的研究热点。建元正弘（1970）利用投入—产出模型分析了日本23个产业部门在空气污染消除活动中产品价格的提高率，并找出了空气污染消除率为100%时，产品价格提高率不超过3%的五个部门：服务业、农林水产业、商业、金融保险业和不动产业。新饭田宏[①]（1990）则将污染治理部门引入投入产出模型，研究了环保投资对经济总产出的影响。

　　然而，生态资本毕竟不同于人造资本，对生态资本进行投资的含义也应该做另一番解释。Daly[②③]（1994，1996）指出，对于生态资本来说，"投资"就是指"等待"（waiting）或克制目前的消费。然而这样的解释，更适合于不可再生的生态资本，而不适合于可再生的生态资本问题。De Groot[④]（1994）从分析环境的功能与生态资本经济价值的角度，考察了对生态资本所进行的投资，指出明确生态资本的经济价值是对其进行投资的前提。Berkes、Folke[⑤]（1994）提出了文化资本（cultural capital）的概念，认为对生态资本的投资有赖于对文化资本的投资。

　　（二）国内生态资本投资研究

　　国内从生态资本的视角研究生态资本投资问题的文献，则是最近几年才逐渐出现。武晓明等[⑥]（2005）通过对生态资本投资、生态资本价值评估与积累途径进行研究，指出：（1）生态资本体现在生态环境功能，表现为生态功能、环境功能与资源价值；（2）从经济发展的角度看，生态资本是稀缺的，特别是在生态环境状况不佳的地区更为稀缺；（3）生态资本是通过自然因素和人为投资双重作用形成的资本，从这个意义上来说，生态建设投入是生产型支出；（4）与物质资本一样，对生态资本进行投资也应

　　①　［日］新饭田宏：《投入产出分析方法》，中国统计出版社1990年版，第103页。

　　②　Daly, H E. Operating Sustainable Development by Investing in Natural Capital. *IN*: *Jnasson, A M et al (Eds.). Investing in Natural Capital*. Washington: Island Press, 1994: 23—37.

　　③　Daly, H E. Capital Controversies: Ancient and Modern. *American Economic Review*, 1974, 64 (2): 307—316.

　　④　De Groot, R, Van der Perk, J, Chiesura, A, Van Vliet, A. Importance and Threat as Determining Factors Criticality of Natual Capital. *Ecological Economics*, 2003 (33): 187—204.

　　⑤　Berkes & Folke, P. Identifying Critical Natural Capital: Conclusion about Critical Natural. *Ecological Economics*, 1994 (44): 277—292.

　　⑥　武晓明、罗剑朝、邓颖：《关于生态资本投资的几点思考》，《陕西农业科学》2005年第3期，第120—122页。

该获得回报，并且其回报有私人获得和公共获得两大类，随着全球生态环境的普遍恶化，生态资本的经济价值将逐渐提高；（5）生态资本是有意识投资的产物，自然存量可以对投资的效率产生影响，但不能取代这种人为投资，生态资本存量的增加主要还应当通过投资方式来进行。朱洪革[①]（2007）以森林资源作为研究对象，认为自然资本的投资不同于人造资本投资，自然资本投资主要是基于生态意义的收益，森林自然资本投资中主要采用短线投资与长线投资两种方式，其中短线投资的对策是将直接投资和间接投资分别由不同的工程来承担；而长线投资的对策是引入生态购买。蔡中华等[②]（2008）通过在内生经济增长模型中引入自然资本，构建了一个内含自然资本的"生态—经济"系统模型，研究结果显示，只有在一定条件下（如合适的绿色技术水平和环境治理投资比例），整个"生态—经济"系统才能通过长期稳定而实现可持续发展。袁广达[③]（2009）对绿色资本、绿色投资及其价值之间的关系作了深入探讨，认为绿色投资形成的是绿色资本，具有价值并且能够实现价值增值。这一价值通过全方位、多角度形式表现出来，并构成绿色资本价值核算和价值评价的主要内容。冷文娟[④]（2010）指出目前生态资本投资的主体主要还是政府和社会环保组织，并对我国现行生态资本投资存在的问题进行了归纳：（1）生态资本投入没有稳定性；（2）生态资本投资比较分散，缺乏规模化、产业化的基础；（3）生态资本投资主体不明确；（4）缺乏政策与法规的引导与规范等。

值得注意的是，由于"生态资本"的理念提出较晚，尽管直接以"生态资本投资"为关键词的研究文献十分稀少，但是早在1992年，张坤民[⑤]便已经指出环境保护支出的性质是一种"投资"而非"消费"。环境保护支出的"投资说"认为，环境保护支出是为了增加未来的经济发展能力和人类福利，社会各有关投资主体从社会积累基金和各种补偿基金以及消费

---

① 朱洪革：《基于自然资本投资观的林业长线及短线投资分析》，《林业经济问题》2007年第2期，第112—116页。

② 蔡中华、刘为：《可持续发展视角下的自然资本投资模型》，《和谐发展与系统工程——中国系统工程学会第十五届年会论文集》，2008年，第3—9页。

③ 袁广达：《绿色投资、绿色资本及其价值》，《现代经济探索》2009年第11期，第13—16页。

④ 冷文娟：《论生态资本的有效投入》，《南通职业大学学报》2010年第1期，第34—38页。

⑤ 张坤民：《中国环境保护投资报告（第一版）》，清华大学出版社1992年版，第16页。

基金中拿出一定数量的资金，以货币、机器、设备等资源的实物形态投入到环境保护的各项活动（治理污染、保护生态、管理、科研等）中，其最终目的是要实现生态资本存量的增加。厉以宁、章铮①（1995）也认为，无论是新增投入还是存量调整，大量的环保投资必然带来资源的重新配置，从而给经济带来一定影响。尹希果、陈刚、付翔②（2005）运用"环保投资优先增长模型"对我国的环保投资效率进行了考察。他们发现近年来我国环保投资速率是经济增长速率的2倍，但是我国的污染物排放量却逐年上升。比如：工业废气的排放量的增长速度（10.41%）就远远高于经济增长率（8.99%）。王金南③（2006）从税收角度对我国环保投资状况进行了分析，并认为目前我国的环保投资还是以政府为主导，政府投资占环保投资总体的70%以上，这种投资主体的单一将会妨碍我国经济的可持续发展；王世汶④（2009）也持类似观点，认为从环保产业或者环保项目层面来看，由政府主导的项目仍然过多，未来的环保产业趋势应该是"国退民进"。杨东宁、周长辉⑤（2005）指出，企业是否采纳环境管理体系，对于企业本身而言也是一种投资，包括引进相关软件的投资（例如ERP的引入），以及相关人力资本的投资（管理人员、工作人员须进行学习）等。王用红、杨文杰⑥（2008）从宏观层面进行研究，发现我国GDP和环保投资之间存在长期均衡关系，环保投资在短期和长期均能够拉动我国经济的发展，而我国GDP在长期不是引起环保投资的原因。高广阔、陈珏⑦（2008）从宏观层面研究表明，我国环保产业对国民经济增长具有拉动作用，这种拉动作用及程度呈现不断放大态势，环保产业将成为新的经

————————

①　厉以宁、章铮：《环境经济学》，中国计划出版社1995年版，第42页。

②　尹希果、陈刚、付翔：《环保投资运行效率的评价与实证研究》，《当代财经》2005年第7期，第41—45页。

③　王金南：《环境税收政策及其实施战略》，中国环境科学出版社2006年版，第11页。

④　王世汶：《2009年中国环境投资回顾》，《环境经济》2010年第3期，第30—34页。

⑤　杨东宁、周长辉：《企业自愿采用标准化环境管理体系的驱动力：理论框架及实证分析》，《管理世界》2005年第2期，第85—107页。

⑥　王用红、杨文杰：《中国环保投资与国民经济增长的互动关系》，《经济管理》2008年第21期，第23—29页。

⑦　高广阔、陈珏：《环保产业对国民经济增长的拉动作用的实证检验》，《经济纵横》2008年第15期，第50—56页。

济增长点。王金南、逯元堂等①（2009）也从宏观层面研究发现，我国环保投资相对于经济增速有所放缓，未能实现环保投资与经济发展的同步增长，环境污染治理的压力日趋加大。

三　相关研究评述

综上所述，生态资本投资仍是一个全新的研究课题。虽然起步较晚，但近年来研究进展很快，并初步呈现出经济学、管理学等社会科学与相关自然科学的多学科复合交叉研究的格局，研究形势喜人，研究前景广阔。总体看来，目前研究还处于初步探索阶段，归纳起来，其研究格局大致如下：

（一）生态资本的研究比较深入

生态资本理论研究文献在国内外都是比较多的，并已经从单一的生态资本概念研究扩展到其他领域，如生态资本价值研究、属性分析、功能识别、生态资本与经济增长、生态资本投资等方面，研究成果也较为丰富。由于生态资本自身的综合性、复杂性、交叉性和边缘性，加上各学科的研究视角、研究方法、切入点和侧重点各不相同，研究结论呈现出明显的多元化，但从研究的基本脉络来看，整体上比较清晰的是：研究重点集中在生态资本的属性分析，研究难点体现在生态资本的价值评估，研究趋势是生态资本投资研究。

（二）关于生态资本投资的研究正在全面展开

目前，生态资本投资研究主要是从宏观层面进行整体分析和一般探讨。从研究深度上看，较浅程度的研究侧重于分析生态资本投资与环境保护、资源节约、经济增长的关系；较深程度的研究侧重于探讨生态资本投资与调整产业结构、转变经济增长方式的关系；更深层次的研究则倾向于探讨生态资本投资对生态伦理价值体系构建、生态文明社会建设的推动作用。从研究广度上看，区域层面的生态资本投资还更多地停留在理念宣导和机理初探层次；产业层面的生态资本投资开始探索模式构建与制度设计问题；企业层面的生态资本投资主要是通过案例分析来进行途径和措施总结。概括起来，现阶段的研究重点是生态资本投资的可持续性分析，研究难点是生态资本投资收益实现问题。

---

① 王金南、逯元堂、吴舜泽：《环保投资与宏观经济关联分析》，《中国人口·资源与环境》2009 年第 4 期，第 66—72 页。

（三）关于生态资本投资收益问题的研究还较少涉及

国内外的现有文献虽然在揭示生态资本投资收益的特征及原因方面，做出了较好的尝试性探索，但总体而言尚不够全面和深入，忽略了一些重要问题，如生态资本投资的内涵与主要方式是什么？生态资本投资收益如何核算？生态资本投资与收益的关系如何，生态资本投资一定会获得收益吗？生态资本投资收益的影响因素有哪些？或者说是，生态资本投资收益能力的影响因素有哪些？生态资本投资收益的形成机理与实现路径是怎样的？保障生态资本投资收益的政策有哪些？这些关键问题的解答，显然对于生态资本投资收益研究具有重要意义。

然而，生态资本投资收益毕竟是一个比较新颖的研究课题，学界基本上是近年来才开始关注，目前还侧重于概念的移植和基础条件的分析，相关研究文献大多是从生态建设、环保投资、生态创新等角度开始探索。但可以预判的是，生态资本投资收益是生态资本投资行为的最重要激励手段，相对于生态资本投资实践的快速发展，生态资本投资收益的理论研究亟须加强。总之，深化生态资本投资研究的趋势是分解生态资本的不同类型并具体展开，重点是生态资本投资收益的形成机理与实现路径，难点是生态资本投资收益的影响因素，而这些也正是本研究力图解决的关键问题。

第三节　研究的思路方法与技术路线

一　研究前提

（一）经济系统存在"最佳规模"

"效率"与"公平"是主流经济学的核心范畴，然而，当考虑到生态因素时，便不能忽视经济系统的"规模"问题。梅多斯等"增长极限说"的理论基础是"地球有限论"，其立足点便是地球资源环境的有限性，这在本质上是一种"揭示经济增长已临近自然生态极限"的可持续经济理论。它深深地动摇了地球资源环境无限性的主流经济学观念，为人类认识生态资本投资收益问题开辟了道路。现代经济发展既不能以牺牲生态环境为代价，也不能超越地球资源环境承载力，这就要求人类经济活动与发展必须限制在地球资源环境系统的生态容许限度内，只有这样才能保证经济发展的可持续性。影响经济增长的诸要素：劳动、土地、资本、技术进步、人力资本以及知识因素等，对经济增长的作用都不是单向的。它们既能增加物质财富，促进经济增长，又会产生一些负面效应，如资源浪费、生态环境破坏，从而造成大量的不良品损失、人为事故损失以及社会问题等。可见，经济增长存在生态代价。这不仅是客观现实存在，而且是生态资本投资理论分析的基本命题。而古典经济增长理论因其历史局限性，往往只考虑经济增长要素的投入对促进物质财富增加的单向性，从而忽视了经济增长的负效应，即经济增长生态代价的存在。在经济系统是否存在"最佳规模"的问题上，许多人认为可以依靠技术进步来避免"增长的极限"。确实，如果生态资本可以通过科技进步而被物质资本所替代，那么生态资本短缺也就不会存在，而"科技进步推动的经济"看起来就可以无限制地扩张。但是从更深一步的角度来思考，就会发现"科技进步成为经济增长永恒动力"的观点，是建立在以下两方面的假设之上的：一方面，科技创新总是会朝着资源节约和环境友好的方向发展；另一方面，生态资本确实可以因为科技发展而被完全地替代。然而，这两个方面的假设其实是不符合实际的。

（二）生态资本概念的科学性

历史上并非不存在生态资本，之所以过去人们没有使用过"生态资本"的概念，没有提出过进行生态资本投资的要求，是因为那时"地球生态系统所提供的产品和服务"并不稀缺，只是伴随"生态"稀缺程度的不断加重，才使其属性改变并拥有了"资本"的意义。生态资本是存在于自然界并可用于人类经济社会活动的自然资产，但这样说并不能理解为人们通常所说的自然资产是"大自然的恩赐"。这是因为，在现代生态－经济－社会－复合系统中的生态环境已经不是"天然的自然"，而是"人化的自然"。那种没有经过人类劳动改变的"天然的自然"，在当代世界里已经是为数不多了。这样，在多数情况下，生态资本实质上是人造生态资本。这种由生态系统（包括资源系统和环境系统）提供的资本，在可持续发展经济学范式中可称之为"生态资本"，它比"自然资本"更为符合现实世界系统的客观实际，从这个意义上说也更为科学。

然而，在生态资本的概念提出以后，学术界对这种理念基本上持有三种不同的意见。第一种是赞成意见，持这种意见的学者主要是生态经济学家。他们认为，生态资本符合资本的内在规定性，完全可以按照投资资本那样对生态资本进行投资（Daly，1996）。持第二种意见的主要是新古典经济学家，他们在构造经济增长函数时也使用生态资本的概念，但却把它看作资本的隐喻。在他们看来，生态资本与自然资源没有太大的区别，甚至可以相互替代。第三种是反对意见，不赞成生态资本的提法。Hinter-berger等[1]（1997）认为，从生态学的角度看，生态资本不能充分描述生态系统的动态特征，因而这种提法是无意义的；Victor[2]（1991）从经济学的角度出发，认为人类活动作用于资本将会使其增值，这是资本的重要特征，而环境作为生态资本则不具备这一特征；生态马克思主义学者则反对"生态资本化"，而主张"生态人本化"。本书固然是站在认同生态资本概念的立场上来开展生态资本投资收益研究，前人[3]有关生态资本的研究命题和成果，是本研究的文献资源和前期基础。当然，对于生态资本概念所遭遇的质疑，本人在写作过程中也会进行应有的思考。

（三）生态资本已经成为制约经济增长与福利发展的限制性因素

当代社会已经从经济系统的输入输出没有生态环境限制的世界系统，转向输入输出受到生态环境限制的世界系统，经济系统的运行与演变已经从物质资本是经济发展限制因素的时代，进入到生态资本是经济发展限制因素的时代。过去稀缺的是物质资本，而生态资本则非常丰富；现在的情况已经发生了逆转，即生态资本越来越稀缺，而物质资本则越来越雄厚。其实，生态资本投资收益研究的重要依据，也正是当前制约经济增长的限制性因素已经从物质资本转移到了生态资本，因此有效地投资生态资本已经成为经济发展的重要内容。这里的生态资本不仅包括传统的资源供给能力，还包括地球对于污染和垃圾的吸收和降解能力，以及生态愉悦能力等生态系统为人类所提供的服务。为了判断生态资本是否已经成为制约经济增长与福利发展的限制性因素，有学者提出通过考察自然资源的价格来进行检验。传统经济学理论认为，在一个市场经济中，稀缺性反映在市场价格上。如果世界陷入了自然资源短缺，这些资源的价格就会一直上升。生态资本自身价值越高，就表示其稀缺程度越高，生态资本稀缺信息完全由

---

①　Hinterberger, F, Luks, F, Schmidt-Bleek, F. Material flows vs. "Natural Capital": What Makes an Economy Sustainable . *Ecological Economics*, 1997 (23): 1—14.

②　Victor A. Indicators of Sustainable Development: Some Lessons from Capital Theory. *Ecological Economics*, 1991 (4): 191—213.

③　尤其是刘思华教授、严立冬教授及其所带领的学术团队。

该指标反映。在现实经济中，大多数自然资源的价格是稳定或下降的①。看来我们保存这些资源的能力增长比它们供给减少的速度要快。市场价格使我们没有理由相信，自然资源是经济增长的限制。就此，本书认为，自然资源因稀缺而价格升高的预言之所以没有应验，是因为人们通过开源（供给增加）和节流（需求减少）实现了较早的革新。对于生态资本是否成为新的稀缺要素的回答，关键是要看：目前的经济系统是否过大，以至于超过了生态系统的承载能力边界，或者世界是否正在由"空的世界"而变得越来越"拥挤"，而这一点显然是肯定的。

二 研究思路

生态发展与经济发展可以说是当今中国最为突出的两个主题。它们之间既相互依托，又彼此矛盾。只有这两者之间实现了协调与平衡，中国才能实现可持续发展，实现真正意义的繁荣与强大。传统的观点大多认为，经济发展与生态发展之间存在"两难"而非"双赢"的困局。然而，生态环境建设一定与经济增长等宏观经济政策目标相矛盾吗？难道生态建设、环境保护等生态资本投资行为就不能成为经济的"绿色增长源"？

本书认为，生态恢复建设、环境污染治理以及生态技术研发等，并不是维护性的消费行为，而是一种积极的生产性投资行为，"生态资本投资"完全有可能成为经济增长新的动力来源。资源耗竭、环境污染、生态破坏，可称之为"生态资本短缺"现象；源于生态资本投资不足，背后原因是"生态资本投资收益"未得到保障。在界定生态资本、生态资本投资、生态资本投资收益等概念的基础上，以生态资本理论、价值投资理论与生态产品生产理论为理论基础，对我国的生态资本短缺状况进行简易评估，重点探讨生态资本投资收益的形成机理、影响因素和制度创新，最后进行生态资本投资收益的实证检验。本书旨在从"生态资本投资收益"的视

---

① 美国马里兰大学经济学家朱利安·林肯·西蒙教授认为，随着社会的发展，资源的价格会越来越低；美国斯坦福大学昆虫学家保罗·埃尔里奇教授则认为相反。于是他们以1980年5种金属——铜、镍、铬、锡和钨的价格作为标的，10年后，扣除通货膨胀的因素，这些金属的价格，如果上涨，超出部分由西蒙付给埃尔里奇；如果价格下跌，则由埃尔里奇赔付差额部分。这场"赌博"最终在1990年秋季揭晓，结果出乎绝大多数人的意外，由埃尔里奇选出的5种金属的综合价，剔除自1980年以来的通货膨胀因素之后，到1990年5种金属的价格无一例外地下跌了，西蒙居然赢了。西蒙教授与埃尔里奇教授在20世纪80年代对人类未来前景的这场"打赌"，也被人们称作"世纪之赌"。

角，对"资源耗竭、环境污染、生态破坏"难题进行思考，以期科学定位生态资本投资的价值取向，规范生态资本投资方式和投资强度，为促进国家与地方经济发展方式的生态化转变、推进绿色繁荣、建设美丽中国提供理论依据和决策参考。

三　研究方法

本书通过生态经济学、投资学以及制度经济学等多学科基础理论交叉运用、相互支撑，在大量文献资料梳理和社会实践调查的基础上，从理论、实践、制度创新以及政策措施等层面，围绕生态资本投资收益这一主线展开多方面研究，所用到的研究方法主要有：

（一）文献梳理与社会调查相结合的研究方法

在研究过程中，既注重理论的文献梳理，也致力于对生态资本投资实践的归纳总结。文献资料分析与实地调研的感性认识与第一手数据资料的获取，是本书研究的基础与起点。实地调研法主要是针对政府部门、企业的访谈，以及面向社会公众的问卷调查等。

（二）理论演绎与案例比较相结合的研究方法

本书的理论演绎，是在一个集生态资本投资、经济增长和投资收益等多种因素于一体的理论框架下进行的。在导论、第一章通过对研究背景、文献综述、理论基础做系统性归纳分析，演绎与凝练出"生态资本投资收益"问题，形成生态资本投资整体思维，确立本研究的前提假设。生态资本投资的实践探索，在现实经济中具有诸多雏形，通过典型案例分析的方式，探讨生态资本投资现状，对于生态资本投资收益研究具有较强的必要性。

（三）定性分析与定量分析相结合的研究方法

本书根据数理经济模型的基本思想，进行了生态资本投资对宏观经济增长的动态均衡分析。在生态资本投资现状及其存在问题的研究过程中，多采用定性分析法，通过比较生态资本投资以及生态建设、环保投资等异同，初步构建"生态—经济—社会"三维的投资收益体系；并借助 Stata 软件与 GeoDa 软件，利用我国的统计数据对生态资本投资收益进行实证检验。

（四）博弈分析方法

生态资本公共投资主体可以细分为中央政府与地方政府两大类。生态资本投资补贴率是中央政府在预算约束条件下通过生态资本投资实现收益的重要手段。如果考虑到财政分权所引起的地方政府竞争，那么在处理税收竞争、经济建设性投资支出、生态资本投资支出以及当地政府环境规制之间关系时，都可以利用博弈研究方法进行分析。

（五）产权分析方法

产权理论认为市场交易的实质不是物品和服务的交易，而是一组权利的交易，所交易的物品和服务的价值，取决于交易过程中所转手的产权多寡抑或产权强度，市场交易是实现稀缺资源优化配置的有效手段。本书认为，生态资本产权是通过投资获取的，即谁投资谁就拥有生态资本产权。从这个意义上说，生态资本投资本质上是一种生态资本产权投资。

四　技术路线

基于上述研究前提、研究思路和研究方法，本研究所遵循的技术路线见图 0－2。

第四节　研究内容与可能的创新点

一　研究的主要内容

本书以生态资本投资收益为研究主题，是依托国家自然科学基金项目"生态资本运营机制与管理模式研究"（项目编号：70873135）所进行的延续与拓展研究。本书采用了文献梳理与社会调查相结合、理论演绎与案例比较相结合，以及博弈分析、产权分析等多种研究方法，以生态资本及其投资收益的概念界定为逻辑起点，以生态资本理论、价值投资理论、生态产品生产理论为理论基础，以生态资本投资的实践探索为现实基础，旨在通过生态资本投资的价值分析，探讨生态资本投资收益的形成机理、影响因素和制度创新，并结合我国的统计数据进行生态资本投资收益实证检验，以期科学定位生态资本投资的价值取向，规范生态资本投资方式和投资强度，为推进绿色繁荣、建设美丽中国提供理论依据和决策参考。

本书分五部分共 9 章。第一部分：导论。第二部分：研究基础（第一、二章），包括核心概念与理论基础、生态资本短缺及其投资现状，全面分析生态资本投资的理论基础和实践依据。第三部分：研究的核心内容

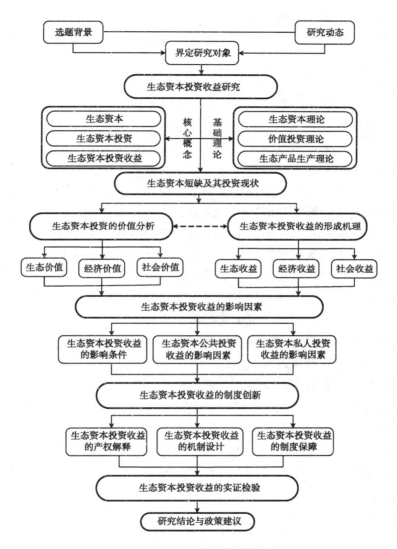

图 0-2　本研究的技术路线

（第三、四、五、六章），包括生态资本投资的价值分析，生态资本投资收益的形成机理、影响因素和制度创新，这既是本研究的重点，也是研究难点所在。第四部分：实证分析（第七章），利用我国的统计数据，进行生态资本投资收益的实证检验。第五部分：研究结论与政策建议。

本书的研究内容与篇章结构安排如下：

导论　交代选题的背景和研究的理论与现实意义；考察国内外与本选

题有关的研究动态，对相关文献和研究成果进行回顾与述评；陈述研究的思路方法与技术路线；介绍本书框架和可能的创新点，指出有待进一步深入研究的问题。

第一章　核心概念与理论基础。本章对生态资本、生态资本投资、生态资本投资收益等核心概念加以界定，阐明本研究的理论基础，并进行理论评析与思考。

第二章　生态资本短缺及其投资现状。本章指明了生态资本存量估算的缺失，介绍了生态资本存量与流量的分类估算方法；依据生态资本相对于物质资本的最佳比例，进行了我国生态资本短缺的简易估算；并以生态资本投资的实践探索为基础，结合问卷调查，重点剖析了我国生态资本投资过程中存在的问题，指出投资收益的实现是生态资本投资的关键问题。

第三章　生态资本投资的价值分析。本章从生态资本投资的基本要素出发，指出了生态资本投资的价值构成包括生态价值、经济价值和社会价值；通过构建宏观经济动态均衡模型，探讨了生态资本投资价值的宏观均衡实现；分析了生态资本投资价值的微观转化过程，其中，生态资源的资产化是其价值创造过程，生态资产的资本化是其价值增值过程，生态资本的产品化是其价值转换过程，生态产品的市场化是其价值实现过程。

第四章　生态资本投资收益的形成机理。本章指出投资价值是投资收益的本质与源泉，从生态、经济、社会三个维度，分析了生态资本投资的收益类型；考察了生态资本投资生态收益的最佳持续量，阐述了生态规律对生态资本投资生态收益的制约；基于三种生产理论探讨了生态资本投资对经济增长的促进与优化机理；进行了生态资本投资的代际公平、就业促进、福利增加等社会收益形成机理分析。

第五章　生态资本投资收益的影响因素。本章归纳了生态资本投资收益的影响条件，其中，生态效用是其认知条件，生态需求是其约束条件，生态技术是其支持条件，生态市场是其保障条件；在介绍生态资本公共投资主导性的基础上，分析了生态资本公共投资收益的影响因素；基于生态资本私人投资不足的客观现实，探讨了生态资本私人投资收益的影响因素。

第六章　生态资本投资收益的制度创新。本章从生态资本投资收益的产权解释出发，探讨了生态资本投资收益权的界定思路；通过对比机制设计与自然演化的制度观，介绍了生态资本投资收益的机制设计；指出了生态资本投资收益的制度保障，包括生态资本价值核算、生态资本产权交易、生态资本权益补偿、生态资本投资保险及生态资本投资基金等制度。

第七章　生态资本投资收益的实证检验。本章利用国内的统计数据，检验了生态资本投资的生态收益、经济收益和社会收益；在生态资本效率测度的基础上，进行了生态资本投资对生态资本效率影响的 Tobit 回归分析；鉴于生态资本投资收益的区域外溢，进行了生态资本投资收益外溢的空间计量分析。

研究结论与政策建议　阐述前文研究所得出的基本结论，给出政策建议，讨论后续研究的努力方向和重点内容。

二　可能的创新点

本研究可能的创新点，主要表现在以下几个方面：

第一，本书从"生态资本投资"的视角展开研究，在选题上具有一定的挑战性与原创性。生态资本投资是通过一系列有目的、有计划的生态恢复建设、环境污染治理、生态技术研发等活动，对特定范围内的生态资源进行一定的投入，并经过与开发对象的有机结合，使生态资源质量及数量指标均有所改善，并且这种改善最终反映在生态资本存量增加上的投资行为。生态建设、环境保护并不是消极的生态维护行为，而是一种积极主动的生产性投资。或者说，传统的污染治理和环保行动致力于减少负资产，相当于被动地"治病"，而生态资本投资则旨在增加正资产，如同"强身"。本书是生态资本理论与资本投资理论交叉融合研究范式的有益尝试，有可能引发资本及资本投资结构的深层变革。

第二，本书从生态、经济和社会三个维度，阐述生态资本投资所形成的预期收益和增量收益，在研究思路上具有较强的整体性与系统性。在"生态—经济—社会"复合系统中，生态环境已不再是"天然的自然"，而是"人化的自然"，故多数情况下，生态资本实质上是人造生态资本。鉴于当前学术界对生态资本的价值核算尚未有实质性突破，本书立足于生态资本投资所遵循的"生态—经济—社会"综合价值取向，避开生态资本存量评估的理论难题，重点调整生态资本投资所形成的预期收益和增量收益，体现了生态资本投资生态收益、经济收益与社会收益的统一。

第三，本书在研究思路上具有较好的理论逻辑性。基于生态资本投资的价值分析，通过构建生态资本投资宏观均衡模型，分析了生态资本投资价值的宏观均衡实现；阐述了生态资源的资产化、生态资产的资本化、生态资本的产品化、生态产品的市场化等生态资本投资价值的微观转化过程；归纳了生态资本投资收益的影响条件，其中，生态效用是其认知条件，生态需求是其约束条件，生态技术是其支持条件，生态市场是其保障条件；重点探讨了生态资本投资收益的形成机理、影响因素与制度创新，本书在研究思路上具有较好的理论逻辑性。

第四，本书研究成果能够为规范生态资本投资方式和投资强度，提供理论依据和决策参考。生态资本投资从本质上说是一种生态资本产权投资，其之所以在实践中具有较强的吸引力，便是因为投资所获得的产权能够带来收益，因此，投资收益权是生态资本产权投资的核心。本书从生态资本投资收益的产权解释出发，阐述了生态资本投资收益权的界定思路，指出了生态资本投资收益的制度保障，包括生态资本价值核算、生态资本产权交易、生态资本权益补偿、生态资本投资保险及生态资本投资基金等。研究成果能够为缓解我国经济社会可持续发展面临的资源环境约束提供参考。

第五，本书在实证检验上具有较好的实践性与指导性。本研究通过引入案例分析，以实地调研为基础，利用我国 30 个省份 2003—2010 年面板数据集等统计数据，尝试性地进行了生态资本投资收益形成的分类检验，考察了生态资本投资对生态资本效率的影响，并借助空间地理加权回归模型，探讨了生态资本投资收益的区域外溢，得到了超出预期的计量结果，蕴含着有重要价值的丰富信息，具有一定的实际应用价值。

三　有待进一步研究的问题

生态资本投资是一个十分复杂的问题，本书的研究也只是初步探索，还有一些问题有待进一步完善和深化。

第一，本书更多的是一种"理念倡导"，即将生态建设、环境保护等"看作"一种积极主动的生产性投资。对于不同投资主体的投资收益如何影响其生态资本投资行为等问题，本书却未作详尽探讨，还有待进一步完善。

第二，本书借助高级宏观经济学分析方法，尝试性地分析了生态资本投资对经济增长的促进与优化机理，但对于生态资本投资收益的影响因素等问题，却只是将其简化为一个参数或假设，这一问题尚需深入研究。

第三，由于统计数据存在口径不一、残缺不全等问题，生态资本投资及收益的数据很难准确估算。鉴于研究数据的可获得性，本书在进行生态

资本投资收益的实证检验时，选取了一些"指代变量"，这也使得本书的
研究结果只是"一家之言"，有较强的主观性。此外，本研究对生态资本
投资收益率的研究尚未涉足，而建立生态资本投资收益率测评模型，将为
我国进行生态资本投资实践提供评价标准与管理范式，从而有利于提高生
态资本存量的非减性。

第一章　核心概念与理论基础

第一节　核心概念界定

概念的界定是理论研究的起点。然而，到底什么是资本？生态究竟能否成为一种资本？生态资本投资的特征有哪些？对于这些问题的回答，将有助于确定"生态资本投资收益"这一研究范畴的内涵和外延。

一　生态资本

（一）资本的概念

"资本"是一个既古老而又富有生命力的永恒主题，从古典经济学到当代经济学，资本始终是经济学研究的核心范畴，也是一个饱受争议的概念[1]。一般认为，资本即是指资本品[2]，是一种实物资本。欧文·费雪在《资本与收入的本质》及《利率理论》中指出："任何可以引致收入的东西（无论是有形的还是无形的），都可以称之为资产，而这些资产的市值就是资本。"

归纳起来，对于资本的本质问题，学界基本上有三种理解：

1. 资本是一种财富或收入

亚当·斯密认为，资本是人们存储起来以取得未来收入的那部分资财，他明确提出资本是一种财富生产的手段和能力[3]，这就突出了资本的生产性，等于是把资本看成是一种会增加财富的自然力；大卫·李嘉图指

---

[1]　P. A. Victor, Indicators of Sustainable Development: Some Lessons from Capital Theory. *Ecological Economics*, 1991, 4（3）: 191—213.

[2]　［美］保罗·萨缪尔森、威廉·诺德豪斯著：《经济学（第18版）》，萧琛译，人民邮电出版社2008年版，第102页。

[3]　［英］亚当·斯密：《国富论》（上卷），商务印书馆1972年版，第254页。

出，资本是用于生产的那部分国家财富，主要包括为了实现劳动所必需的工具、原料、食物、衣服等①，并认为猎人手中的猎具也是资本；安·罗伯特·雅克·杜尔哥认为，资本是积累起来的价值，表现为"可动的财富"②；阿尔弗雷德·马歇尔则认为，从个人来看，资本表现为期望收入的那部分资产，从社会的观点来看，资本是生产收入的那部分财富③。

2. 资本是一种生产方式

庞巴维克把资本定义为"迂回生产④过程中的各个阶段里出现中间产物的集合体"，是一种"生产出来的获利手段"，"那些用来作为获得物质财富的手段的产品即是资本"⑤。

3. 资本是一种社会关系

马克思在《资本论》中对资本的内涵、特点、规律、表现形式及其运行方式进行了深入系统的分析，形成了科学完整的资本理论体系。马克思主义资本理论认为：第一，资本是能够带来剩余价值的价值；第二，资本反映的是人与人之间的关系；第三，资本是一个历史的社会范畴，包含着特殊的社会性质；第四，资本的存在方式是循环运动过程，即资本通过不断改变自己的存在形态而增值⑥。

随着社会经济的不断发展，资本这一概念本身的含义也在变迁。希克斯在总结前人成果的基础上，为资本下了一个功能性定义，即"资本是能够为未来提供有用产品流和服务流的存量"⑦。

（二）资本概念的普适性

其实，上文中的资本概念更多地是指"物质资本"。随着经济学研究

---

① ［英］大卫·李嘉图：《政治经济学及赋税原理》，商务印书馆 1962 年版，第 78 页。

② ［法］安·罗伯特·雅克·杜尔哥：《关于财富的形成和分配的考察》，唐日松译，商务印书馆 1961 年版，第 51 页。

③ ［英］阿尔弗雷德·马歇尔：《经济学原理》，朱志泰、陈良璧译，商务印书馆 1964 年版，第 15 页。

④ 所谓迂回生产方式，是与直接达到其目的的、直接运用体力从自然获取消费品的、"赤手空拳"的生产方式相对的；在这个迂回过程中，人们运用一系列中间物即以生产工具为主的生产资料进行生产。

⑤ ［奥］庞巴维克：《资本实证论》，陈端译，商务印书馆 1983 年版，第 47 页。

⑥ ［德］卡尔·马克思：《资本论》（第 1 卷），人民出版社 1975 年版，第 38 页。

⑦ Hicks, J. Capital Controversies: Ancient and Modern. *American Economic Review*, 1974, 64（2）: 307—316.

的深入，新的资本形式也开始出现，世界银行于 1995 年首次公布了"扩展的财富"指标，包含了自然资本、生产资本、人力资本、社会资本四大要素①。尽管不同的学者对其概念和内涵的理解不尽相同，甚至存在很大的差异，但是作为一种理念，这些新资本形式的出现，也反映了人类对资本认识的进一步深入。从经济思想史的角度看，伴随着人类经济发展不同阶段中资本对经济增长的贡献及其重要性，先后出现了农业资本、商业资本、生产资料资本、财富资本、人力资本、社会资本、制度资本等十多种资本类型。

总体而言，人类对资本的认识是在探究财富的来源过程中逐步深化的。首先，在人类最初获取生存资料的过程中，土地扮演着极为重要的角色，进入农业社会以后，劳动在财富创造活动中的作用日渐突出，如 1662 年威廉·配第在《赋税论》中便提出："土地为财富之母，劳动为财富之父和能动的要素"，首次形成了生产二要素论。其次，工业革命开始以后，资本的重要性在工业生产中凸显，"资本万能论"和"劳动价值论"产生了很大影响，亚当·斯密把劳动和资本作为进步社会财富的基础和基本来源，土地要素及其所代表的"自然取用物"的重要性则日益弱化。然而，看似完美的经济增长理论，却陷入了与"生态危机不断加剧的现实"相冲突的困境。最后，随着生态危机的出现，人们认识到生态系统所提供的生态服务不仅对于食品安全和可持续发展具有巨大的影响，而且对人类生存、生产和生活的多个方面都具有极端重要性，从而开始了对环境与生态资源的保护性利用，确立了生态服务有价的观念，人类所认识到的生态环境和生态资源价值，就表现为"生态资本"。

人类对资本认识的演进次序见图 1－1。

可见，资本概念是不断扩展的，它反映了某一时期社会经济增长的推动力来源。尽管对资本的概念存在各种不同的理解，但是学者们对于资本内在规定性的认识却相当一致。一方面，资本必须具有增值性，它可以通过一定的形式能够实现自身价值的增加；另一方面，对资本进行投资能够获得未来的收益。显然，生态系统可以自行增加其数量（生态资本存量），通过投入劳动又能增加其价值（价值是无差别的人类劳动），从这个角度上说，"生态"确实是一种"资本"，而且要比"人力资本"更像是一种

---

① World bank, *Monitoring Environmental Progress*, A Report on Work in Progress, Washington D. C., 1995.

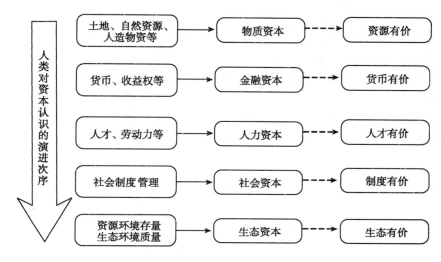

图1-1 人类对资本认识的演进次序

资本。而且，生态资本的基础性决定了其在资本系统中处于支配和主导地位，生态资本的保值增值是其他资本保值增值的前提和保障，为此，生态资本必然规定和制约着人力资本、金融资本、社会资本和物质资本。只有在这五种资本①的协同作用下，才能够实现经济增长和社会福利的改进（见图1-2）。

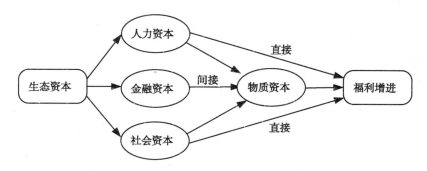

图1-2 生态资本与其他资本的关系

---

① 就此，笔者大胆假想各类型资本之间的关系，可以用中国传统哲学中的"五行学说"来进行说明，生态资本（水）、人力资本（木）、金融资本（火）、社会资本（土）、物质资本（金）之间存在类似的相生相克关系，固然没有必要盲目照搬"五行学说"，但仅就说明各类型资本间的系统性与普遍联系而言，"五行学说"也有其合理之处。

（三）生态资本的概念辨识

由于研究视角和方法不同，国内外学者对生态资本的概念界定莫衷一是，各种表述多达数十种，其提法也有生态资本、自然资本、环境资本、生物资本等多种称谓。仔细比较各种界定，不难发现其主要分歧在于对生态资本的实体对象和存在类别的理解差异，即生态资本的实体对象是一种还是几种？现实中表现为哪些存在类别？通过梳理相关文献，归纳起来主要有四种代表性论点。为简明起见，姑且分别称之为生态资本的整体论、二分法、三分法和四分法①。

1. 生态资本的整体论

1987 年布伦特兰委员会在其报告《我们共同的未来》中，提出应将环境视为资本，并认为生物圈是一种满足人类生存与发展的最基本的资本。这里虽未明确提出生态资本概念，但已蕴含"以环境形式而存在的生物圈作为一个整体构成了一种资本"的思想。Costanza（1997）认为生态资本是在一个时间点上存在的物质或信息的存量，每一种生态资本存量形式自主或与其他生态资本存量形式一起，共同产生一种可增进人类福利的服务流。显然，Costanza 界定的生态资本是一种服务流，这种服务流不是单一资源存量的表现，而是各种资源存量间相互作用而形成一种综合服务流。武晓明等（2005）认为生态资本是指人类花费在生态环境建设方面的开支所形成的资本，其实质就是自然的生态资本存量和人为改造过的生态环境的总称，它可在未来特定的经济活动中，给相关经济行为主体带来剩余价值或利润收益。这一观点把生态资本从存在方式上归结为整个人工生态环境。

2. 生态资本的二分法

Daly（2000）在《超越增长：可持续发展的经济学》中，认为自然资本是指能够在现在或未来提供有用的产品流或服务流的自然资源及环境资本的存量，并明确指出自然资本包括提供产品流的存量和提供服务流的存量两种形态。Serafy（1989、1991）把生态资本分为两种基本形态，一种是可再生生态资本，当给予一定时间和空间时，其便可用来产生生态产品和服务流；另一种是不可再生生态资本，这种生态资本的再生能力为零或接近于零。这一论断从自然资源的可再生性角度把生态资本区分为可再生

---

① 严立冬、陈光炬、刘加林、邓远建：《生态资本构成要素解析——基于生态经济学文献的回答》，《中南财经大学学报》2010 年第 5 期。

和不可再生两种形态。刘思华（1997）认为生态资本包括生态资源和生态环境两部分，生态资源由可再生性资源和可耗竭性资源构成，即生态剩余，它们以生态消费形式进入消费函数，生态环境以气体、流体和固体的形式而出现，它们以排放形式进入生产函数。孙冬煜等（1999）认为生态资本是指自然资源和自然环境的两种经济价值，其实物形态包括各种自然资源、环境净化能力、臭氧层及各种环境和生态功能等，按照是否有人类劳动投入，可分为纯生态资本和人造生态资本。李萍等（2001）认为生态资本一般可分为有形生态资本与无形生态资本，又可称之为硬环境资本和软生态资本，前者主要包括土地、水、矿产等自然生态环境以及交通、电讯信息网络等基础设施硬环境，后者则更多地体现为制度、机制、观点等。

3. 生态资本的三分法

Georgescu、Roegne（1972）从生态学角度研究了自然资本的构成，提出自然资本分为三个组成部分，即：地表空间；由各种非人工生产的物种组成的生态系统；地壳和大气中储存的物质存量，这些物质存量的功能表现在为生产提供原材料，同时吸纳并转化各种废弃物。沈大军（1998）认为生态资本是指生态系统中所有能对经济做出贡献的生态因素的总和。其构成要素包括以下三个部分：一是自然资源；二是生态环境自净能力，即自然环境对人类社会经济活动所产生的废弃物的吸纳、消化、储存和再循环能力；三是生态环境为人类提供的自然服务。这一论断根据生态资本对经济增长的贡献方式的不同，把生态资本具体划分为三个不同质态的实体类别。王海滨等（2008）认为生态资本是一个边界相对清晰的"生态—经济—社会"复合系统内，相对于其他生态系统具有明显或特殊生态功能和服务功能优势的生态系统，包括环境质量要素存量、结构与过程、信息存量三部分。其中，生态资本要素存量是指系统物质组成因素的种类、数量和质量；结构是指丰度、空间和时间分布、相互关系和联系等，过程则是指生态资本的系统过程、质能的循环和流动；信息存量包括体制、文化、意识、风俗、行为方式等因素。这一界定是目前最具新意的一种阐释，研究者试图从生态学、系统论、生态文化学等不同视角，依据生态资本的属性、结构、特征和表现形式来对生态资本进行辨析。

4. 生态资本的四分法

生态资本的四分法最早由英国生态经济学家 Pearce. D 和 Turner. R. K

提出，1990 年 Pearce. D 和 Turner. R. K 在研究生态资本的范围界定时，从四个方面对生态资本进行了概括性描述：一是能直接进入当前社会生产与再生产过程的自然资源，即自然资源总量和环境消纳并转化废弃物的能力（环境的自净能力）；二是自然资源及环境的质量变化和再生量变化，即生态潜力；三是生态环境质量，主要指生态系统的水环境和大气等各种生态因子，为人类生命和社会生产消费所提供的环境资源；四是生态系统作为一个整体的使用价值，即所呈现出的各种环境要素的总体状态对人类社会生存和发展的有用性，如美丽的风景给人们提供美感、娱乐休息，以致满足人类精神和道德需求等生态服务功能①。王健民等（2001）从生态资产价值角度做出另一种界定，认为生态资本从资产价值方面可以分为四类，分别是生物资产、基因资产、生境资产和生态功能资产。生物资产主要是指生物物质部分价值，基因资产是指物种价值，生境资产可由生态环境对人类生存的适宜度来度量其价值，生态功能资产则反映在生物多样性提供生态系统演替与生物进化所需要的丰富物种与遗传资产、生物多样性形成及其维持生态系统结构和功能的作用、生态系统服务功能资产等方面。此界定不再局限于从生态环境与资源的形态和存在方式来划分生态资本，而是基于生态环境资源的资产化背景来细分生态资本的实体类别。

（四）本研究对生态资本的概念界定

本研究认为，对生态资本的理解必须从静态和动态两个方面来进行考察。从静态方面来看，生态资本由资源、生命系统和生态系统构成，多数具有自我建构、自我复制、自我平衡、自我调节与再生修复的功能。从动态方面来看，其内涵凸显这样两个问题：一方面，从对生态资本投入劳动能够增加其价值、增值财富的角度来说，它具备资本的属性，因此在一定程度上，"生态"也是资本；另一方面，凸显人与自然的新关系，即人不仅是自然的征服者、改造者、使用者，同时也是自然的保护者，自然受到人的支配，但人也要受自然的约束与限制，这即是人与自然的互动平衡机制，在某种程度上也反映着一定的人与人之间的关系。

生态资本概念的提出，是为了突出生态环境与生态资源对经济社会发展的重要性，正是在生态恶化与资源枯竭交互作用持续加剧的情况下，人们越来越清晰地认识到了生态环境与生态资源具有明显的资本属性，实践

---

① Pearce. D. and Turner. R. K. *Economics of Natural Resource and the Environment*. Harvester Wheat sheaf. Hemel Hampstead. UK. 1990.

中生态的资本化与资本的生态化现象开始出现，生态经济学家借用"资本"概念来暗喻生态环境与生态资源的功能和价值，由此产生了"生态资本"的概念，本研究力图从广义和狭义两个层面对生态资本概念进行界定。

广义的生态资本是指在人类生存、生产和生活领域中，一切能够创造财富与增进福利的生态因素的总和，包括生态环境、生态资源、生态技术、生态制度和生态文化。依据不同的分类标准，可以将生态资本划分为若干种类：（1）从功能作用范围划分，可分为支撑生命系统的生态资本和支持生产系统的生态资本；（2）从价值实现形式划分，表现为产品流型生态资本和服务流型生态资本；（3）从可再生性程度划分，包括可再生生态资本和不可再生生态资本；（4）从存在形态划分，可分为有形生态资本和无形生态资本；（5）从是否有人类劳动投入来进行划分，可分为自然生态资本和人造生态资本。总之，凡是存在于生物圈中，以生态系统为载体，直接或间接地服务于人类生存、生产与生活各个领域的全部生态因素，均属广义生态资本的范畴，随着人类对"生态—经济—社会"复合系统认识的进一步深入，广义生态资本的内涵必然会越来越丰富，外延也会进一步扩展。

狭义的生态资本则是指直接进入社会经济生产系统，以生产要素形式投入经济生产与再生产过程，利用生态技术进行形态变换，通过生态产品或生态服务体现价值转化，依靠生态市场实现保值增值，与其他资本一道创造财富和价值的生态因素的总和。包括资源环境存量、生态环境质量和生态系统整体服务，其实物形态表现为生态资源的数量和质量、生态环境的质量要素、生态系统作为一个整体的有用性。

本研究所称的生态资本系指狭义的生态资本。从投资的角度来看，作为具体投资对象的生态资本必然要求具有实体性和可控性，并且是在现有条件下能够进行实际投资的资本。换句话说，生态资本一定是基于现阶段生产力发展水平、人类认知能力和技术水平的客观条件，能够直接进入社会经济生产系统并且能够为人们实际管理和控制的生态型生产要素，作为一种具体的生产要素，应当具备可视性、可感性和可控性。根据狭义生态资本所具有的客观实体性这一判断标准，本研究将生态资本的存在形式概括为三类，见图1-3。

一是生态资源的数量和质量。如光、热、水、土、气、能源、矿产

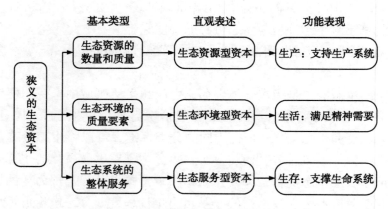

图 1 – 3　狭义生态资本的分类

等，每种生态资源都包括数量、质量、存量、增量及其组合变化，各种生态资源间又存在着结构、配比、丰度及其融合共生与耗用竞争关系，在特定生态环境中形成网络状的生态资源系统，这类生态资本直观地表现为"生态资源型资本"，其功能主要表现在"生产"，即支持生产系统方面。

　　二是生态环境的质量要素。每种生态环境质量要素内部的品质、流量、变换速度，以及各种生态环境质量要素之间的结构与组合，共同构成生态环境质量要素系统，这类生态资本综合地表现为"生态环境型资本"，其功能主要表现在"生活"，即满足人们精神文化层面的需求方面，如栖息休闲、观光旅游、生活调节、生态体验教育、生态文化服务等，它能够提供人们需求的高端生态消费，满足人们在精神伦理层面的享受，提高人们生活的愉悦程度和幸福指数。

　　三是生态系统的整体服务。如清新的空气、宜人的气候等，生态系统中各种服务功能单独地或与其他功能一起形成服务流，这种服务流可以形象地称之为"生态服务型资本"，其功能主要表现在"生存"，即支撑生命系统方面。

　　值得注意的是，在现代生态系统中，生态环境已不再是"天然的自然"（自然资本），而是"人化的自然"。那种未经人类劳动改变的"天然的自然"，在当代世界里已经为数不多了。只有或多或少投入一定量的人类劳动，才能再生产出具有维持生态环境功能的使用价值，这样，在多数情况下，生态资本实质上是人造生态资本。

二　生态资本投资

（一）投资的概念

"投资"是指用某种有价值的资产，其中包括资金、人力、知识产权等投入到某个企业、项目或经济活动，以获取经济回报的商业行为或过程，可分为实物投资、资本投资和证券投资等多种类型。在宏观经济学中，投资指的是一定时期内资本存量的增加。"投资"具有两重含义，既指"经济主体为获取预期收益，投入一定量货币或其他资源，进而形成资产（资金），来从事某项产业的经济活动[①]"，又指"经济主体为了获取预期效益而不断转化为资产（资金）的一定量货币"[②]。

概括起来，投资的特征主要包括以下五点[③]：（1）投资是由特定主体所进行的经济行为。无论是何种投资主体，也不论其进行的是实业投资还是证券投资，该项投资行为都是一种经济活动。（2）投资的目的是为了获取投资收益。投资者将一定的收入转化为资本，目的是为了获取增值收益。（3）投资可能获取的收益具有不确定性。影响经济活动的因素众多，未来的收益随着时间的推移而难以预测，因此投资一般具有高风险、高收益的特征。（4）投资必须放弃或延迟一定量的消费。投资收益部分可以看作对延迟消费以及承担风险的补偿。（5）投资形成的资产有多种形态，包括真实资产（如土地、设备、房产、黄金、古董等）和金融资产（如定期存单、股票、债券等）。

（二）生态资本投资的界定

资本作为一种生产要素，必须和其余要素组合，优化配置，才能实现价值的最大化发挥。其目标不但要获取理想的利润，而且要使资本增值。因此，生态资本投资要求不断发掘能够资本化的生态要素，通过技术识别判断生态资源存量、生态环境质量和生态生态系统服务的使用价值，尽可能多地传递和转换到生态产品和其他服务活动中去，最终通过生态产品市场和生态服务市场实现其交换价值。

与其他投资活动类似，生态资本投资也需要投入一定的人力和物力，

---

① ［美］滋维·博迪、亚历克斯·凯恩、艾伦·马库斯：《投资学》，朱宝宪、吴洪、赵冬青译，北京机械工业出版社2000年版，第3页。

② 同上书，第5页。

③ 张中华：《投资学》，高等教育出版社2006年版，第32页。

并需要耗费一定的社会劳动来进行"生产"以满足人的"消费"需求。从物理学"物质不灭"意义上讲，消费在所有的流程和所有的转化中都是不可能发生的。从环境中被消费的不是某种物质和能量，而是次序和质量——物质的结构、浓度或纯度。事实上，本书并不是关注于物理资源是否将耗尽，而是关心生态资本所创造出的质量的特定方面：清洁的水体和空气；有益的土壤、粮食、动物、森林、传粉者、海洋、河流；可得到的且可承受的能量资源以及其他特性。如果工业过快地从生态系统中取走集中度和结构性较佳的物质，超过了它们能被替换的速度，并同时损害了它再生的途径，即各个生态系统和栖息地，它就会导致"经济生产"中的重大困难。

在本书中，生态资本投资是指通过一系列有目的、有计划的生态恢复建设、环境污染治理、生态技术研发等活动，对特定范围内的生态资源进行一定的投入（货币或实物），并经过与开发对象的有机结合，使生态资源质量及数量指标均有所改善，并且这种改善最终反映在生态资本存量增加上的投资行为。

（三）生态资本投资的特征

与物质资本投资相比，生态资本投资的特征主要体现在：（1）生态资本投资的客体具有复杂性，既包括生态资源、生态环境，还包括生态系统服务的整体功能。（2）生态资本投资的主体具有多元性，包括政府、企业、个人（家庭）等多个方面。（3）生态资本投资还包含有时间投入。从一定意义上说，生态资本是一种时间密集型的资本，所以时间也就自然成为生态资本投资的投入资源。在实际过程中，大多数生态资本投资都需要很长时间，有些投资需要几年，甚至十几年或几十年的时间。值得注意的是，生态资本投资的时间成本，会受到时期和地域的影响，时期不同，地点不同，生态资本投资的时间成本也有所不同。（4）生态资本投资的非货币让渡性，即生态资本投资无法由投资机构或个人像买卖商品或进行物质资本投资那样自由让渡并收回全部投资。（5）生态资本投资收益的长期性。生态资本投资无法像物质资本那样能在短期内甚至即期内获得投资回报，这就使生态资本投资收益的获得往往表现出一定的迟滞性和间接性，从而使生态资本投资的回收期较长。"前人栽树、后人乘凉"便是生态资本投资收益长期性与滞后性的真实写照。（6）生态资本投资的风险性。投资者用于物质资本方面的投资，如果发现投资方向不对，可以及时收回大部分的投资；而对于生态资本投资，如果发现投资失误，很难完全撤回相关投资，否则其损失将更大，这就加剧了生态资本投资的系统性风险。由于生态资本投资受决策水平和各种未来因素的限制，致使投资有可能难以获得收益。（7）生态资本投资收益的递增性。随着生态资本存量的增加，其所蕴含的生产能力将呈现倍增扩展趋势或质的飞跃。生态资本投资不只是带来等比例的收益，而是带来加倍的收益。例如，一片森林，较之单棵的树木，其收益便要大得多（即 $1+1<2$）。换言之，随着生态资本投资的增加，投资收益增加的速度比成本增加的速度要快。

三　生态资本投资收益

收益，静态上讲是一种利益存在；而从动态的角度来讲，它则是指利益的收获过程与行为。根据观测角度的不同，投资收益可以划分为多种类型：（1）宏观经济收益与微观经济收益；（2）直接经济收益和最终经济收益（如高成本短期占领市场与最终获得更高收益）；（3）财务收益和社会收益（扶贫投资、政府金融危机后的巨额投资、改善生态环境等）。下文将从静态与动态两个角度，对收益的概念进行界定。

（一）静态的收益

从静态的角度看，收益是一个名词。与中文的"收益"一词相对应的英文用词有很多，分别体现了收益的不同含义。最初在伦理学著作中，"goods"被翻译为收益，即人们获得的物质产品。之后，"benefit"也被用来指代这一意义上的收益，表示人们因物品而得到的好处。与以上两个词偏重于人与物的具体关系不同，"profit"和"interest"则偏重于人与物的抽象关系，其中前者是从"利润""盈余"中引申出"获益"的含义，而后者则从贷款取息这种近代商业活动转变为"利益"。在本书中，"收益"所对应的英文词汇是"return"，投资收益被翻译为"return on investment"，是指通过投资而应返回的价值，也可称之为"投资报酬"或"投资回报"。亚当·斯密在《国富论》中，将收益定义为"那部分不侵蚀资本的可予消费的数额"，把收益看作财富的增加。后来，大多数经济学家都继承并发展了这一观点。1890年，艾·马歇尔（Alfred Maarshell）在其《经济学原理》中，把亚当·斯密的"财富的增加"这一收益观引入企业，提出区分实体资本和增值收益的经济学收益思想。

20世纪初期，美国著名经济学家尔文·费雪发展了经济收益理论。其在《资本与收益的性质》一书中，首先从收益的表现形式上分析了收益的概念，提出了三种不同形态的收益：（1）精神收益——精神上获得的满足；（2）实际收益——物质财富的增加；（3）货币收益——增加资产的货币价值。在上述三种不同形态的收益中，既有可以计量的，也有不可计量的。其中：精神收益因主观性太强而无法计量，货币收益则因不考虑币值变化的静态概念而容易计量。因此，经济学家只侧重于研究实际收益。

经济学家林德赫尔将收益解释为资本在不同时期的增值，视收益为利息。按照林德赫尔的说法，在特定时期的利息和预期消费之间的差额就是储蓄（该期间内的资本增长额），而收益则是既定时期内消费与储蓄之和。1946 年，英国著名经济学家希克斯在《价值与资本》中，把收益概念发展成为一般性的经济收益概念。他认为，计算收益的实际目的，是为了让人们知道不使他们自己变为贫穷的情况下可以消费的金额。据此，他下了一个普遍得到认同的定义："在期末、期初保持同等富裕程度的前提下，一个人可以在该时期消费的最大金额。"希克斯的定义，虽然主要是针对个人收益而言的，但对企业也同样适用。就企业来说，按照这一定义，可以把企业收益理解为：在期末和期初拥有同样多的资本前提下，企业成本核算期内可以分配的最大金额。

（二）动态的收益

从动态的角度看，收益是一个动词，收益即"收获""利益"。"利益"一词是社会科学特别是经济学中非常重要的一个概念，伴随社会的发展，其内涵和外延不断地丰富和变化。由此，收益也可以被看作利益主体对满足自己需要的稀缺资源的占有程度，是人们行为的出发点和直接依据。首先，收益是人的主观欲望和需要的实现，即满足人的主观欲求才是利益所在。这一方面限定了利益对主体的重要性，即利益一定是满足主体需要的，如果不能满足主体需要就不是利益，所以利益同人的欲望和需要有着密不可分的关系，可以说，没有人的需要就没有利益。另一方面，需要只是人对外界对象的要求，并不是对象本身；需要是利益的出发点，它促使人们去谋求利益，但其本身并不是利益。其次，收益是客观的、不因人的主观意念而转移的动态过程。在经济学建立之初，一些经济学家认为财富就是人们的利益所在，即把收益当作纯粹的客观物质，这种观点其实忽视了主体在收益过程中的作用。而且，同一物质产品对不同的利益主体而言，其所代表的收益也是不同的。再次，收益是主观需要与客观存在的结合。收益一方面与主体的需要有关系；另一方面，又表现为一定的、满足人们需要的物质的使用价值，即收益表现为主体与客体的关系。比如，美国经济学家克拉克就认为收益是个人与自然的直接关系，每个人都为自己的利益而去改造物质环境的一部分，并从被改造的自然环境中得到它所提供的直接利益。但是，仅仅把收益看作人与自然的有用物之间的关系，只是注意到了收益的表层含义。这是因为，在现实世界中，一旦某个物质产品体现了一个人的利益，那么其他的人就不能再享用这个产品，否则就是侵犯他人的利益。最后，收益其实表达了一种人与人的关系，即收益自然地以社会关系的方式存在，社会关系是收益实现的必要条件。根据"理性经济人"假设，人们总是力求使他们所追求的那种经济利益尽可能最大，此时就存在成本与收益的比较，在各种可能的选择中，人们总会选取能够为其带来最大经济收益的那个可行方案。

（三）生态资本投资收益的界定

要认识"生态资本投资收益"，当然必须把握"收益"的概念，对"收益"概念的界定直接决定着对"生态资本投资收益"的认识。本书认为，对收益的判断应当采用主观判断标准，即收益是相对于一定主体的收益，对具体收益的判断是个体性的、主观的，而不是客观的。收益的这种主观特性使得收益的内容具有不确定性，这种不确定性表现在："什么事物是符合主体收益的"，这是一个价值判断的过程，它离不开主体判断的主观性；收益判断的对象的范围广大，不仅仅局限于物质上的收益，而且也涉及精神领域中的收益；在不同的地域和不同的历史时期，收益的内容也会不同。投资收益不仅仅是单纯的人和物质产品的关系，其实质是在对物质产品占有和支配的背后体现的人与人之间的关系。此外，对投资收益概念的理解还应该着眼于投资收益实现的整个过程，而不是仅局限于投资收益的实现结果。事实上，投资收益是人们满足一定的客观需要的集中持续较长的目的；或者说这种满足是不充分的，以致对其满足的要求不断使人谋虑。本书趋向于从价值创造的角度来定义资本收益，试图对资本收益外延进行拓展。

投资收益不仅可以指企业在一定时期内所创造的新增价值，还可以指代一些无形收益，如生态收益等。从投资收益的来源上看，既包括通过投资者自身努力所得到的报酬，又包括机会收益，即因外在条件不同导致的非主观努力所获得的报酬，以及风险性收益，即承担不确定性所带来的报酬。要想给出一个能够得到理论界和实际工作者公认的"生态资本投资收益"定义是不可能的，但是我们还是能够对生态资本投资收益的一些基本属性，作一番归纳或提炼。在本书中，生态资本投资收益被划分为生态资本投资的"生态收益""经济收益"和"社会收益"这样三大类。激励生态资本投资行为、化解生态资本投资收益冲突，所要达成的目标便是对各种利益关系进行确认、协调，从而使生态资本投资主体的收益权得到保障。

第二节　相关理论基础

一　生态资本理论

生态资本研究兴起于 20 世纪六七十年代，随着西方社会工业化和城市化进程的加快，发达国家相继出现了严重的生态破坏与环境污染，生态环境问题和人与自然关系问题迅速成为人们关注的焦点，环境保护运动应运而生。正是在这种背景下，现代经济发展出现了"三重转变"，并具有三个显著的标志①：即现代文明形成由工业文明向生态文明的转变，现代经济形态由物质经济向知识经济的转变；现代经济发展道路由非持续发展向可持续发展的转变。环境保护主义促使人们重新认识生态资源与环境对于人类生存的价值和功能，生态资源与环境是一种能够给人类带来福利的资本的观念逐步确立。生态资源与环境的作用主要体现在：（1）提供资源。自然资源是经济增长的基本投入要素之一，然而，生态资源的有限性使得无节制滥用自然资源必将会导致"增长的极限"。（2）消纳废物。生态环境能够接受、消纳、降解经济活动过程中所造成的污染。然而，环境对污染物的承受能力是有一定限度的（环境容量），一旦超过这一限度，整个生态系统就会崩溃。（3）为人类提供舒适性享受。然而，传统经济理论往往只把进入生产过程中的那部分自然资源看作劳动对象，大大低估了环境资源的作用：首先，作为劳动对象被纳入经济学范畴的这部分资源（土地、矿藏等）只是环境资源的一部分，它忽略了"整个环境资源作为生产和生命支持系统以及生产和消费的对象"这样一个事实。其次，即使

---

① 刘思华、刘泉：《绿色经济导论》，同心出版社 2004 年版，第 3 页。

是对于被纳入劳动对象的这部分环境资源，也没有充分估计到它的重要性。充其量认识到自然资源是社会经济发展的重要物质源泉和条件，它的数量、质量、结构和分布特点对经济发展有着重要影响。而对于自然资源的有限性和不可逆性，则或者根本没有涉及，或者认识不足。最后，一般认为，劳动工具是生产力发展水平的标志，这只是考虑了物质资本和人力资本，但却忽略了生态资本状况。进入现代社会以后，在人类社会的强烈冲击下，环境资源已不再是取之不尽、用之不竭，供求关系的变化使环境资源成为稀缺资源，并成为经济可持续发展的核心要素。

　　工业文明的快速发展与人口的急剧增长，引致了日益严峻的能源危机和资源枯竭现象的产生，生态环境质量和自然资源存量越来越成为制约社会经济发展的瓶颈。基于对传统经济增长方式的反思，人们逐渐认识到生态环境质量和自然资源存量是经济社会可持续发展的核心动力，应该将其作为一种资本来对待，"自然资本"的概念被正式提出，并迅速得到环境经济学、资源经济学、生态经济学等研究领域的广泛认同，全面展开了对"自然资本"的系统研究，进一步提炼出"生态资本"的概念并逐渐形成生态资本理论。该理论认为，人类的所有活动都受制于生态系统，生态资本的保值增值决定着人类的社会经济活动。推进科学发展，必须遵循生态、经济、社会三大系统协调互动规律。这就要求实现四个转变：一是人的观念和行为方式的转变。二是单一资本结构向复合资本结构转变。在绿色经济时代的资本体系中，应当把生态资本放在首位。三是外部性成本向内部性转变。将社会成本内部化，建立绿色市场机制，使浪费资源、破坏环境带来的社会成本由当事人承担。四是单一收益向综合收益转变。生态资本投资追求生态收益、经济收益和社会收益的有机统一和整体收益的最大化。

　　概括起来，生态资本理论的观点主要包括：（1）生态资本是一种新型的未来资本，更是可持续发展的核心资本[1]，生态资本理论研究是全球生态化发展进程中不可回避的基础课题。只有当生态资源的价值通过资本化得到充分体现时，生态资源才能被有效利用（包括经济效益和生态效益的提高），进而才能更好地保护和提升生态环境的质量。生态资本的构成要

---

① 刘思华：《对可持续发展经济的理论思考》，《经济研究》1997 年第 3 期，第 46—54 页。

素包括生态资本使用价值、生态资本产权、生态技术和生态市场等①。
（2）生态资源、生态资产与生态资本是经济发展过程中的重要构成因素，
但三者具有本质差异②。生态资源是构成生态环境的具有生态服务功能或
生态承载能力的各种自然与人工的要素。生态资产是具有明确所有权且在
一定技术经济条件下能给其所有者带来效益的稀缺自然资源。稀缺性、产
生效益和明晰的所有权是生态资源成为生态资产的前提。生态资本是能产
生未来现金流的生态资产，其价值通过生态市场的货币化，由所有者自由
地实现有偿转让，因而具有资本的一般属性，即增值性。生态资本能带来
比自身更大的价值，这种增值性的实质就是保持生态资本存量的非减性。
（3）生态资本运营的价值取向包括生态效用价值、生态要素价值、社会价
值和文化价值取向等。（4）绿色农业生态资本运营就是在保持甚至不断提
高绿色农业生态系统整体服务功能以及绿色农业生态环境质量的前提下，
用最少的农业生态资源产生最大的经济效益，实现绿色农业生态资本向货
币转化的一系列措施和方法③。

　　生态资本能够给人类社会提供某种服务，这种服务来源于生态系统，
其载体是环境质量与资源存量，表现形式为功能和服务，这种功能和服务
是人类生存、生产和生活所必需的，它以一种综合性服务流的方式进入人
类社会经济系统，作用于生产和再生产领域的方方面面；其存在类别又表
现为多种多样，包括自然资源存量、生态环境功能、产品流、信息流和生
态系统整体服务流等，这些因素都存在于生物圈中，又从生物圈中"分
离"出来成为人类依赖和利用的对象，即成为人们生存与生活的"依赖
品"和生产与再生产的"利用品"。特别是已经进入现实社会经济生产系
统的那部分服务流，对于现实生活中的人们来说，更是至关重要且须臾不
可割舍的，为了彰显这些因素的功能与价值的重要性，生态经济学家借用
经济增长中的核心要素——资本，来"暗喻"这些生态因素，由此产生了
"生态资本"概念和理论。"生态资本"概念和理论的提出，既符合资本

---

　　① 严立冬、陈光炬、刘加林、邓远建：《生态资本构成要素解析——基于生态经济学文献的综述》，《中南财经政法大学学报》2010 年第 5 期，第 3—9 页。
　　② 严立冬、谭波、刘加林：《生态资本化：生态资源的价值实现》，《中南财经政法大学学报》2009 年第 2 期，第 3—8 页。
　　③ 严立冬、邓远建、屈志光：《绿色农业生态资本积累机制与政策研究》，《中国农业科学》2011 年第 44 卷第 5 期，第 1046—1055 页。

要求增值的本性，也契合了客观生态规律，从而为本书的生态资本投资收益研究奠定了理论基础。

二　价值投资理论

传统价值理论源于英国古典经济学，威廉·配第最早提出商品价值来源于劳动，在考察地租时阐述了劳动价值理论的基本原理，奠定了劳动价值理论的基础。配第之后，斯图亚特发展了价值理论，提出了"实际价值"概念，指出商品的价值取决于必要劳动时间。随后，亚当·斯密对价值理论进行了深入研究，在揭示价值意义的基础之上，指出特定物品具有使用价值和交换价值，前者表示特定物品满足人们需要的能力，后者表示由于占有某物而取得的对他种货物的购买力。继亚当·斯密之后，大卫·李嘉图更为科学地区分了使用价值和交换价值，认为交换价值的意义是"一件商品所具有的价值，能够换取另一件商品的某种特定的力量"，"商品的价值与投入它们的劳动量成正比"。

马克思、恩格斯在批判地继承古典经济学劳动价值论的基础上，创立了科学完整的劳动价值理论，从分析商品的二重性入手，马克思分析了商品的内部矛盾，即价值和使用价值的辩证关系，通过商品的二重性揭示了资本主义社会的根本矛盾，即生产力和生产关系的矛盾，经济基础与上层建筑的矛盾。马克思、恩格斯创立的劳动二重性学说科学地解决了古典经济学所不能解决的有关价值理论的一系列基本问题，如价值实体、价值本质、价值量、价格等，第一次科学地界定了价值是"凝结在商品中无差别的人类劳动"，即物化在商品中的抽象劳动，这种抽象劳动反映的是商品生产者之间的交换关系。这里的"价值"其实有两种不同的意义。它有时表示特定物品的效用，有时又表示因占有某物而取得的对于他种货物的购买力。前者即是使用价值，后者可称作交换价值。使用价值很大的东西，其交换价值往往极小甚或绝无。反之，交换价值很大的东西，其使用价值往往极小甚或绝无。例如，物类中，水的用途最大，但我们不能以水购买任何物品，也不会拿任何物品与水交换。反之，钻石虽没有太大的使用价值，但却能够交换更多的其他货物。

近代经济学发展过程进一步拓展和延伸了价值理论，提出了一些重要的价值学说，其中影响较大的是边际效用理论。奥地利学派创立的边际效用理论以效用为中心，采用边际分析法主观评价价值和其他经济现象，将价值分为主观价值和客观价值，认为主观价值是价值论的根本问题，客观价值由主观价值决定，进一步认为消费品的价值是人们对物品效用的主观评价，生产型物品的价值由最终消费品的边际效用来决定。

现代经济学在研究自然资源和生态环境问题时突破性地发展了价值理论，在劳动价值论和效用价值论基础之上，提出了资源环境价值理论和生态服务价值理论。资源环境价值理论认为：资源是人类经济生产的物质基础，环境是人类生存发展的客观条件，两者作为客体具备满足人类需要的能力，因而是有价值的；环境价值取决于它对人类的有用性，价值量大小则决定于它的稀缺性和开发利用条件，资源价值指环境中有形的物质性产品和生产要素价值，价值量等于资源的实物量乘以价格。生态服务价值理论认为：生态系统所提供的生态服务功能是具有价值的，因为生态服务具备支撑人类生命系统和支持社会经济系统的作用，对于维持人类生存与发展具有极其重要的价值。人类只有深刻地认识到生态系统的生态服务价值，才能在发展经济的同时保护环境和节约资源。同时，经济价值必须服从于生态价值，不能为了经济价值而破坏生态环境，只有这样，才能实现人与自然的和谐共处，以及人类社会的可持续发展。

普遍的案例和事实已经证明，价值投资方法是世界上最成功的投资方法。价值投资理论在证券投资界的著名应用，便是巴菲特的股市价值投资理论，即"股票的价格由企业的价值决定，价格不断地围绕价值波动"。价值投资理论具有很强的通用性与普适性，正如马克思所指出的那样，"商品的价格决定于商品的价值，价格围绕价值波动"。一切商品的价格变化都受到这一规律的决定，房地产投资、产业投资等无一例外，任何一个领域的投资都必须遵守顺应"价值规律"。对于生态资本投资来说，普遍的商品经济中的价值规律，也必然是生态资本投资的基础规律。

三 生态产品生产理论

"生态产品"是中共十八大报告所提出的一个新概念，包括清新的空气、清洁的水源、舒适的环境和宜人的气候，它们均来自森林、草场、河湖、湿地等生态空间所构成的大自然。通常意义上说的生产力是指人们的生产能力（productive powers）。《马克思主义原理辞典》和《哲学大辞典》把生产力定义为社会生产力，是指人们进行物质资料生产中所具有的征服、改造自然，获取物质资料的实际力量和能力，人类改造自然的能力越强，改造的程度越深，则生产力水平越高，也就越能推动社会发展。生态生产力则是指人类在社会生产过程中综合自然生态系统和人的劳动能力所产生的客观能力和力量。在以生态生产力为主导形态的生产力基础上，人类可以用对话的方式与自然界进行物质和能量的交流，从而有效地解决人与自然之间的矛盾，进而建构新型的生态文明。

生态文明既是一种文明形态，又是一种发展理念，更是一种发展道路。在实践中具体表现为实施生态化发展战略。社会主义现代化建设，既要发展经济，又要保护环境，没有良好的生态条件，人民既不可能有高度的物质享受，也不可能有高度的政治享受和精神享受，没有国家的生态安全，就没有国家的经济安全和政治安全，为此，必须将生态文明建设内在地纳入国家政治、经济、文化建设的各个领域之中，构筑起保障时代发展的五大生态体系（见图1-4）：自然生态体系，表现在生物多样、环境优美、水气清洁、资源充裕等方面；经济生态体系，表现在结构合理、低耗高效、适销对路、持续循环等方面；社会生态体系，表现在公平公正、安居乐业、城乡一体、和谐自律等方面；人文生态体系，表现在文化多元、厚德远识、仁智康乐等方面；行政生态体系，表现在以人为本、保障民生、勤廉制衡、绿色服务等方面。

根据中共十八大报告使用"生态产品"概念的语境，我们可以认为生态产品是指满足人类生活和发展需要的各种产品中那些与自然生态要素或生态系统有比较直接关系的产品，例如能提供或生产清洁的水和空气的产品，能满足健康生活要求的食品，有利于人们身心健康发展的自然生态系统服务等。更具体点说，包括经过治理和保护的清洁水源和空气、能净化水质和净化空气的电气产品（如空气清新机等）、无公害食品（有机食品）、生态旅游、可再生循环利用的各种资源（如森林）、有利于生态系统安全和可持续利用的物品（如可再利用的包装物）等。

国际上与中共十八大报告中"生态产品"比较接近或相关的概念有两个。一个是生态系统服务，指自然生态系统所具有的调节局部气候、稳定物质循环、持续提供生态资源、为人类提供生存条件等多种功能和服务。生态系统的服务是有极限的，人类必须在其承受范围内活动并进行生态保护和修复。国际上提出这个概念的目的，主要是强调自然界虽然是自在的，并非人类劳动所创造，但它同样具有价值，人类在享用这些服务时，要像享受市场上提供的其他服务一样支付费用，用于养护和恢复生态系统

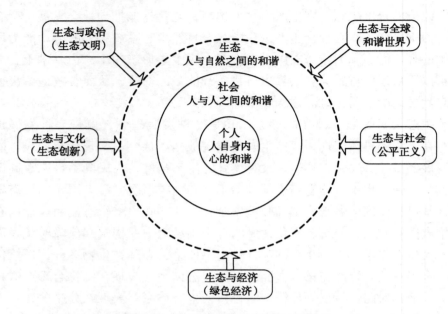

图 1 − 4　生态文明建设的系统要素构成

的功能，防止对生态系统的透支。另一个与"生态产品"比较接近的概念，是环境产品和服务，主要指为了保护和改善环境、维护生态平衡、保障人体健康而生产和提供的各种产品和服务。环境产品和服务不仅可以为人类直接提供生态环境方面的服务，而且能够改善生态环境自身。这样，环境产品和服务的外延，便包括了治理污染的设施及其施工、环境监测仪器、环境保护设计、治理污染的化学药剂、修复生态工程、植树造林等。国际上提出环境产品与服务的概念，其主要目的在于推动降低这类产品的进出口门槛，鼓励企业和个人使用有利于改善环境的产品和服务，推动环境与经济得到兼顾和双赢。

　　就增强生态产品生产能力这一问题，中共十八大报告也表述得非常清楚，"要实施重大生态修复工程，增强生态产品生产能力，推进荒漠化、石漠化、水土流失综合治理，扩大森林、湖泊、湿地面积，保护生物多样性"。由此看来，增强生态产品生产能力，主要还是强调对生态环境的保护，让自然生态系统休养生息。

第三节　理论评析与思考

一　生态资本思想的创新与革命

（一）传统经济增长理论对生态要素的忽视

当前国内外主流经济学的经济发展理论和实践，均不同程度地存在不可持续发展的危机，根本原因是：在其自身理论体系分析框架中，忽略了对两个分析事实的认识，即"地球承载有限"和"经济增长存在生态代价"，因而经济发展的可持续性观念在主流经济学的经济发展理论框架中往往不存在。这一点主要表现在两个方面：一方面是主流经济学的核心理论的非持续性，尤其作为发展经济学主流的新古典经济学的核心理论是资源配置理论，它所关注的是在资源数量一定条件下，如何配置资源以达到帕累托最优状态，即只是资源利用方式的优化配置，无视资源的稀缺与极限，美国著名经济学家西蒙·库兹涅茨甚至认为，经济增长，"不可能受到自然资源绝对缺乏所阻碍"，这似乎暗示着自然资源和自然环境不会构成经济增长与发展的约束条件。另一方面是当今主流经济学研究目标的非持续性，它们始终是以最大限度地追求经济的无限增长及追求物质财富的无限增加为根本目标，即使进入 21 世纪以来，国内外主流经济学的增长模型仍是 GDP 速度导向型的，并不符合可持续经济发展运行与发展的根本目标。

由于市场力量和技术力量都将无限制地追求经济效率作为唯一目标，而忽视生态上的要求，这种在生态上的巨大缺陷不仅不能实现经济增长或经济发展与可持续性的有机统一，而且还成为当今生态危机的经济和技术根源。因此，虽然市场机制和技术进步可以缓解某些具体的资源环境问题，但它们最终都不能克服地球资源环境本身的有限性，对于环境修复或生态恢复方面，市场和技术只是配角，必须依靠它们与生态原则的紧密结合，才能遏制当今不可持续经济发展的实践，这是 21 世纪可持续经济发展的基本问题和中心原则。

（二）生态资本思想的"哥白尼式"革命

事实上，马歇尔、庇古早就对现存社会只讲经济利益而对环境资源快速索取的现象深表不安，并苦苦寻找"外部负效应"内部化的良策。工业革命后，西方资本主义社会的经济发展，严格遵从一条由资本逻辑推动、以追求剩余价值最大化为最高目标的发展道路，因此，在一个被"资本的逻辑"所支配、所统摄的社会里，环境污染和生态破坏便成为历史的必然。在这里，通过生产追逐剩余价值，谋求自我的增值，即是"资本的逻辑"。在资本逻辑的支配下，资本肆无忌惮地刺激着大规模生产，使生产遵循提高剩余价值率或利润率的法则进行下去。显然，在贯穿资本逻辑的资本主义社会，追逐利润最大化成了资本唯一的目标。受利润最大化支配的资本家，必定要进行大量生产，同时由大量生产所支撑的大量消费，必然会产生大量废弃物，所以，资本的逻辑就在于为了获得利润而不惜污染环境和破坏生态。

在现代社会，资本追求利润和财富的重大后果是生态的破坏，被资本逻辑统治的市场经济发达国家，仍未把经济增长立于生态环境基础之上，故从资本的逻辑演绎中得不出消解生态环境危机的办法。要想从根源上打破这种"资本的逻辑"，便必须树立"生态资本的逻辑"。生态资本思想的核心理论是生态环境内因论。传统的经济增长理论往往把生态环境资源视为经济增长的外生变量，而生态环境内因论是指，健全的生态条件和优良的环境质量是直接作为生态经济再生产过程的必要组成部分而存在的，并内置于经济增长过程中成为经济增长的重要内生要素。当今世界无论是发达国家还是发展中国家的经济体系，要想真正消除生态环境危机，推进经济的绿色转型，就必须对"生态—经济—社会"系统进行全方位的变革与创新。正如爱因斯坦所说，人们不能依靠与引发问题相同的思维方式去解决问题。"生态"围绕"经济"转的"经济中心说"（类似于"地心说"），只有让位于"经济"围绕"生态"转的"生态中心说"（类似于"日心说"），才能不断增加经济社会的绿色财富。从这个意义上说，生态资本思想是对当今主流经济思想与理论的一次"哥白尼式"革命。

二 生态资本理论的缺陷与不足

尽管生态资本理论具有一定的创新性，但其毕竟发展较晚，还存在一些缺陷与不足，尚需进一步深入研究：

（一）生态资本概念表述的缺陷

目前，生态资本的概念尚未统一，各种表述多达数十种，众说纷纭、各有侧重，现有相关研究中，自然资本、环境资本、资源资本、生态资本、生物资本等提法往往同时存在、交叉使用，并未形成准确权威的统一界定，这就形成了语境上的混乱和语义上的混淆，容易造成理论概念上的不统一和实践边界上的不清晰，存在明显的缺陷。"生态资本"的理念主要成长于生态学和环境学领域，缺乏严谨的经济学基础，而主流经济学对此关注甚少。生态学和环境学对自然资源的认识往往基于有用性的基础之上，同时他们忽视了生态资本所必需的资本属性，而采用了功能性定义。这种做法混淆了生态资本与自然环境的区别，模糊了经济系统与生态系统的边界，甚至整个地球生态系统及其服务都被纳入生态资本的范围中来。生态资本范畴的泛化也导致了经济学家与生态环境学家无法沟通，两大学术阵营经常处于自说自话的状态。

之所以出现上述现象，究其原因：一是不同研究者因学科视角和切入点不同，导致其对生态资本的属性和特征理解各异；二是不同区域和不同产业领域对生态资本的范围和类别认识不同；三是不同语境下形成了不同的表述方式；四是由于针对不同比较对象而形成了不同的特征概括性表述。除此之外，另一个非常重要的原因在于，人们对生态资本的认识过程本身是逐步递进的，关于其功能、价值、特征、属性、存在状态、表现形态及其判断标准的认知都有阶段性，每一个阶段的认识深度决定了对其内涵的认知程度和外延的把握尺度，而这也直接决定了生态资本概念的界定由"现象描述"到"特征阐释"再到"本质概括"的逐层深入。

由于核心概念的不精准和不同一，必然带来生态资本理论研究和实践操作两个方面的一系列困惑，具体表现为哪些生态环境与生态资源是生态资本？生态资本的边界和范围如何确定？其存在方式与实物形态是什么？是否所有生态资源都能进行资本投资？生态资本投资能否破解经济发展与环境保护的两难困境等问题。对于这一系列问题的回答，一个共同的前提就是明晰生态资本概念的内涵和外延。鉴于此，必然要求尽快提炼出一个统一、周延、精准、权威的生态资本概念，以便在一个共同的范畴内持续深入开展生态资本理论研究和实践创新。

（二）生态资本价值评估方法的不足

必须承认的是，目前生态资本的价值评估体系尚未完全建立。由于生态资本是一种全新的资本，与物质资本等传统资本相比，因其存在形式的多样性、作用范围的广泛性以及作用途径的复杂性，其价值取向必然具有多元性和复杂性，加之不同文化背景下不同学科研究者的认识视角不同，关于生态资本价值的表现形式及表现层次就呈现出丰富多样且千差万别的判断,生态资本价值评估体系的建立也就成为一项艰巨复杂的系统工程,其核心在于生态资本价值评估方法的选择和适用。

关于生态资本价值评估的方法,目前国内外提出了一系列核算方式与办法,主要包括机会成本法、现值法、净价格法、再生产补偿法、替代市场价值法、影子价格法、旅行费用法、生态足迹法、意愿调查法等,各种评估方法及其评估模型繁杂并存、交汇使用,虽然每种方法各有其优势和独特价值,针对不同类型的生态资本也确实需要运用不同方法和模型进行评估,但其弊端在于,对于某一特定生态资本,由于所采用的评估方法不同其价值计量结果完全不同,过高或过低均有可能,难免导致生态资本价值核算上的混淆甚至无所适从。同时,当前研究中各种核算方法在指标设置上变得越来越细,越来越复杂,存在重复计算现象,其结果是不仅存在评估体系构建的任意性,而且表现出日益学术化和理论化趋势,严重偏离实践,缺少能让社会普遍接受和被政府实际采纳的评估结论。

生态资本的价值评估是生态资本投资研究的重点和难点,既涉及生态资本的产权界定,又涉及生态资本的价值计量,前者决定着公共环境与资源能否成为具有明晰产权的资产,而这种资产又必须是以生产要素形式投入到生产过程之中才能成其为生态资本,后者涉及生态资本的投入与产出的价值核算,而这种核算结果是判断生态资本投资收益的客观依据,为此,生态资本价值评估体系的建立健全就显得格外重要。

三 生态资本投资收益研究的思考

在生态经济研究领域,由于新概念、新范式的应用,理论也总是会发生变化。但问题是,究竟是我们观察经济的角度和方法变化了,还是经济本身确实与过去相比在本质上发生了改变呢?换而言之,现代经济究竟有没有发展出与过去很不相同的特性呢?就现实经济生活而言,最近十多年里,让人们始料未及的新现象是,物质资本的稀缺程度持续明显地减弱,即使在最发达经济体里,金融也开始从核心地位上偏移。伴随中国经济起飞,全球现代经济显示出三个新的特征:(1)工业制成品的价格持续加速下降;(2)能源、原材料价格稳步上升;(3)金融资本回报率和实际利率趋于下降(郭树清,2009)。由于金融资本的加速积累和技术进步,劳动生产率持续提高,必然导致制成品变得便宜;自然资源有限,环境成本增长，必然导致原材料价格有所上涨；物质资本供给过分充裕，其替代其余要素的能力明显下降，物质资本的平均回报率也开始下降。值得注意的是，如果当前制约经济增长的限制性因素已经从物质资本转移到了生态资本，那么，这个事实将会晃动差不多所有经济学理论的基础。

虽然本书以"生态资本投资收益"为主题，但要深化研究，却不能不对以下五个问题进行思考：

（一）生态资本有无"生态悖论"？

"生态悖论"，即经济系统中的资本扩张，将对生态系统产生危害的矛盾。资本扩张过程是把自然资源"货币化"而吸收到社会经济系统中进行消耗的过程。资源与环境是资本扩张的前提，对它们的消耗是资本增值的代价。资本扩张过程必然将越来越多的自然资源吸收到经济体中进行消耗，并变成废物排出经济体外。作为资本的每一元货币都代表着社会经济体对资源和环境的消耗。由此资本扩张的结果是：自然资源日益枯竭，生态环境的恶化，资本扩张逐渐失去其前提条件，由此形成资本扩张的"生态悖论"，它贯穿在整个现代社会中。事实上，生态资本作为一种新型的特殊资本，具有"自然资本"和"经济资本"的双重属性，为了收益的最大化，生态资本投资必将遵循资本收益递减和生态平衡的双重规律，生态因资本的增值而改善，资本因生态的改善而保证其投资收益的长期性和整体性，从而使矛盾着的"生态"与"资本"在不断生态资本化与资本生态化的过程中实现统一。

（二）生态资本应该是价值计量还是实物计量？

地球生态系统是一个复杂的生命支持系统，生态系统对人类的贡献，在经济学研究中经常用"社会效益和经济效益"来表述，是可以用经济价值来估算的。然而，由于生态系统提供的服务并未完全进入商业市场，或者没有办法把它和经济服务以及制造业资本进行量化比较，因此，如何对这两种效益进行估价，一直是困扰经济学家们的理论难题。因而在决策过程中往往不考虑它的权重。这种忽略可能最终使人类在生物圈中存在的持续性方面付出代价。离开了生态学意义上的生命支持系统的服务，全球经济的运行将会因"摩擦"而停顿。因而从一定意义上说，这种服务的总价值对经济来说是无限大的。在过去几十年中，学者们已经对大量各种各样的生态系统服务价值进行了估计。仅从价格的角度来看，也许价格并不能真正反映生态的稀缺程度，经济价值未必是生态资本计量的最佳方式。

（三）生态资本能否投资？

对这一问题的思考，主要是基于"关键自然资本"的概念。由于可持续性取决于资本存量的维持，而维持资本存量不变的方式有两种：（1）自然资本和人造资本的存量之和在其总价值可加总的情况下保持不变；（2）自然资本与人造资本的存量分别保持不变，其价值的累加只能在每种资本内部进行，不允许在两者之间对其价值累加。第一种方式认为自然资本与人造资本之间是可替代的，这种观点认为可以剥夺自然资本，只要对人造资本投以等量的价值，就可实现对自然资本的替代，这种方式称为弱可持续性。第二种方式认为自然资本与人造资本之间的关系是不可替代的，而且是互补的（即更多的人造资本需求将同时引致更多的自然资本需求），两种类型资本都应得到保持，因为每种类型资本的生产都要依赖对方，这种方式称为强可持续性。关键自然资本即是指担负着重要而不可替代功能、应优先保存的自然资本。从目前的科学技术发展水平来看，人类不可能以人造资本替代自然界生态系统所提供的全部功能和服务。"生物圈2号"计划[①]的失败说明，人类即使花巨资投入大量的人力和物力，也不可能替代自然所提供给人类的生态系统功能和服务。然而，将关键自然资本作为独立特殊的要素从自然资本中识别出来是不现实的。复杂的自然系统中，自然资本各要素通过相互作用产生的环境功能要比某一要素自身所产生的功能强大得多。因此不仅要关注自然资本各要素本身，更重要的是关注生态要素间相互作用的特性。从现实情况来看，人类活动完全可以对自然界施加影响，也有可能通过生态资本投资来增加生态资本的存量。例如，昆阳磷矿厂的矿山环境综合整治便取得了显著成效。云南昆阳磷矿是我国首批37家"国家级绿色矿山试点单位"之一。该矿土地复垦植被起步于20世纪80年代，自2004年以来，加快土地复垦、植被恢复和地质环境治理等工作。截至2012年12月，累计投入复垦植被资金达到1.4亿元，实现植树造林1.44万亩，植草近8000亩，土地复垦植被率达到了94.46%的水平。

----

① 1991年，美国花费了近2亿美元和9年时间，在1.28公顷的地面上建造起一个封闭的"生物圈2号"（该计划认为地球是"生物圈1号"），进入其中的有8名科学家和3800多种生物。一年多以后，"生物圈2号"的生态状况急转而下，氧气含量从21%迅速下降到14%，而二氧化碳和二氧化氮的含量却直线上升，大气和海水变酸，很多物种死去，最初的25种小型脊椎动物中有19种灭绝。到第17个月月底，参与实验的8个人不得不离开这个试验装置。

（四）生态资本投资有无收益？

原则上说，自然资源可以用市场现价或估算的未来价值的贴现值来计算。然而，长期以来，自然资源在经济发展中的作用都在持续下降，甚至出现了"资源诅咒"现象。"资源诅咒"是指从长期的增长状况来看，那些自然资源丰裕、经济中资源性产品占据主导地位的发展中国家反而要比那些资源贫乏国家的增长要低许多；尽管资源丰裕国家可能会由于资源品价格的上涨而实现短期的经济增长，但最终又会陷入停滞状态，丰裕的自然资源最终成为"赢者的诅咒"（winner's curse）。经验数据显示，从一个较长的时间范围来看，资源丰裕国家经济增长的速度是缓慢的，甚至是停滞的。从自然资源的耗费与国民生产总值的关系来看，一方面，国民生产总值的增长速度较高，而且有时还出现超高速增长的现象；而另一方面，则是我国自然资源在国民经济中的比重在持续下降。这种伴随着经济增长而资源基础不断弱化的情况，也可以被称作是经济发展中的"资源空心化"。自 Auty 提出"资源诅咒"以来，理论界一直争论不休，现阶段的研究更多集中于制度领域，研究视角主要集中于体制和寻租，认为自然资源丰裕地区经济不发达以及一系列问题的出现，不是资源本身问题，而是制度因素和政策措施，在自然资源丰裕对经济增长的作用中起着重要作用，良好的制度质量和合理的政策措施是克服资源诅咒的关键因素。当一国制度质量较好时，自然资源便是福音，将会促进经济增长；当一国制度质量较差时，自然资源便是诅咒，且会降低经济增长，因此，国家应该改善它们的制度质量来防止或根治"资源诅咒"。事实上，正是由于"资源诅咒"现象的存在，才致使人们长期忽视自然资源的养育和保护。也许，真正有意义的，并不是去争论"生态资本投资有无收益"，而是要思考应该怎么做，才能保障"生态资本投资收益"的实现。

（五）生态资本投资收益是递增还是递减？

生态资本的投资收益到底是递减还是递增？在跨国收入差距的扩大与区域经济发展的不平衡方面，生态资本投资到底起到了多大的作用，生态环境"马太效应"的背后是否是由生态恢复建设、环境污染治理、生态技术研发等生态资本投资行为在推动？如果说生态资本的投资收益率不是递增的，那么生态资本投资收益递减与跨国收入差距扩大、区域收入差距扩大之间是什么关系，两者如何协调？收入差距扩大的背后必然涉及贫困问题，落后国家或地区如何才能摆脱贫困，实现增长？如果说生态资本投资的收益率是递增的，那么作为发展中国家的中国，又该拿什么来与发达国家竞争呢？其实，生态资本投资的后发优势是客观存在的，生态资本投资并不是导致收入不平等和收入差距的主要原因。相反，生态资本投资还有利于缓解收入不平等和缩小收入差距。落后地区或低收入群体进行生态资本投资，不仅能够获得更高的收益率，而且可以使得物质资本和技术的使用效率更高，并最终提升生态资本效率。但是，和物质资本投资一样，生态资本投资也可能会存在一个最小的投资规模，即存在门槛效应。换句话说，生态资本投资必须达到一定规模之后才会产生效果。所以，不能因为暂时未获得生态资本投资收益，就否定生态资本投资在经济增长中的作用。

　　总之，生态资本投资突破了传统资本投资的理论与范式，是一个多学科交叉融合，边沿性、复合性极强的全新课题。从学科视角来看，既涉及经济学、管理学、哲学、社会学等人文社会科学，又涉及生态学、环境科学、系统科学等自然科学；从分析层面上看，既包括技术层面的生态技术研发与创新，又包括制度层面的生态环境资源规制与管理，还包括文化层面的生态文明伦理与价值；从生态资本投资收益的范围来看，既有区域范围内的宏观生态资本投资收益，又有产业范围内的中观生态资本投资收益，还有企业范围内的微观生态资本投资收益。为此，生态资本投资收益研究的理论来源不可避免地表现出宽泛性、多元性与层次性，因而也就缺乏统一性、系统性与整体性，由此造成生态资本投资收益理论的多源多流和繁杂林立，无法形成科学、完整、系统的理论体系，而这也将影响到生态资本投资收益研究的深入及其在实践运用中的推广。

第二章　生态资本短缺及其投资现状

第一节　生态资本存量的估算

一　生态资本的存量

生态资本存量是一个综合概念，在形式上具体表现为生态资源的质量和数量、生态环境质量要素以及生态系统作为一个整体所提供的各种服务流的总和（见表 2 – 1）。

表 2 – 1　　　　　　　　　　生态资本存量的类别与属性

编号	类　别	关键属性
1	生态资源的数量与质量	
1.1	水、大气、阳光	标准、级别
1.2	土壤	种类、面积；土层厚度
1.3	生物，动、植物和微生物	种类与数量
1.4	要素配合情况	综合品质、结构、含量
1.5	社会生产支持功能	生产能力
2	生态环境的质量要素	
2.1	大气质量	标准、级别、比例
2.2	土壤肥力	种类
2.3	生物多样性	丰度
2.4	气候、生命活动	宜居性
2.5	生活、休闲适宜性	可观赏性、可体验性

续表

编号	类别	关键属性
3	生态系统的整体服务	
3.1	气体吸纳能力	温室气体、有毒有害气体
3.2	固废降解能力	生物质体、其他可降解物
3.3	系统组织化、退化速度	趋势
3.4	生命支撑服务	生物圈、人类
3.5	相关法规、制度、风俗、文化	健全度、影响力

生态资源的数量和质量，包括各种生态资源的数量、质量及其组合变化，各种生态资源间又存在着结构、配比、丰度及其融合共生与耗用竞争关系，在特定生态环境中形成网络状的生态资源系统，这类生态资本直观地表现为"生态资源型资本"，其功能主要表现在"生产"即支持生产系统方面，具体类别包括土地资源、水资源、气候资源、种质资源和生物多样性资源等。

生态环境的质量要素功能，主要体现在栖息休闲、观光旅游、生态体验教育、生态文化服务等方面，这类生态资本综合地表现为生态环境型资本，能够提供人们需求的高端生态消费，满足人们在精神伦理层面的享受，提高人们生活的愉悦程度和幸福指数，这类生态资本可称之为"生态环境型资本"，其功能主要表现在"生活"即满足人们精神文化层面的需求方面，具体类别包括环境自净能力、提供休闲栖息、观光欣赏、体验教育、美学伦理、生态信息传递和生态文化服务等。

生态系统的整体服务功能是由各种生态系统内部要素的品质、流量、变换速度与各种生态环境质量要素之间的结构与组合，所共同形成的综合服务流，这类生态资本可称之为"生态服务型资本"，其功能主要表现在"生存"即支撑生命系统方面，具体类别包括土壤、气候、光、热、水、气、各种营养物质、微量元素以及动物植物和微生物等。

生态资本存量的测度通常采取生态环境质量综合评价和生态价值评估的方式来进行，以对生态环境质量的总体判断和生态服务功能价值评估作为参考，从而近似地理解一个地区生态资本的存量状况。

二 生态资本存量估算的缺失

虽然目前还没有好的计算方法能够估算出生态资本的存量究竟有多大，但是，在实践中人们已经对生态资本存量估算进行了许多有益的探索。在国家层面，挪威等国已经将生态资本视为重要的国民财富，开始采取行动将生态资本纳入国民经济核算账户。在企业层面，情况还不是十分乐观。多数企业对生态资本及其产权归属等的认识还极为有限。虽然他们中的大多数已经认识到企业经营会对生态环境产生直接和间接的影响，但在传统思维中，生态资本为企业提供的服务被视为理所当然，宜居的气候、清洁的空气、干净的水和土壤等生态资本都被视作免费的资源。因此，绝大多数企业并未意识到生态资本的价值，更未将生态资本融入企业经营决策过程中。事实上，不少企业的经营和发展都极度依赖于生态资本。例如，饮料企业依赖淡水的供给，农业企业依赖土壤和植物，旅游企业依赖生态景观。世界资源研究所的报告指出，生态系统恶化会在运营、监管、声誉、产品营销及融资等方面给企业造成影响。时至今日，这些影响和风险仍未被系统性地提出和有效应对，商界还没有完全意识到他们的生意对生态资本的依赖程度。

由于生态资本总是处于动态变化之中，因此对其存量本身进行准确测算是十分困难的。1997 年 Costanza 等认为全球陆地生态系统服务功能价值为每年 33 万亿美元，为同期全球国民生产总值（GNP）的 1.8 倍。世界自然基金会（WWF）发布的《地球生命力报告 2012》指出：1970 年以来，地球生命力指数下降了 28%，我们正在使用相当于 1.5 个地球的资源来维持我们的生活。虽然这些文献成果曾经引起学术界的广泛争议，但是这也使我们认识到对生态资本存量进行估算是有可能的。

三 生态资本存量的估算方法

生态资本存量的估算需要应用复合生态系统的观点，以及生态学、环境科学、系统科学等学科的理论和技术方法，对生态资本的结构、趋势等进行综合估算分析。一般而言，生态资本存量的估算可以分为货币化和非货币化两种方法。

（一）生态资本存量的货币化估算方法

生态资本存量的货币化估算方法又可分为未来收益法和累计成本法，

其出发点与物质资本的积累十分相似，体现了经济学的成本核算原理。

　　生态资本存量货币化估算方法的优势在于：（1）由于计算生态资本所得的结果是货币值，因此，既能进行不同类型生态资本之间的比较，也能对某一生态资本的各单项服务进行加总。（2）人们对货币值有明显的感知，因此，其估算结果能引起人们对生态资本的足够重视，促进人们对生态资本服务的持续利用。（3）生态资本存量的货币化估算能促进环境核算，并将其纳入国民经济核算体系之中，从而最终实现绿色 GDP。

　　从生态经济学的角度看，生态资本的货币化估算也存在着较大的局限：（1）相当部分的生态资本未能进入市场，也就意味着缺乏对应的市场价格；（2）市场价格波动，特别是价格下降会掩盖生态资本存量减少的严峻形势；（3）一些生态资本的消耗或退化具有不可逆性，其价值的不可替代性和稀缺性难以在短期内被市场充分估计。（4）生态资本的货币化估算结果存在主观性。随着人类对生态资本的加剧利用，生态资源的逐渐耗竭，生态资本为人类提供的服务价值也会愈来愈高。

　　从一定意义上说，生态资本其实是能够在现在或未来提供有用的产品流或服务流的自然资源及环境资产的存量。然而，生态资本概念毕竟是建立在经济学理论框架之下的，其对自然的关注无法摆脱经济学的固有局限。例如，自然的价值常常被假定为可以通过货币衡量（并因此具有可替代性），而能够在市场上进行交换，这实质上是将自然价值"商品化"。在这种思维模式下，自然的价值被价格化，自然价值的维护被等同于生态资本存量总量的维护，此种做法的不妥之处在于：一方面，自然价值的"价格化"不能体现自然的全部价值；另一方面，自然的"价格"并不能反映自然的真正价值。正是由于生态资本的货币化估算存在的这些问题，能值分析法、物质量估算法等生态资本非货币化估算方法成为近年来的研究热点。

　　（二）生态资本存量的非货币化估算方法

　　生态资本的非货币化估算方法主要有：能值分析法、物质量估算法和生态资本消耗指数法。

　　1. 生态资本存量估算的能值分析方法

　　能值分析法是指用太阳能值计量生态资本为人类提供的服务或产品，也就是用生态资本的产品或服务在形成过程中直接或间接消耗的太阳能焦耳总量表示。

　　能值分析方法的优势在于：（1）自然资源、商品、劳务等都可以用能值估算其真实价值，能值方法使不同类别的能量可以转换为同一客观标准，从而可以进行定量的比较。（2）能值分析方法把生态资本与人类社会经济系统统一起来，有助于调整生态环境与经济发展的关系，为人类认识世界提供了一个重要的度量标准。

　　能值分析方法的局限性在于：（1）产品的能值转换率计算，需对生产该产品的系统作能值分析，用系统消耗的太阳能值总量除以产品的能量而求得，这种分析非常复杂，并且难度很大。（2）能值转换率是指每单位某种能量（或物质）由多少太阳能焦耳转化而来。但是一些物质与太阳能关系很弱，甚至没有关系，如地球中的矿物质元素、地热、信息等。这些物质很难用太阳能焦耳来度量。（3）能值反映的是物质产生过程中所消耗的太阳能，既不能反映人类对生态资本所提供的服务的需求性，即支付意愿（WTP），也不能反映生态资本服务的稀缺性。

　　2. 生态资本存量估算的物质量估算方法

　　物质量估算法是指从物质量的角度对生态资本提供的各项服务进行定量估算。

　　物质量估算方法的优势在于：（1）运用物质量估算方法对生态资本进行估算的结果比较客观、衡定，不会随生态资本所提供服务的稀缺性增加而大幅度增加，对于空间尺度较大的区域生态资本更是如此。（2）运用物质量估算方法能够比较客观地估算不同生态资本所提供的同一项服务能力的大小。

　　物质量估算方法的局限性在于：（1）运用物质量估算方法得出的结果不能引起人们对生态资本的足够重视，进而影响人们对生态资本的持续利用。（2）运用物质量估算方法得出的各单项生态资本服务的量纲不同，无法进行加总。

　　3. 生态资本存量估算的消耗指数方法

　　生态资本消耗指数法是通过能源、交通运输量、水泥、纸产品、钢铁、铝、塑料等7种环境影响显著因子而组成一个综合环境指数（假定各环境影响显著因子的贡献相同），来考察和评估经济活动尤其是制造业部门对生态资本的影响或者生态化趋势。

　　生态资本消耗指数法的优势在于：（1）该指数比较简单、综合、可操作性强。（2）年际之间具有可比性，能够反映变化趋势。

生态资本消耗指数法的局限性，主要是它仅考虑到制造业部门的情形，只包含了几种物质的生产或消费，而未考虑到经济增长所带来的其他生态环境问题，如废物排放、水土流失等，而这些问题都应视为经济增长的环境成本或者理解为对生态资本的消耗或占用。

四　生态资本存量与流量的分类估算

流量和存量是经济分析中的两个重要概念。生态资本存量是指在一定的时空条件下，生态资本以物质形态的形式存在于地球上的某一地理空间内的生态资本总量。例如某一地区内的矿产资源、水资源、土壤资源、草场资源、森林资源、动物资源等各类资源的总量。生态资本流量是指在某一时点，在一定的地理空间范围内生态资本的产出量。对于耗竭性资源如金属矿产资源和化石能源来说，是指其在某一时点的开采量；对于非耗竭性资源，如森林、草场、水等除了包括上述生态资本的物质输出量之外，还包括在某一时点其提供的功能和服务，包括调节气候、涵养水源、净化环境、提供优美舒适的人居环境等。生态资本存量和生态资本流量是一对相互联系的概念，在一定情况下可以相互转化。通过改进的生态足迹估算方法，可以分别表征人类对生态资本存量和生态资本流量的利用水平[①]。

（一）　生态足迹估算原理分析

生态足迹估算方法的基本思路是：采用生态足迹表征一定经济或人口规模下的生态资本需求，采用生态承载力表征该区域所能提供的生态资本收益，通过两者的对比来判断人类对生态资本的占用是否具有可持续性。这样既可以避免货币化评估对生态资本存量减少速度的低估，又能体现出生态资本的不可替代性。

生态足迹估算是基于一个基本理论假设和两个基本事实。一个假设：即"空间互斥性"假设。各类土地的作用类型是单一的，在空间上是互斥的。譬如，一块地当它被用来修建公路时，它就不可能同时是森林、可耕地、牧草地等。这个假设使得我们能够对各类生态生产性土地面积进行加总。两个基本事实：(1)人类能够估计自身消费的绝大多数资源、能源及其所产生的废弃物数量；(2)这些资源和废弃物的量能折算成生产或消纳（assimilate）它们的生态生产性（biologically productive）面积。即大多数

---

① 方恺、Heijungs Reinout：《自然资本核算的生态足迹三维模型研究进展》，《地理科学进展》2012 年第 12 期，第 1700—1707 页。

资源流量和废物流量可以转化为提供或消纳这些流量的、具有生态生产性（或者说生态生产力）的陆地或水域面积。

从而，可以进一步作以下的假定：（1）将不同类型的生态生产性土地面积按照其生产力折算之后，可以用同一单位表示。即每英亩（或公顷）耕地、草地、森林和渔场可以折算成世界平均生产力下的等值面积。（2）每标准英亩（或公顷）代表等量的生产力，并能够相加，加总的结果表示人类的需求。（3）人类需求的总面积可以与环境提供的生态服务量相比较，比较的结果也用标准生产力下的面积表示。因此，任何已知人口的生态足迹是生产这些人口消费的所有资源和吸纳这些人口产生的所有废弃物而需要的生态生产性土地总面积（包括陆地和近海海域）。

（二）生态足迹估算方法的计算步骤

生态足迹估算方法可概括为六个主要分析步骤：

第一，划分消费项目，估算各主要消费项目和废物消纳中自然资源的消费量，即追踪资源消耗和废物消纳。其中消费包括直接的家庭消费、间接消费、最终使家庭受益的商业和政府消费的货物和服务。统计方法分为"自上而下"和"自下而上"两种，前者通过全国或地区统计年鉴获得数据，后者通过调查问卷统计人均量值。

第二，估算为了生产各种消费项目占用的生态生产性土地面积。利用平均产量数据，将上述两类资源占用按照区域的生态生产能力和废物消纳能力分别折算成具有生态生产力的 6 类主要的陆地和水域生态系统的面积：

$$A_j = \sum_{i=1}^{n} \frac{C_i}{EP_i} = \sum_{i=1}^{n} \frac{P_i + I_i - E_i}{EP_i}, (j = 1,2,3,\cdots,6) \qquad (2.1)$$

其中 A_j 为第 i 项消费项目占用的实际生态生产性土地面积（hm^2），EP_i 为相应的生态生产性土地生产第 i 项消费项目的年平均生态生产力（kg/hm^2），C_i 为资源消费量，P_i 为资源生产量，E_i 为资源出口量，I_i 为资源进口量。$P_i + I_i - E_i$ 是估算区域第 i 项年消费总量。若除以人口数，也可同时估算第 i 项的人均年消费量值（hm^2/人）。

第三，估算生态足迹。汇总生产各种消费项目占用的各类生态生产性土地面积，即生态足迹的组分。由于 6 类生态生产性土地的生态生产力不同，要将这些具有不同生态生产力的生物生产面积转化为具有相同生态生产力的面积，以加总估算生态足迹和生态承载力，需要对估算得到的各类生物生产性面积乘以一个均衡因子（equivalence factors），也称当量因子。即用均衡因子将 6 种不同类型的土地汇总。均衡处理后的 6 类生态系统的面积即为具有全球平均生态生产力的、可以相加的世界平均生态生产面积。可表示为：

$$EF = \sum_{j=1}^{6} A_j \cdot EQ_j \qquad (2.2)$$

其中 EQ_j 为均衡因子或称等价因子或当量因子，可用 γ 表示。

第四，产量调整。6 类生态生产性土地的生态生产力是存在差异的，从而使估算所得的面积不可比，因此需要将其进行调整。方法是用产量因子（yield factor）乘以生态生产力。用公式表达为：

$$A_j = \sum_{i=1}^{n} \frac{C_i}{EP_i \cdot YF_i} = \sum_{i=1}^{n} \frac{P_i + I_i - E_i}{EP_i \times YF_i}, (j = 1, 2, 3, \cdots, 6) \qquad (2.3)$$

其中 YF_i 为产量因子。

经过这一步骤，各个区域的生态生产性土地转换为同一生产力下的面积值，从而具有可比性。

第五，估算生态承载力（EC）或生态容量。将上述步骤中的消费量用地区的实际生物产量代替，估算地区生态容量阈值：

$$EC = \sum_{j=1}^{6} EC_j \cdot EQ_j = \sum_{j=1}^{6} AA_j \cdot YF_j \cdot EQ_j \qquad (2.4)$$

其中 AA_j 为各土地类型的地区实际生态生产性面积，EC_j 为各土地类型的生态容量，EC 为地区总计生态容量。

第六，估算生态赤字（ED）或生态盈余（ER）。

$$ED = EF - EC(EF > EC) \qquad (2.5)$$

$$ER = EC - EF(EF \leqslant EC) \qquad (2.6)$$

（三）基于生态足迹改进方法的生态资本流量与存量的分类估算

以往的生态足迹经典模型及其后来的一系列改进模型，尽管能够说明生态资本在可持续发展中的重要性，但关注点主要在流量而非存量，无法体现生态资本存量恒定对维持全球生态系统平衡所起的关键性作用。通过明确生态赤字与生态盈余在生态资本性质方面的差异，可以分别表征人类对生态资本存量和生态资本流量的利用水平，从而避免生态赤字与生态盈余相互抵消的情况。

从模型维度看，以往的生态足迹模型多数属于二维模型，由生物承载力（内圆）和生态赤字（圆环）相加得到（如图 2 − 1a）；而三维模型①视生态足迹为一个圆柱体，由生态资本存量指数（底面）和生态资本流量指数（柱高）相乘得到（如图 2 − 1b）。

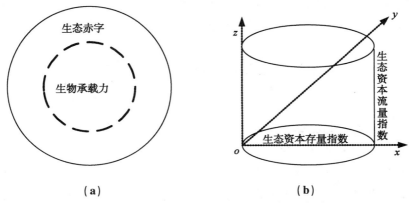

（a）　　　　　　　　　　　　　　**（b）**

图 2 − 1　生态足迹二维模型与三维模型的对比

依据生态足迹三维模型，生态足迹可以表示为：

$$EF = BC + ED = EF_{存量指数} \cdot EF_{流量指数} \tag{2.7}$$

其中，EF 为生态足迹（hm^2），BC 为生态承载力（hm^2），ED 为生态赤字（hm^2）。

$EF_{存量指数}$ 为生态资本存量指数，$EF_{流量指数}$ 为生态资本流量指数。由于生态资本流量指数在单位上仍采用 hm^2，所以生态资本存量指数在量纲上是 0 次幂形式，即无量纲量。

生态资本存量指数，是指为维持区域现有资源消费水平，理论上所需占用的区域土地面积的位数，它表征了人类消耗生态资本存量的程度，其估算公式为：

$$EF_{存量指数} = 1 + ED/BC \tag{2.8}$$

生态资本流量指数，是指在区域生态承载力限度内，实际所占用的生物生产性土地的面积，它表征了人类占用生态资本流量的水平，其取值范围为：

$$0 < EF_{流量指数} \leqslant BC \tag{2.9}$$

---

① Niccolucci V, Bastianoni S, Tiezzi E B P, et al. How deep is the footprint? A 3D representation. *Ecological Modeling*, 2009, 220（20）: 2819—2823.

　　生态资本流量与存量的分类估算，能够明确将生态资本存量减少与否作为可持续性的基本判据，不仅强调土地资源的空间稀缺性（代内公平），更关注资源消费与资源再生之间的不同步性（代际公平），从而是一个真正的时空模型；而且该方法克服了单纯以生态足迹或生态赤字比较区域之间可持续性的局限，增强了不同区域、不同时期之间结果的可比性。

第二节　生态资本短缺的简易估算

一　生态资本的短缺

　　由于生态资本的消长是一个动态过程，譬如海洋生物的捕捞、矿产的开发、生物种群的恢复等，均显示出生态资本的不确定性与不可预测性。这表明，人类对生态资本的利用是有条件的。对生态资本的滥用，只能造成其物理存量的日益减少，危害到人类生存的安全边际，其直接后果便是出现生态资本短缺。

　　生态资本短缺是指生态资本的需求量超过了某一时期可以得到的生态资本供给量。生态资本的供给，可以视作生态资本增量的形成，其主要方式包括自然积累与人为投资两种方式，如图 2 - 2 所示：

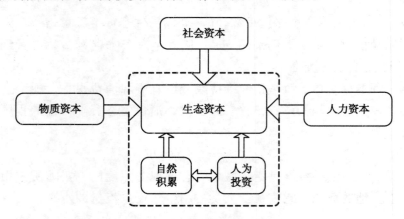

图 2 - 2　生态资本供给增加

　　生态资本的自然积累，是生态资本的自然更新和增长，是生态系统在其协同演进过程中自我更替和调整，受自然规律的作用和生态系统整体性的制约，其自然积累的增长速度一般是一个常量。生态资本的人为投资，是指人们有目的、有意识地通过生态资本投资，而增加生态资本供给的过程，即将物质资本[①]、人力资本和社会资本转化为生态资本，这是通过各种资本形态之间的转化而形成的生态资本供给增加。究其实质，则是生态资本中的自然部分和人为部分之间的相互转化。自然部分包括自然更新和增长，而人为部分则包括对生态的促进和破坏两种作用方式，正是由于这些因素的综合作用，才促成了生态资本的供给增加。

生态资本投资的目的是实现生态资本的保值增值，为此，首先必须保持生态资本存量的非减性，在此基础上通过资本投资来实现生态资本的增值。生态资本的增值包括质量的提升和数量的增加两个方面，其中，质量的提升通过生态环境质量的整体改善得以实现，数量的增加则是通过生态资本的积累来完成，生态资本积累的直接结果便是形成生态资本的增量。

同其他资本一样，生态资本运动也包括积累和消费两种方式，生态资本的消费表现为人们对生态资源与生态环境的开发与利用，也是生态资本总量递减的一种运动方式。若以 V_c、V_n 和 V_h 分别代表生态资本的消费、生态资本的自然积累和生态资本的人为投资，以上论述就可描述为：

（1）在人类社会发展的初始阶段，人们对生态资本的消费低于其自然再生产的能力，此时 $V_n > V_c$。

（2）进入工业社会以来，人们开始大规模的经济社会实践活动，生产力水平得到大幅度提高，对生态资本的消费不断增加；而且在消费的同时，还以乱砍滥伐、大量排污等方式破坏了生态系统的自然再生产能力，由此造成了生态资本的自然积累严重不足，远低于同期人们对生态资本的消费增长率，此时 $V_c > V_n$。

（3）在进入可持续发展阶段后，人们认识到必须彻底改变生态资本的积累与消费之间的传统关系。一方面，要降低生态资本的消费速率；另一方面，要提高生态资本的人为投资水平，使其积累保持高于消费增长的水平，从而实现生态资本的可持续利用和经济社会的可持续发展，此时 $V_h + V_n > V_c$。V_h 即是依靠人力、物力、财力的投入，使生态资本能够保持增长态势，并保持持续的增值能力，这样也能够促进 V_n 的不断增长，当 V_n 恢复后也就实现了生态系统与经济系统之间的平衡。[②]

---

①　为简化分析，这里将金融资本归入物质资本的范畴。

②　武晓明：《西部地区生态资本价值评估与积累途径研究》，西北农林科技大学硕士学位论文，2005 年，第 19 页。

二　生态资本相对于物质资本的最佳比例

如同物质资本的积累一样，生态资本的积累也需要投资。鉴于投资既可以投向物质资本，也可以投向生态资本，两者之间就存在一个如何合理分配的问题。在探讨生态资本与经济增长的关系时，可以发现一个有趣的现象，即减少物质资本投资数量，把它用在生态上以增加生态资本的投资，结果可使社会福利增长得更快。但投资的这种转移有一定的限度，超过了这个限度，物质资本投资减少得太多，虽然生态资本的投资得以增加，但社会福利改进却不会持续增快，甚至有可能减慢。这也就意味着，在物质资本和生态资本之间存在一个最佳比例，只有在此比例下，经济社会产出才能够达到最大。

假设生产要素投入为物质资本 K、生态资本 E 和人力资本 H，产出为 Y，生产函数为柯布—道格拉斯型，规模报酬不变，函数形式为：

$$Y = K^\alpha E^\beta H^{1-\alpha-\beta}，\alpha > 0, \beta > 0, \alpha + \beta < 1 \tag{2.10}$$

物质资本 K 和生态资本 E 均以货币形式表示，假设物质资本 K 是生态资本的 n 倍，即：

$$K = nE \tag{2.11}$$

假定物质资本和生态资本之间可以相互替代，两者的总和为常数 C。现在考虑 n 为何值时可使得产出 Y 最大？如此则可转化为求解 $Y = K^\alpha E^\beta H^{1-\alpha-\beta}$ 的最大值问题，约束条件为 $K + E = C$。

把 $K = nE$ 代入目标函数可得：

$$Y = n^\alpha E^{\alpha+\beta} H^{1-\alpha-\beta} \tag{2.12}$$

将 $K = nE$ 代入约束条件可得：

$$(n+1)\ E = C \tag{2.13}$$

对目标函数取对数，求目标函数 Y 的最大值，也就是求 $\ln Y$ 的最大值，则可得：

$$\ln Y = \alpha \ln n + (\alpha + \beta)\ln E + (1 - \alpha - \beta)\ln H \tag{2.14}$$

根据式（2.13）和式（2.14）建立拉格朗日函数：

$$L = \alpha \ln n + (\alpha + \beta)\ln E + (1 - \alpha - \beta)\ln H + \lambda[(n+1)E - C] \tag{2.15}$$

拉格朗日函数 L 关于 n 和 E 的两个一阶条件分别为：

$$\frac{\partial L}{\partial n} = \frac{\alpha}{n} + \lambda E = 0 \tag{2.16}$$

$$\frac{\partial L}{\partial E} = \frac{\alpha + \beta}{E} + \lambda(n + 1) = 0 \qquad (2.17)$$

从式（2.16）中解出 λ，代入式（2.17），消去 λ，可得：

$$\frac{\alpha + \beta}{E} = \frac{(n + 1)\alpha}{nE} \qquad (2.18)$$

整理可得：

$$n = \frac{\alpha}{\beta} \qquad (2.19)$$

这就是说，当物质资本与生态资本的比例 n 为物质资本的产出弹性与生态资本的产出弹性之比 $\frac{\alpha}{\beta}$ 时，可使产出 Y 达到最大。从求解过程可以看出，对生产函数的规模报酬可以不加限制，即无论是假设规模报酬不变、递增、递减，都不会影响求解过程，也不改变最后的结论。

三　投资不足引致生态资本相对短缺

不管是物质资本，还是生态资本，在对其进行投资时均有两个方面的效果，一是补偿原有资本的消耗（即折旧）；二是增加资本存量以提高生产能力。当物质资本和生态资本以同样的速度折旧（折旧率相同）时，问题将变得十分简单，新投资仍按最佳比例分配给两类资本即可，这一点可由下文的数学推导得证：

设时刻 t 经济中的物质资本存量为 K_t，生态资本存量为 E_t，两者的最佳比例为 n，即 $K_t = nE_t$，物质资本的折旧率为 δ_K，生态资本的折旧率为 δ_E。在下一时刻 $t+1$ 增加投资 I，$I = I_K + I_E$，其中，I_K 是物质资本投资，I_E 是生态资本投资，两者之比仍为 n，即 $I_K = nI_E$。在时刻 $t+1$，两种资本分别为：

$$E_{t+1} = E_t(1 - \delta_E) + I_E \qquad (2.20)$$
$$K_{t+1} = K_t(1 - \delta_K) + I_K \qquad (2.21)$$

将 $K_t = nE_t$、$I_K = nI_E$ 代入式（2.21），可得：

$$K_{t+1} = nE_t(1 - \delta_K) + nI_E = n[E_t(1 - \delta_K) + I_E] \qquad (2.22)$$

比较式（2.20）、式（2.22）可知，当 $\delta_K = \delta_E$ 时，有 $K_{t+1} = nE_{t+1}$，即当时刻 $t+1$ 时，物质资本存量和生态资本存量之间仍然保持其最佳比例。

当物质资本的折旧率 δ_K 与生态资本的折旧率 δ_E 并不相等时，可设定时刻 t 物质资本存量 K_t 和生态资本存量 E_t 之间满足最佳比例（$K_t = nE_t$），代入式（2.21），可得：

$$K_{t+1} = nE_t(1 - \delta_K) + I_K \tag{2.23}$$

假定在时刻 $t+1$，物质资本存量 K_t 和生态资本存量 E_t 之间已经满足最佳比例，即 $K_{t+1} = nE_{t+1}$，则式（2.23）可表示为：

$$nE_{t+1} = nE_t(1 - \delta_K) + I_K \tag{2.24}$$

将式（2.20）代入式（2.24），可得：

$$nE_t(1 - \delta_E) + nI_E = nE_t(1 - \delta_K) + I_K \tag{2.25}$$

化简后可得：

$$nE_t(\delta_K - \delta_E) = I_K - nI_E \tag{2.26}$$

由于 $I = I_K + I_E$，故有：$I_K = I - I_E$，代入式（2.26）可得：

$$nE_t(\delta_K - \delta_E) = I - I_E - nI_E = I - (n+1)I_E \tag{2.27}$$

整理化简后可得：

$$I_E = \frac{I - nE_t(\delta_K - \delta_E)}{n+1} = \frac{I - K_t(\delta_K - \delta_E)}{n+1} \tag{2.28}$$

把式（2.28）代入：$I_K = I - I_E$，可得：

$$I_K = \frac{nI + K_t(\delta_K - \delta_E)}{n+1} \tag{2.29}$$

新投资 I 按照式（2.28）和式（2.29）分配成 I_E 和 I_K，再分别作为生态资本和物质资本的投资，就可保证物质资本存量和生态资本存量仍然保持最佳比例 n。值得注意的是，按式（2.28）计算得到的 I_E 有可能为负值，这发生在新投资 I 过小的时候，此时 $I < K_t(\delta_K - \delta_E)$，即当新投资 I 不能抵补物质资本按"物质资本折旧率与生态资本折旧率之差"进行折旧的时候。

令新投资 I 中物质资本投资 I_K 和生态资本投资 I_E 的比例为 $p = \dfrac{I_K}{I_E}$，根据式（2.28）、式（2.29）可得：

$$p = \frac{nI + K_t(\delta_K - \delta_E)}{I - K_t(\delta_K - \delta_E)} \tag{2.30}$$

如果在时刻 t 的物质资本存量和生态资本存量之比已经超过了最佳比例，则在时刻 $t+1$ 的两种投资之比至少应不大于其维持最佳比例 n 时的比例 p，这样方可使这两种资本的存量之比不再距最佳比例偏离得更远。付出代价以进行生态恢复建设、环境污染治理、生态技术研发等，这些都可以看作一种"投资"而非"消费"行为。由于生态资本投资具有正的外部性，因此，政府应该加大生态资本投资力度，从而保证基本的生态环境质量，并对生态资本私人投资进行补偿。

四　我国生态资本短缺的简易估算

在实际经济过程中，已经形成的物质资本和生态资本，往往很难再进行相互转换，至于其是否在最佳比例点附近，则尚需经过测算才能判断。如果测算结果表明物质资本和生态资本的比例不在最佳比例点附近，就要确定它是大于还是小于最佳比例，然后就可以在以后的投资过程中逐步予以纠正。比如说，如果物质资本与生态资本的比例大于最佳比例，则在以后的投资过程中应缩小物质资本的投资规模，增大生态资本的投资规模，这样，通过增量调整就可使物质资本和生态资本的比例趋近最佳比例点。在这种调整过程中，经济产出也将逐步趋近于最优。

借助上述分析方法，选取 2003—2010 年我国内地（不含港、澳、台地区）各省份①的物质资本投资（以固定资产投资额指代）和生态资本投资（以环保投资额指代），借助 Stata 软件②可绘制我国 2003—2010 年各省份物质资本相对于生态资本的投资倍数比较如图 2 - 3 所示：

可见，至少是从 2003 年至 2010 年，我国各省份物质资本投资规模显著高于生态资本的投资规模，且大多在 50—100 倍之间。鉴于当前学术界对生态资本的价值核算尚未有实质性突破，本书绕开"生态资本存量评估"这一研究难题，试图重点调整由生态资本投资所形成的生态资本增量。然而，由于统计数据还存在口径不一、残缺不全等问题，历年生态恢复建设、环境污染治理、生态技术研发等生态资本投资数据很难准确估算，鉴于研究数据的可得性，本书选取了一些"指代变量"，简单地以"固定资产投资额"指代"物质资本投资"，以"环保投资额"指代"生态资本投资"，这一点与实际情况并不相符，这也使得本书的研究结果只是"一家之言"，有较强的主观性。

事实上，中国的经济发展是以大规模地破坏生态为代价的，这就包括森林砍伐、土壤恶化、沙漠化、水资源短缺和污染、排碳量失控、空

---

①　考虑到西藏自治区特殊政治经济地位，及研究方法对异常数据的敏感性，本书研究没有包括西藏自治区。

②　在构建我国 30 个省份 2003—2010 年面板数据集（数据源自相关年份的《中国统计年鉴》和《中国环境统计年鉴》）的基础上，使用 Stata 软件的"xtline"命令完成。

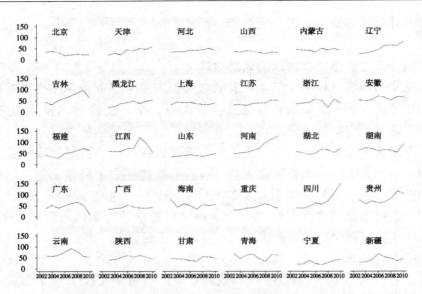

图 2 – 3   我国 2003—2010 年各省份物质资本相对于生态资本的投资倍数

气污染、海洋资源的掠夺、地下资源的枯竭等。根据胡鞍钢的研究，中国生态资本下降的高峰发生在 20 世纪 80 年代初期，几乎占 GDP 的 30% 。其后生态资本消耗情况有所改善，尽管还是处于不可接受的较高水平，2001 年占 GDP 的 5% ，也许现在更低。但是这些数字掩盖了一个严酷的事实，即用 GDP 衡量生态资本的损失仅能说明中国在过去的 30 多年里 GDP 的急剧增长，而不能说明生态系统的健康程度。在中国过去的高速增长时期，存在着以牺牲经济增长质量换取增长速度的问题。只顾眼前利益，不顾长远利益，对中国经济的长期增长显然是极为不利的——不注重前期的生态资本积累，必定会造成发展后劲不足，并使中国经济尔后的稳定快速增长难以为继。当前，"资本的外延"已经拓展为物质资本、金融资本、人力资本、社会资本和生态资本的总和，国际"资本"竞争角逐的主战场也正逐步转入绿色经济和生态资本领域。加快我国经济发展方式生态化转变的基础是大力发展绿色经济，而生态资本投资便为其提供了可供选择的现实路径。

第三节   生态资本投资的现状分析

尽管在实践中对生态资本投资进行精确界定是十分困难的，但是，伴随生态环境保护运动的不断兴起，生态资本投资的实践雏形，在国内也悄然兴起。下文将主要通过国内的生态恢复建设、环境污染治理及生态技术研发等活动，对生态资本投资现状进行分析。

一　生态恢复建设的蓬勃发展

重视生态建设，提高生态效益，不断增加生态资本存量，保持生态资本存量的非减性，是经济社会可持续发展的重要保证。事实上，我国政府早已进行了大量的生态恢复建设式生态资本投资实践，近年来我国主要的生态保护与恢复建设工程投资情况如表 2 - 2 所示。

表 2 - 2　　　　中国主要生态保护与恢复建设工程投资情况　　　单位：亿元，%

	建设项目	规划时期	规划投资	实施时期	实际投资	比例
森林（草地）	天然林资源保护	1998—2010	962.02	1998—2007	657.38	23.57
	退耕还林	1999—2010	4311.4	1998—2007	1345.0	48.23
	三北防护林体系工程（第四期）	2001—2010	354.12	1998—2007	103.01	3.69
	长江流域防护林体系工程（二期）	2001—2010	205.61	1998—2007	43.21	1.55
	沿海防护林体系工程（二期）	2001—2010	39.09	1998—2007	34.12	1.22
	珠江流域防护林体系工程（二期）	2001—2010	52.94	1998—2007	11.54	0.41
	平原绿化工程（二期）	2001—2010	12.47	1998—2007	37.72	1.35
	太行山绿化工程（二期）	2001—2010	35.97	1998—2007	15.86	0.57
	京津风沙源治理	2001—2010	577.03	1998—2007	193.05	6.92
	野生动植物保护及自然保护区建设	2001—2030	1356.5	1998—2007	34.28	1.23
	速生丰产用材林基地建设工程	2001—2015	718	1998—2007	24.86	0.89
	沿海防护林	2006—2015	99.84	1998—2007	—	
	三江源保护工程	2005—2010	75	1998—2007	22.15	0.79
草地	退牧还草	2003—2007	143	1998—2007	143	5.13

续表

	建设项目	规划时期	规划投资	实施时期	实际投资	比例
湿地	全国湿地保护工程	2005—2010	90.04	2005—2007	10	0.36
	湿地保护与恢复示范工程	2001—2005	0.675	2001—2005	0.675	0.02
	退田还湖工程	1998—2005	—	1998—2002	113	4.05
合计			9146.75		2766.74	100.00

资料来源：徐志刚等：《成本效益、政策机制与生态恢复建设的可持续发展》，《中国软科学》2010 年第 2 期。

根据环境保护部《全国生态保护"十二五"规划》，我国持续加大生态保护力度，"十二五"期间的生态保护重点工程如表 2－3 所示：

表 2－3　　　　　　　　我国"十二五"期间的生态保护重点工程

重点工程	工程名称	内　　容
生态文明示范建设重点工程	生态建设示范区	建成生态县（市、区）不少于 50 个，生态市不少于 10 个，建设 50 家国家生态工业示范园区。
	生态文明建设试点	个别地区达到生态文明建设示范区的要求，2—3 个区域启动跨区域的生态文明连片创建，启动一批生态文明建设行业试点。
	生态文明水平评估	开展省级行政区和副省级城市的生态文明建设水平评估。
生物多样性保护重点工程	生物多样性保护优先区域调查和评估	查清 8—10 个优先区域本地状况，开展生物多样性价值评估。
	生物多样性保护示范区建设	建立 10—15 个生物多样性保护、恢复和减贫示范点和 30--50 个生物多样性保护小区。
	生物物种资源保护与监管	开展与遗传资源相关的传统知识调查和整理，建立遗传资源的获取和惠益分享制度；开展迁地保护场所的监管评估；编制生物物种资源出境管理名录，完善生物物种资源出入境制度。
	生物安全管理	开展重点区域外来入侵物种试点调查，实施转基因生物安全监测与管理，实施养殖业应用微生物环境安全管理工程。

续表

重点工程	工程名称	内　　容
自然保护区管护重点工程	自然保护区规范化建设示范	建设100个具有典型示范意义的国家级自然保护区，对所有国家级自然保护区边界和功能区划进行确认。
	国家级自然保护区监控和评估	建设"天地一体"的自然保护区监控体系，开展各级自然保护区的管理评估。
	国家级自然保护区数字化	建立全国自然保护区综合管理信息系统，开展国家级自然保护区物种资源数据库和自然保护区空间布局数据库的建设。
	自然保护区布局优化	提出自然保护区空间整合方案、生态廊道建设方案，建设1—2个跨国界自然保护区。
区域生态功能保护重点工程	划定生态红线	划定生态红线，建立生态红线管理制度。
	国家重点生态功能区保护和管理试点示范	在3—5个国家重点生态功能区开展示范建设，研究建立重点生态功能区保护和管理标准和规范，划定生态红线，完善生态环境保护和管理政策。
	生态环境地面定位监测站建设	在重要生态功能区、生态脆弱区和生物多样性丰富区等区域，建立生态环境地面定位监测站。在全国建设10个"生态环境监测分站"，同时采用"一站多点"模式，每个分站设置4个生态环境地面定位监测点。
	全国生态十年遥感调查和评估	开展近十年来我国生态环境动态变化评估，揭示存在的主要生态环境问题，提出我国生态环境保护的对策与建议。
	全国易灾区生态评估	开展我国易灾地区的县域生态综合评估，提出易灾地区生态保护的对策和建议。
	流域生态健康评估和管理	编制流域生态健康行动计划，探索建立流域生态健康评价标准和制度，并开展流域生态健康评估和管理试点工作。
	资源开发生态环境监测	对资源开发活动的生态破坏状况开展系统的调查与评估，制定全面的生态恢复规划和实施方案；重点加强对重点生态功能区和生态敏感区域旅游开发项目的环境监管，完善生态旅游示范区管理办法和配套制度。

资料来源：环境保护部《全国生态保护"十二五"规划》。

二 环境污染治理的积极探索

环境污染治理支出①是一个国家环境保护力度的重要指标，是生态恢复、重建和环境保护的主要推动力，是执行环境保护基本国策和实施可持续发展战略的必要保证。其投资力度和效果关系到污染控制、环境建设和生态保护，关系到生态环境质量的改善，最终关系到环境对经济发展的保证和支持力度。从我国目前的实际情况来讲，政府部门公布的环境污染治理投资有"统计"和"规划"两种口径。从"统计"口径来看，政府部门统计年报公布的环境污染治理投资包括工业企业污染治理的投资、新建项目"三同时"的环保投资和城市环境基础设施建设的投资这样三个方面；从"规划"口径来看，"十二五"规划公布的环境污染治理投资需求除了包括以上三个方面外，还包括生态环境保护投资和能力建设投资。

就全国情况而言，环境污染治理已经在实践过程中取得了快速发展。从历史长期来看，我国"六五"期间至"十二五"期间的环保投资数额如表2—4所示：

表2—4　　　　　我国"六五"至"十二五"期间环保投资统计　　　　单位：亿元，%

时　间	环保投资数额	环保投资数额占 GDP 比重
"六五"期间（1981—1985 年）	179	0.50
"七五"期间（1986—1990 年）	476.42	0.69
"八五"期间（1991—1995 年）	1306.57	0.73
"九五"期间（1996—2000 年）	3516	0.89
"十五"期间（2001—2005 年）	8395.1	1.31
"十一五"期间（2006—2010 年）	21600	1.41
"十二五"期间（2011—2015 年）	34000（规划）	—

资料来源：历年《中国环境统计年鉴》（国家环境保护部网站：www. mep. gov. cn）。

近年来，我国的环境污染治理投资与排污收费情况如表2—5所示。

----

① 关于环境污染治理支出的性质，有"费用说"和"投资说"两种。如果环境污染治理是为获得预期收益而进行的，则其可视作一种投资活动；若其不能直接获得收益，则从环境污染治理主体的角度来讲，它是一笔费用。

表 2 - 5　　　　　　　　　全国环境污染治理投资与排污费情况统计　　　单位：亿元，%

年份	全国环境污染治理投资								环境污染治理投资占GDP比重	排污费征收金额	排污费占污染治理投资比率
	工业污染源污染治理投资		建设项目"三同时"环保投资		城市环境基础设施建设投资		合计				
	金额	增长率	金额	增长率	金额	增长率	金额	增长率			
2003	174.5	—	336.4	29.4	595.7	6.1	1106.6	4.3	1.15	62.2	5.62
2004	188.4	8.0	389.7	15.8	785.3	31.8	1363.4	23.2	1.33	67.4	4.94
2005	221.8	17.7	333.5	-14.4	1072.0	36.5	1627.3	19.4	1.39	73.1	4.49
2006	308.1	38.9	460.5	38.1	1140.0	6.3	1908.6	17.3	1.40	94.2	4.94
2007	458.2	48.7	640.1	39.0	1289.7	13.1	2388.0	25.1	1.31	123.2	5.16
2008	485.7	6.0	767.2	19.1	1314.9	1.9	2567.8	7.5	1.23	144.1	5.61
2009	552.4	13.7	1367.4	78.2	1467.8	11.6	3387.6	31.9	1.37	173.6	5.12
2010	542.6	-1.8	2146.7	57.0	1801.3	22.7	4490.3	32.6	1.49	185.0	4.12

资料来源：2011 环境统计年报（国家环境保护部网站：www. mep. gov. cn）。

在过去的 30 多年中，中国财政收入大幅增加，年均增速约 20%。但是国家财政投入公共服务领域的分配还不够完善，比如，"十一五"期间教育支出的总金额是 4.45 万亿元，对于农业的支出也超过了 1 万亿元，相比之下，用于环境保护的资金则非常有限，用于污染物控制的资金只有1000 多亿元，用于生态保护的资金却仅六七百亿元。

由于环境保护是一种典型的公共物品，任何企业和个人都不会积极主动地进入该领域。环保投资作为环境保护的一个关键方面，是需要有实实在在的资金投入的，需要有政府的宏观调控才能实现。政府的调控手段主要体现为法律手段以及经济政策。经验表明，经济手段相对于制定法律在调节资源配置方面更为有效。而政府宏观调控的手段主要是财政手段。政府在财政框架内解决环保投资所出现的一系列问题的方法主要体现在两个方面，一方面主要表现为财政资金对于环境保护事业的直接投入；而另一方面则表现在利用财税政策对市场其他主体环保投资行为的引导上。

当前，中央财政环境保护专项资金仍然是中央政府环境保护投入的主要渠道，并且对于地方财政、企业以及社会公众的环境保护投入具有较强的引导作用。中央财政环境保护专项资金是指中央财政预算安排的，并专项用于环境保护的财政资金。"十一五"期间中央财政环境保护支出（含中央财政环境保护投资与部门预算两部分），合计 1666.53 亿元，占中央财政支出（含补助地方支出）的比例为 0.92%，如表 2-6 所示：

表 2-6 中央财政环境保护支出占中央财政支出的比例 单位：亿元,%

年份	部门预算	中央财政环境保护支出	中央财政支出（含补助地方支出）	中央财政环境保护支出占中央财政支出（含补助地方支出）比例
2006	7.40	123.40	23492.85	0.53
2007	16.97	251.97	29579.95	0.85
2008	24.30	369.30	36334.93	1.02
2009	24.34	447.97	43901.14	1.02
2010	27.31	473.89	48322.52	0.98
合计	100.32	1666.53	181631.39	0.92

资料来源：2007—2011 年《中国统计年鉴》。

从中央财政环境保护专项资金支持的重点领域与范围来看，大体可以划分为以下三种类型：（1）综合性专项资金。是指支持多个区域、多个领域、包含多种要素的环境保护专项资金，如中央环保专项资金等。（2）特定区域性专项资金。是指支持范围为某个或某几个特定区域的中央环境保护专项资金，如"三河三湖"及松花江流域水污染防治专项资金。（3）特定领域与要素类专项资金。是指支持范围为特定领域或环境要素的专项资金，如城镇污水处理设施配套管网以奖代补资金、自然保护区专项资金、中央农村环境保护专项资金等。

我国历年的中央环保专项资金支持重点如表 2-7 所示：

表 2-7 历年中央环保专项资金支持重点

年份	支 持 重 点
2004	"三河三湖"、东北老工业基地和西部贫困地区造纸及纸制品业、食品及饮料制造业、化工原料及化学制品制造业、纺织工业（印染行业）、皮革制造业、黑色金属冶炼及压延工业、医药工业等 7 个重污染行业的污水治理项目；行业水污染防治新技术、新工艺推广应用及示范项目。

续表

年份	支持重点
2005	地级以上城市环境监测能力；重点流域—区域环境污染综合治理项目；造纸及纸制品业、电力供应业、化工原料及化学制品制造业、金属冶炼及压延、医药工业、纺织工业等六个行业水污染防治新技术新工艺推广应用及示范项目。
2006	（1）环境监管能力建设项目，包括地、县级环境监测能力建设项目、地级环境监察执法能力建设项目、环境保护重点城市环境应急监测能力建设项目、重点污染源自动监测项目；（2）集中饮用水源地污染防治项目；（3）区域环境安全保障项目，包括燃煤电厂脱硫脱硝技术改造项目、区域性环境污染综合治理项目、严重威胁居民健康的区域性大气污染治理项目、重大辐射安全隐患处置项目；（4）建设社会主义新农村小康环保行动项目，包括土壤污染防治示范项目、规模化畜禽养殖废弃物综合利用及污染防治示范项目；（5）新技术新工艺推广应用；（6）根据党中央、国务院有关方针政策，财政部、环保总局确定的其他污染防治项目。
2007	同2006年，但对"三河二湖"和松花江流域以及奥运环境保障等相关项目给予倾斜。
2008	同2006年，环境监管能力建设项目纳入中央财政主要污染物减排专项资金，增加脱硫项目。
2009	同2006年，环境监管能力建设项目纳入中央财政主要污染物减排专项资金。
2010	同2006年，环境监管能力建设项目纳入中央财政主要污染物减排专项资金。

资料来源：依据《中央环境保护专项资金项目申报指南》，整理而得。

三 生态技术研发的逐步兴起

生态型技术的研发投入，也可以看作生态资本投资的实践雏形。在当今的绿色经济时代，企业除了面临经济全球化带来的商业挑战外，也面临着越来越多的来自于生态环境的挑战。换句话说，企业不仅要考虑市场份额、盈利能力或产品生命周期等核心业务，也要考虑与其对生态环境的影响。事实上，很多生态研发的成功案例表明，如果战略选择得当，进行生态技术研发投入，不仅能够降低企业的环境成本，还能获得良好的经济收益。例如，宁波贝发集团开发的"gogreen"绿色环保系列文具，包括60天内自动降解的卷笔刀，不用订书针的订书机，木头、废旧报纸等材料做成的笔和笔记本等，已经成为文具行业中的亮点，并受到许多国内外客商的欢迎，尤其是欧美客商大多有环保产品要求的采购预算，所以这类设计新颖的文具颇受欢迎且价格不菲，有效支撑了公司的经济利润。

　　由于缺乏企业生态技术研发的统计数据，这里仅以我国环保产业的发展，来近似地说明生态技术研发的逐步兴起。根据国家环境保护部发布的全国环境保护相关产业状况公报，环保产业主要包括环境保护产品、资源综合利用、环境保护服务、洁净产品生产等领域。我国环保产业的发展开始于 20 世纪 70 年代，进入 21 世纪以来，环保产业继续保持着快速的发展趋势（如表 2 - 8）。

表 2 - 8　　　　　　　　　我国环保产业的发展状况

年份	2000	2004	2006	2010
环保产业从业单位（个）	18144	11623	12500	—
从业人数（万人）	317.6	159.5	170.0	—
年收入总额（亿元）	1689.9	4572.1	6000.0	11000
年利润总额（亿元）	166.7	393.9	520.0	
应交税金总额（亿元）	—	343.6	450.0	
占国内生产总值比重（%）	1.90	2.80	2.83	2.93

　　资料来源：历年全国环境保护相关产业状况公报以及中国环境状况公报。

第四节　生态资本投资的问题剖析

　　我国生态资本投资雏形已经在一些地区得以实践，目前，全国已形成生态示范区、生态建设示范区、生态文明建设试点三个梯次系统推进的工作体系，三个阶段既相互联系，又循序渐进，标准逐级提高。截至 2012 年底，我国分四批命名了 362 个生态示范区，15 个省（区、市）开展了生态省（区、市）建设，1000 多个县（市）开展了生态县（市）建设，38 个地区获得国家生态县（市、区）命名，15 个园区获得国家生态工业示范园命名，53 个生态文明建设试点开展了生态文明建设目标模式、推进机制方面的探索。尽管我国的生态资本投资实践探索层出不穷，但总体上看，生态资本投资主体的认知仍然存在偏差，由于生态领域产权不明晰、生态资本价格不能准确反映生态资本的稀缺程度，加之"生态贡献"与"生态回报"的不对等，导致生态资本投资存在利益冲突，从而使相关主体缺乏生态资本投资的动力和积极性。

一　生态资本投资主体的认知偏差

在国家自然科学基金项目"生态资本运营机制与管理模式研究"（项目编号：70873135）研究计划的指导下，结合本研究的需要，笔者所在的课题组于 2012 年 7 月至 9 月间，分别从政府、企业和社会公众这样三个维度展开了社会调查（访谈提纲与调查问卷详见"附录"），调查范围包括湖北、内蒙古、山东、江苏等 4 个省区，以期对不同主体就生态资本与生态资本投资的认识和看法有所了解。

（一）资料来源与属性统计

针对政府和企业均采取访谈形式，政府访谈提纲主要就"生态资本"和"生态资本投资"的一般认识、生态资本投资不同主体的作用、政府进行生态资本投资的动力等方面设计了 12 个问题，访谈的具体部门包括环保局、财政局、科技局、农业局、林业局、水利局、国土局等，层级涵盖省、市、县、镇，并以市、县为主，共获得有效问卷 88 份。企业访谈提纲主要就企业经营的生态环境压力、企业社会责任、产业生态化与生态产业化、生态产权与生态市场、生态型产品和生态服务付费、生态技术创新与制度创新、企业进行生态资本投资的动力等方面设计了 13 个问题，所涉及的行业包括农业、林业、旅游业、制造业、建筑业等，共获得有效问卷 114 份。针对社会公众采取随机调查的方式，问卷就被调查者个人基本信息、被调查者生态环境保护意识、被调查者对生态资本投资的认识等方面设计了 49 个具体问题，并先后在湖北（武汉、恩施）、内蒙古（呼和浩特、鄂尔多斯）、山东（济南、德州）、江苏（无锡、宜兴）等 4 个省区共 8 个市州开展系统社会调查，对社会公众共发放问卷 1100 张，收回有效问卷 1056 张，回收率为 96%，被调查者个人基本信息统计见表 2 - 9。

表 2 - 9   **社会调查的受访者基本信息**

项目	类别	频数	百分比(%)	项目	类别	频数	百分比(%)
性别	男	542	51.33	年龄阶段	青春期	197	18.66
	女	514			成熟期	183	17.33
文化程度	初中及以下				壮实期	231	21.88
	高中、中专				稳健期	279	26.42
	大专、本科				调整期	146	13.83
	研究生	104	9.85		初老期	12	1.14
职业	国家机关干部	95	9.00		中老期	5	0.47
	企业管理人员	103	9.75		年老期	3	0.28
	专业技术人员	86	8.14	生活区域	城市	386	36.55
	单位普通员工	165	15.63		乡镇	356	33.71
	工人	147	13.92		农村	272	25.76
	个体经营者	38	3.60		其他	42	3.98
	农民	163	15.44	收入水平	2000 元以内	193	18.28
	学生	79	7.48		2000—4000 元	556	52.65
	军人/警察	34	3.22		4000—6000 元	143	13.54
	NGO、社会团体	88	8.33		6000—8000 元	87	8.24
	其他	58	5.49		8000 元以上	77	7.29

（二）生态资本投资的政府态度

中共十八大提出"绿色发展"和"美丽中国"，是对人类文明形态的时代内涵的准确界定和高度概括，更是对我国 21 世纪发展理念和发展道路的理论阐释与科学论证。建设生态文明，实质上就是要建设以资源环境承载力为基础、以自然规律为准则、以可持续发展为目标的资源节约型环境友好型社会[1]。为此，必须走生态化发展道路，实施生态可持续发展战

---

[1] 中共中央文献研究室：《科学发展观重要论述摘要》，中央文献出版社 2008 年版，第 45 页。

略①，其经济发展路径就是通过生态恢复建设、环境污染治理和生态技术研发等生态资本投资行为，大力发展绿色经济。

从实际调查来看，面对日益严峻的生态资本约束的现实，绝大多数（约80%）政府机关访谈对象都认识到了正确处理经济发展与环境保护的关系的重要性，但在化解两者之间的矛盾时又面临很多现实困境，其中最关键的是经济利益与生态利益的取向问题。生态建设从某种意义上来说并不支撑经济发展，即良好的生态服务功能未必就能帮助经济社会实现良好的经济效益。这本身就是一个非常现实的问题，当政府从事生态环境建设时，并不能创造出经济效益，这也就是访谈对象屡屡提及的"花钱不生钱、费钱不挣钱"。如果长期保持这种状况，就势必会导致生态环境整体退化，生态服务能力以及环境支持下降，最终就会造成经济社会的不可持续。

在对"生态资本"和"生态资本投资"略作解释后，政府机关访谈对象大都认为非常有必要进行生态资本投资，也存在诸多现实有利条件。如果从生态资本投资的演进阶段来划分，受访者大多认为目前的生态资本投资处于萌芽和起步阶段，因此，需要充分发挥政府、企业和非政府组织及社会公众的积极作用，尤其是政府要加快体制机制创新，加强宏观调控与引导，为生态资本投资创造良好的外部环境。生态资本投资应遵循现有的行政区划，并兼顾其他区划，有近6成的受访者认为要兼顾生态功能区划。政府进行生态资本投资的动力主要来自于经济发展带来的资源约束与环境压力，即生态资本短缺约束，以及因生态危机而由社会公众给政府带来的"社会诉求"。综合而论，各级政府对自然财富积累、生态产权制度完善、生态市场建立、资源产品价格改革、生态技术创新等问题都提出了自己的见解和看法，对生态资本投资也抱有一定的兴趣和信心。

在"十五"期间，我国大体上年均能源消费增长10%，支撑了年均9.8%的GDP增长，而"十一五"期间，我国全社会节能减排总投资约2万亿元，其中我国政府节能减排投资约2000亿元，"十一五"期间年均能源消费增长7%左右，却支撑了11.2%的GDP增长。目前，各地各行各业都在积极探索经济绿色转型的对策与措施，全国范围内绿色经济热潮迭起，2010年8月，国家发展和改革委确定率先在全国5省8市开展低碳省

---

① 石山：《生态时代已降临中华大地》，《中国生态农业学报》2001年第9卷第1期，第3—5页。

区和低碳城市建设试点工作。这些实践表明，各级政府已认识到转变经济社会发展方式，进行生态资本投资、促进生态资本存量增加的重要性与紧迫性。

（三）生态资本投资的企业认知

企业是市场投资的主要载体，既是政府宏观调控的受力对象，也对消费者的消费取向和消费观具有重要引导作用。从一定意义上说，企业一头连着政府，一头连着社会公众（消费者），是生态资本投资的最终实践者。据调查显示，60%—70%的企业都感觉到了企业经营的生态环境压力，认为企业经营有必要和有可能通过环境成本控制与管理，处理好企业利益与社会利益的关系，从而承担相应的企业社会责任。对于"生态资本"理论和"生态资本投资"构想的提出，受访者大都认为"生态"可以资本化，且在现实中已经存在不少生态资本投资的雏形案例，而且应该从生态产权、生态市场、生态型产品与服务、生态技术与制度创新等多方面着手，进一步为生态资本投资创造有利条件。从根本上说，企业进行生态资本投资需要足够的经济利益刺激和政府政策推动，只有建立完善的生态资本投资引导机制和激励机制，才能真正实现"经济更绿化、环保更赚钱"的目标。

面临国际国内的形势和机遇，加强生态技术创新，大力发展循环经济，降低能源弹性系数，是企业实现长远发展的必经之路。因此，要培育节能导向型绿色产业发展理念[①]，建立能效导向型绿色产品市场准入机制，从而实现企业创新常态化、能源来源绿色化、高碳产品低碳化、产品结构高端化、生态产品资本化。各类企业对"绿色增长"的有益探索，既是对政府"绿色新政"的积极响应，也为其成为生态资本投资的"第二驱动力"奠定了良好基础。

（四）生态资本投资的公众偏好

问卷调查主要是从环境满意度、环保意识、环保行为、环保宣传和环保教育等方面了解社会公众的生态偏好情况，综合分析调查结果可以看出，随着经济社会的发展和生态资本约束越来越明显，社会公众的生态环境保护意识也在不断增强，环境意识的总体水平呈逐步上升趋势，而对所处的生活环境多数选择了"基本满意"，选择"满意"的不到20%（见

---

① 郑昭、杨毅涵、王永珍、潘园园、吴美章：《企业绿色转型势在必行》，《福建日报》2010年11月3日，第3版。

图 2 – 4）。

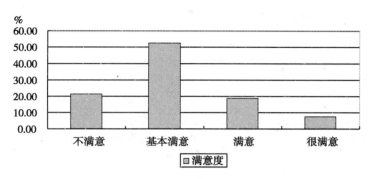

图 2 – 4　公众环境满意度比例

　　这一方面说明社会公众对自身所处的生态环境越来越关注；另一方面也说明我国的生态环境状况距离公众的要求还有较大差距。而根据相关研究显示，在 1998—2007 年间，我国社会公众环保意识呈 N 形上升趋势，环保满意度呈 U 形上升趋势，环保行为则呈倒 U 形下降趋势。因此，要积极加强环保宣传和教育，不仅使人们具有强烈的生态环保意识，而且更关键的是要付诸行动，这一点在实际调研中也得到了印证。

　　对于生态资本和生态资本投资的认识，绝大多数被调查者都认为应该为享受了良好的生态型产品和生态环境而付费，但对生态资本和生态资本投资了解不多。在稍加解释后，多数认为有必要进行生态资本投资，而目前的生态资本投资应该是处于起步阶段，因此，政府政策的引导成为当前生态资本投资的关键因素，但具体的生态资本投资操作者应是相关企业。调查结果分别见图 2 – 5、图 2 – 6 和图 2 – 7。

　　应该指出的是，社会公众对生态资本和生态资本投资了解程度尚浅，环保行为总体水平偏低，其可能的原因是我国社会公众参与环保活动的起步较晚。早在 1969 年，美国在《国家环境政策法》中就确立了社会公众参与原则。我国首部环保领域中社会公众参与的规范性文件，是国家环境保护部（原国家环保总局）于 2006 年发布的《环境影响评价公众参与暂行办法》。因此，从立法角度来看，我国社会公众参与环保活动比美国晚了近 40 年。这就导致了我国公众参与环保的能力与机会不足，公众环保

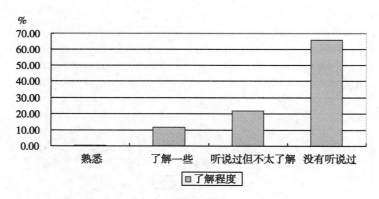

图 2-5　生态资本和生态资本投资了解程度比较

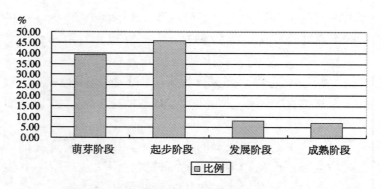

图 2-6　生态资本投资阶段的认识比例

行为总体水平偏低[①]。因此，切实提升我国社会公众的环保意识，充分发挥社会公众在生态资本投资过程中的积极作用，具有重要的现实意义。

二　生态资本持续投资的动力不足

我国的生态资本投资一直处于相对不足的状态，与实际需求之间存在着一定的差距，其具体表现便是我国生态环境整体恶化的趋势仍未得到根本遏制。目前，全国水土流失面积达 356 万平方公里，年均土壤侵蚀量高达 45 亿吨，全国约 90% 的天然草地存在不同程度的退化。当前我国的生态资本投资方式主要还是由政府投资、政府管理。然而，担负责任的政府

---

① 闫国东、康建成、谢小进等：《中国公众环境意识的变化趋势》，《中国人口·资源与环境》2010 年第 20 卷第 10 期，第 36—41 页。

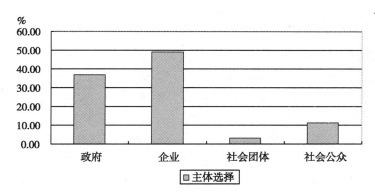

图 2 - 7 生态资本投资主体的认识比例

生态环境投资的各类公司以及生态资产投资公司从本质上说都是不符合《公司法》规定的事业单位，这些机构的运作以及经营都受到政府部门的强烈政策与行政干预和限制。沈阳环保投资公司就是一个例证，该公司是全国首家试点的环保投资公司，公司所有的运作决策、投资行为几乎无一例外都是政府的计划行为，盈利并不是公司的目标，而仅仅是以实现政府指令为首要任务与原则，这便导致其投资收益率很低，仅是依赖于政策性资金存贷款利息为生[①]；另一个典型实例就是现下的城市污水处理厂，这些厂大多参照政府计划经济体制的事业性质单位来构建编制，部门全而杂，据统计专业技术人员所占编制的比例不到20%。[②]

事实上，企业应该是市场经济体制下生态资本投资的主体，这是由于企业是物质产品的生产者和提供者，同时也是资源的消耗者和污染物的排放者，因此其对环境保护有着不可推卸的重要责任。近年来，随着生态环境的变化，消费者消费行为的改变，企业的生产行为也发生了生态化转变。根据中国环境标志产品认证委员会的研究表明：2005 年，中国商品销售总额将达到5.5 万亿元人民币，达到中国环境标志产品标准的绿色产品约为1.1 万亿元，其中环境标志食品达到 1200 亿元。2006 年张家口市尚义县生产的农畜产品中90%以上都达到绿色无公害标准，部分还达到了有机农产品标准。这些绿色农畜产品年销售额达 5 亿多元，占到农民农业人

---

① 吴峰：《现行环保投资体制分析与探讨》，《辽宁城乡环境科技》2002 年第 2 期，第18—22页。

② 许为义：《环境资本项目融资商业资本化运作论》，复旦大学博士学位论文，2004 年，第65—66 页。

均收入的65%以上。2011年，绿色食品国内年销售额达到3134.5亿元，比2010年增长11%，出口额为23亿美元①。然而，尽管我国生态型产品②消费有所上升，但是在实际生态资本投资过程中，企业持续进行生态资本投资的动力仍然不足，究其原委，主要有下面几个方面：

首先，生态型产品对企业收入的实际影响不大。在生态型产品生产过程中，其产品成本相对来说高于其余普通产品，但是在实际销售过程中，消费者对产品的售价的承受能力不足。这就导致生态型产品对企业的贡献率远远低于一般产品的贡献率。访谈结果显示，有52.6%的企业认为生态型产品生产对企业收入没有促进作用，甚至还有16.25%的受访者认为其对企业收入有负面影响。

其次，生态型产品并未像预期一样增进企业的形象。企业形象是企业的第二生命线，提升企业形象，势必能够为企业带来收益。生态型产品被普遍认为能够提高企业的知名度，为企业带来额外收益，但是访谈结果显示，生态型产品生产对企业良好形象塑造的影响其实并不太大，有46.75%的企业访谈对象认为生态型产品生产对于企业良好形象的塑造没有影响、35.62%的企业访谈对象认为影响不大，仅有15%的企业访谈对象认为影响较大。

再次，企业对生态型产品的预期前景并不看好。对于一种没有市场前景的产品，企业是不可能有大量投入的。调研数据显示，有47.8%的企业并不看好生态型产品的市场前景。而且，生态资本投资是一个风险较大的领域，现行政策对生态资本投资的支持力度不足，对生态资本市场的关注不够，缺乏实质的引导机制与激励机制，这就造成企业对生态产业投资意向不足，根据调研数据显示，有56.78%的企业认为不会考虑涉足生态产业。

最后，我国的环境规制力度仍然较弱。企业对防治污染、保护环境具有内在要求的唯一原因是防治污染、保护环境可给企业带来经济收益，至少是企业向政府交纳的排污费应该大于其排污设备的购买和运转费。当前，中国企业向政府交纳排污费的数额要比企业投资治理污染的成本低得多，大约为企业投资治理污染成本的1/5—1/4，造成企业宁可被政府罚款

---

① 资料来源：《2011年绿色食品统计年报》，中国绿色食品网。

② 与中共十八大报告提出的"生态产品"概念不同，这是的"生态型产品"是更具体的生态产品，如绿色食品等。

也不愿购置设备治理污染，政府罚款成为企业向政府购买污染权，环境执法力度弱，企业环境投入有效需求严重不足。

三　生态资本投资的关键问题：投资收益的实现

我国经济增长的资源环境代价过大，致使人与自然的关系日趋紧张。环境和生态恶化的原因在于各地盲目发展高耗能、高污染、高排放产业。应该看到，资源和生态环境已成为我国经济可持续发展的最大瓶颈、真正的硬约束①。我们不能继续走局部改善、总体恶化的老路，而应下决心建设资源节约型、环境友好型社会，走可持续发展之路。目前我们国家的生态投资方式比较单一，生态投资资金主要是中央财政支持为主，地方财政适当配套资金，但是配套资金往往很难落实。各级政府在进行生态恢复建设时的资金投入，大多是以"撒芝麻盐"的方式，不痛不痒地分散于各生态投资项目上，造成资金使用效率低下。与此同时，由于资金来源多是中央财政转移支付，在资金的使用方面缺乏有效管理方法与监督机制，致使资金往往被"截流"。

生态资本投资的主要目的是维持生态资本存量非减性，调节各生态保护利益相关者的经济利益关系。我国的生态投资政策的研究与制定过程中，各有关利益相关者几乎不存在广泛参与机制与途径，这其中更多的是反映政府意志与学术界的想法，从而导致生态资本投资在我国整体上还是处于"卖方市场"，最终结果就是生态资本投资规模不足与投资效率低下，无法有效实现经济效益、生态效益与社会效益的统一。如此一来，生态恢复建设等生态资本投资工程就有可能成为"半瘫子"工程、"损民"工程，或成为"吃钱"工程，这样的案例在现实经济中也是屡见不鲜。可见，单纯依靠惩罚性的负向激励措施，并不足以激励经济主体进行生态资本投资，也不足以激励企业在提高生态资本利用效率方面给予足够的技术创新投入，正向激励措施的缺乏必然导致经济主体在投资生态资本方面的动力不足，因此，生态资本投资收益的实现，便成为生态资本投资的关键问题。

---

① 张卓元：《调整经济结构　加快转变经济发展方式》，http：// politics. people. cn/GB/ 30178/13319853. html。

第三章　生态资本投资的价值分析

第一节　生态资本投资的基本要素

生态资本投资是通过一系列有目的、有计划的生态恢复建设、环境污染治理、生态技术研发等活动，对特定范围内的生态资源进行一定的投入（货币或实物），并经过与开发对象的有机结合，使生态资源质量及数量指标均有所改善，并且这种改善最终反映在生态资本存量增加上的投资行为。生态资本投资的基本要素包括生态资本投资的主体、客体及其主要方式三个方面。

一　生态资本投资的主体

生态资本投资主体的格局，反映着生态资本投资的性质。依据投资学理论，生态资本投资主体必须拥有以下三个特征：（1）拥有投资权利，能相对独立地做出投资决策；（2）作为生态资本投资主体，必须承担相应的投资风险和责任；（3）投资主体必须享受一定的投资收益。从公共投资与私人投资的层次划分上，生态资本投资主体主要包括：

（一）生态资本公共投资主体

政府是生态资本投资的宏观主体，这是由生态资本的属性与政府职责共同决定的。从生态资本属性角度来看，生态资本具有公共性和基础性，生态资本投资肩负着为社会提供公共生态产品的任务，而政府是提供公共生态产品的责任主体；从生态资本的产权特征来看，绝大部分生态环境资源属于国家所有或集体所有，政府是代表国家或集体行使生态资本权益的法定主体；从生态环境建设的角度来看，由于生态资本投资的周期长、涉及范围广、利益主体多，任何企业或个体都难以持续有效进行，而政府拥有的宏观调控和统筹协调能力是保障生态资本投资全面有序进行的关键。

生态资本投资过程中，政府的宏观主体作用表现得尤为重要。生态系统是经济系统的基础，生态经济的双重基础地位决定了生态资本投资的极端重要性，由此决定了政府在生态资本投资中居于主导地位，起着不可替代的作用，其主要职责是战略规划、政策保障、绿色管理、基础设施建设、生态培育市场等。生态资本公共投资主体又可细分为中央政府与地方政府两大类。

（二）生态资本私人投资主体

1. 企业

企业是生态资本投资的中观主体，资本投资的过程就是企业对其可以支配的资源和生产要素进行统筹谋划与优化配置，以实现最大限度的资本增值目标的过程。生态资本投资过程中，作为市场主体和法人实体的企业，既是生态资本生息和价值创造的场所，又是生态资本集结的载体。

2. 家庭

家庭（含个人）是生态资本投资的微观主体，绝大多数家庭是一个相对独立的经济单位。家庭在保护生态环境、节约生态资源过程中起着重要作用，广大家庭的参与是生态资本投资的群众基础和重要力量。

此外，非政府组织（NGO）的主动参与也是生态资本投资的强大动力。促进生态资本保值增值是集体理性的选择，是集体决策的结果，从根本上来说，社会公众是良好生态环境的直接受益者，而且对政府和企业具有根本性的监督作用。

二 生态资本投资的客体

生态资本投资的客体，可分为生态资源型资本、生态环境型资本和生态服务型资本这样三种类型：

（一）生态资源型资本

这里所说的"生态资源型资本"，是一种直观性的特征概括提法，指的是以生产资源状态而存在的一类生态资本，与资源经济学中的"资源资本"存在区别，后者一般是指矿产资源等具体有形资源，前者则包括了有形资源和大量无形资源，其功能主要表现在"生产"，即支持生产系统方面。从存在形式上看，生态资源型资本主要包括土地资源、水资源、能源资源、气候资源、生物资源等，这些资源存在于生态系统中，是生态系统的重要组成部分，各种生态资源之间相互联系、相互制约共同构成一个资源系统，人们对其中任一生态资源的开发与利用，都将引起其他资源的连锁反应，进而使整个生态系统的结构和功能发生一定变化。

（二）生态环境型资本

"生态环境型资本"是一种描述性提法，指的是具备环境特征并以客观环境状态而存在的一类生态资本，与环境经济学中的"环境资本"有着明显区别，相比之下，前者内涵更具体，外延更小。每种生态环境质量要素内部的品质、流量、变换速度，以及各种生态环境质量要素之间的结构与组合，共同构成生态环境质量要素系统，其功能主要表现在"生活"，即满足人们精神文化层面的需求方面。

生态环境型资本投资包括生态环境更新与生态环境调整两个方面：生态环境更新适用于生态资源保护价值较大、人为破坏尚不严重的生态资源保护区域，强调维护生态资源的完整性，是一种维护生态资源多样性较为可靠的方法；生态环境调整的对象往往处于人类高强度开发区域，即由于受人类干扰的强烈影响，生态资源中的生境因子（气候、土壤、水分条件等）发生了难以逆转的变化，采用生态环境更新措施已难以奏效的情况下，放弃原有生境另择他处重建一个相近或类似的新生境，或者在原有生境功能逃逸后在他处寻求补偿，保护、修复、更新、恢复被破坏的生态环境是生态资本投资的必然选择和现实途径。

（三）生态服务型资本

"生态服务型资本"是一种形象性的功能归纳提法，指的是以生态服务流状态而存在的一类生态资本，如清新的空气、洁净的水质、宜人的气候等，其功能主要表现在"生存"，即支撑生命系统方面。与第三产业中的"服务资本"存在范围上的区别，前者仅限于生态系统，后者则涉及经济系统和社会系统，包括金融资本、物质资本、人力资本和社会资本等。

生态服务型资本投资是生态系统整体服务功能价值实现的途径，主要包括市场交易和政府干预两种形式。一方面，市场在微观层面上能更有效地配置资源，从而调整资本投资结构，而市场中独有的生态资本的逐利行为也将引导生态系统服务朝着价值最大化的方向流转。例如，粮食、木材、生化燃料、天然纤维、各种药品、工业原料等，便能够通过生产过程转化为消费品，从而直接进入市场交易，即此类生态服务可通过市场途径直接实现。另一方面，生态系统服务价值的实现又是一项宏伟的社会公益性系统工程，具有较强的社会性，涉及方方面面的利益关系。当更多的生态系统服务的价值无法通过市场有效实现时，必须由政府介入，运用适当的干预政策，激励和推进生态系统服务价值的实现。政府对生态服务价值实现的干预应当以充分利用市场激励机制为基础，即其是对"市场失灵"的"补充"，而非"替代"。

概括起来，生态资本投资的范围至少包括以下三个方面：（1）生态恢复与建设投资。包括森林资源维护、海洋渔业资源保护、野生动植物资源保护、水土保持、生态系统恢复等方面的投资，及风景名胜维护、自然保护、旅游景点开发等投资。（2）环境污染防治投资。其一，对生态环境破坏进行预防，也就是防治环境污染、控制"三废"排放、城市环境基础设施建设、建设项目"三同时"投资等。其二，对环境污染进行治理，包括消除污染、恢复环境、工业污染源治理等。对环境造成的污染主要是水污染、大气污染、固体污染及有毒的废弃物、放射性物质污染等。（3）环境产业投资、环境管理费用及环境技术研发投入。包括资源节约技术、设备安装、环保设施建设投资，以及制定环境法规、环境监测、环境宣传教育、环境研究与技术开发等方面的费用和投入。

三　生态资本投资的主要方式

与物质资本一样，生态资本也是经过投资而形成的。生态资本投资是指通过一系列有目的、有计划的生态恢复建设、环境污染治理、生态技术研发等活动，对特定范围内的生态资源进行一定的投入（货币或实物），并经过与开发对象的有机结合，使生态资源质量及数量指标均有所改善，并且这种改善最终反映在生态资本存量增加上的投资行为。

概括起来，生态资本投资主要有建设式、替代式、获偿式、储蓄式和调动式等五种方式，如图 3-1 所示。

（一）建设式生态资本投资

建设式生态资本投资，是依据生态学原理，充分利用现代科学技术，对受人为活动干扰和破坏的生态系统进行生态恢复和重建。这种方式主要通过水土保持、涵养水源、防风固沙、调节气候、维护生物多样性、防治荒漠化等多种途径，促进生态资本存量增加。

早在 1954 年，我国著名生态学家马世骏教授就曾提出"生态工程"一词，并认为"生态工程"是利用生态系统中物种共生与物质循环再生原理及结构与功能协调原则，结合结构最优化方法设计的分层多级利用物质

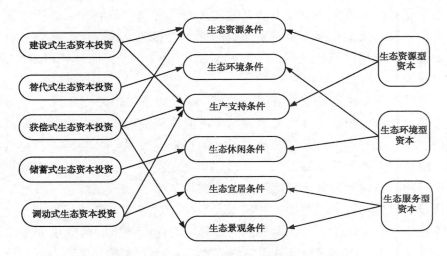

图 3 - 1　生态资本投资的主要方式汇总

的生产工艺系统，其目标是在促进自然界良性循环的前提下，充分发挥物质的生产潜力，防止环境污染，达到经济效益与生态效益同步发展。值得注意的是，随着我国生态环境建设工程大规模实施，学术界对"生态环境建设"一词也展开讨论（2005 年 5 月全国科学技术名词审定委员会遵照国务院要求组织讨论会）。中国工程院钱正英、沈国舫和刘昌明院士认为应将"生态环境建设"一词逐步改正为"生态与环境的保护、修复与改善"[①]。中国科学院孙鸿烈院士则主张"生态建设"（ecological restoration）一词是可以推广使用的，其内涵已经包括了修复、重建、建设等概念，不仅包括对原有自然生态系统、半自然生态系统的保护和对遭受破坏生态系统的恢复、修复或重建，也包括新的人工生态系统的建立。

　　也有学者认为生态资本与人造资本之间是不可替代的，而且是互补的（即更多的人造资本需求将同时引致更多的生态资本需求）。但是，这却并不代表建设式生态资本投资就不可行。由于生态系统具有自我调节的功能，即在受到不超过生态系统阈值的外界干扰情况下，生态系统仍然能在一定时间内保持其结构与功能的相对稳定状态；或偏离生态平衡后能在很短时间内恢复到原始状态。如果超过生态系统的自我调节能力范围，受损的生态系统就不能自然恢复到其初始稳定状态，这时，对生态资本进行建

---

①　钱正英、沈国舫 等：《关于"生态环境建设"提法的讨论》，《科技术语研究》2005 年第 7 期，第 20—38 页。

设式投资，往往能够实现人为调节和修复；否则，生态系统将长期处于受损状态。[1] 一个恢复过来的生态系统，应该是保护了足够的生物和非生物资源，在没有外来力量时也能够继续自己的发展，并维持自己的结构和功能相对稳定状态；而且它能够表现出对正常环境胁迫和干扰的弹性适应，并能够与相邻子系统相互作用[2]。当然，进行建设式生态资本投资，应当在遵循自然生态规律的基础上，通过人类的作用，根据技术适当、经济可行、社会能够接受的原则，使受害或退化的生态系统重新获得健康。

（二）替代式生态资本投资

通过技术水平的提高使生产效率提高，可以减少对自然资本的消耗，这便等同于替代[3]了生态资本，这种生态资本投资方式即替代式生态资本投资。替代式生态资本投资主要包括工业"三废"处理和污染控制等环境保护设备的投资，用于自然保护和提高城市环境舒适性的设施投资，以及洁净技术和洁净产品的生产投资等。替代式生态资本投资将生态环境质量要素、生态资源相关要素合理组合，形成一个资本运转环节，每个环节连接起来构成生态资本系统的整体运动，从要素到环节再到系统，相互衔接、配合促进，保持生态资本系统中各部分和总体运动方向的一致性，以使生态资本投资显出最大功效。例如，高生态质量附加值的生态服务产品投资、高生态品位需求产业的环境支撑功能投资、高端休闲经济的环境功能投资等。

替代式生态资本投资要求综合利用生态环境质量要素，实现生态资本存量增加。首先，在源头管理上，替代式生态资本投资强调生态产品出自良好的生态环境，并使生态环境始终保持在良好状态，控制工业"三废"排放对水、大气、土壤的污染，通过检测，使水、土、大气达到规定标准从而有效保护生态环境。其次，在生产过程中，替代式生态资本投资要求严格执行环境标准，实行清洁生产和标准化生产，实现生态环境保护的全程控制。最后，在技术应用上，替代式生态资本投资大量推广并不断创新无害化技术、环境友好型技术和高新生态技术，确保生态环境保护得到技术支撑。

---

① 陈奇伯、陈宝昆、董映成、王震洪：《水土流失区小流域生态修复的理论与实践》，《水土保持研究》2004 年第 1 期，第 36—42 页。

② 孙书存、包维楷：《恢复生态学》，化学工业出版社 2005 年版，第 3 页。

③ 例如，污水处理厂便能够部分地替代湿地等生态资本的水质净化功能。

（三）获偿式生态资本投资

生态补偿是对生态产品和生态服务支付补偿费用的一种制度安排。通过向绿色经济经营者支付生态保护、生态修复、生态发展的直接成本和机会成本，可以激励人们改变高消耗、高污染的传统发展方式，采用绿色生产方式，以达到保护和改善生态环境、增强生态服务功能、提高综合效益的目的，最终实现经济效益、社会效益和生态效益和谐统一。建立健全生态补偿要求明确补偿的主体和对象，确定合理的补偿标准，通过恰当的补偿方式和途径，构建完整的补偿网络体系。

获偿式生态资本投资借助于生态服务付费和生态效益补偿，通过一定的政策、法律、经济手段实行生态保护外部性的内部化，让生态产品和服务的消费者支付相应费用，生态产品和服务的生产者、供应者获得相应报酬；通过制度设计解决好生态产品和服务消费中的"搭便车"现象，激励公共产品的足额提供；通过制度创新解决好生态投资者的合理回报，激励人们从事生态环境保护投资并使生态资本保值、增值。目前，我国的生态补偿政策实践已经取得积极进展。环境保护部颁布实施《关于开展生态补偿试点工作的指导意见》，积极参与和推动生态补偿立法。财政部印发《国家重点生态功能区转移支付办法》，2010年，对451个县实施了国家重点生态功能区转移支付。浙江、宁夏、海南、江西等多个省份开展省域内的生态补偿政策实践探索。跨省新安江流域水环境补偿试点也已经于2010年底启动。就其实质来说，获偿式生态资本投资的目的是通过生态资本的重新优化配置，改善、协调生态资本的开发、利用和环境保护中的生产和分配关系，即在生态资本有价的逻辑起点上的生态环境成本分摊机制。

（四）储蓄式生态资本投资

顾名思义，人们之所以进行储蓄式生态资本投资，是由于生态资本也像"金融资本"，可以经由"储蓄"而获得"利息"，这其中主要依靠的是生态资本的天然生产能力，也可以称作生态资本的生态生产力。由于生态演替的作用，生态系统可以从退化或受害状态中得到恢复，使生态系统的结构和功能得以逐步协调。生态恢复的关键是恢复生态系统必要的结构和功能，并使系统能够自我维持。生态生产力作为一种与社会生产力相对应的范畴，体现的是一种客观自然力量，其范畴有以下几个组成部分：（1）产生生命和维持生命的能力；（2）提供人类赖以存在和发展的一切必要的自然物质条件的能力；（3）自然领域的客观规律（体现在物理、化学、生物、人类自身生命系统等各个方面的客观规律）对人类的制约能力；（4）自然生态系统的自我建构、复制、平衡、调节、净化、美化的能力和自然破坏力（包括天然的自然破坏力，如地震；以及人为造成的自然破坏力，如污染）。

在生态系统退化尚没有达到阈值时，完全可以借助"生态生产力"恢复生态系统，因此在实践中储蓄式生态资本投资也获得了快速发展。常见的储蓄式生态资本投资是自然保护区建设，即国家为了保护自然环境和自然资源，促进国民经济的持续发展，而将一定面积的陆地和水体划分出来，并经各级人民政府批准而进行特殊保护和管理，包括自然生态系统自然保护区、野生生物类自然保护区、自然遗迹类自然保护区等。根据2012年全国自然生态保护工作会议公布的数据，截至2011年底，我国已经建立2640处自然保护区（不含港澳台地区），总面积为149万平方公里，陆地自然保护区面积约占国土面积的14.93%。目前，我国已初步建立了布局较为合理、类型较为齐全的自然保护区体系，85%的陆地生态系统类型、40%的天然湿地、85%的野生动物种群、65%的野生植物群落，以及绝大多数国家重点保护珍稀濒危野生动植物和自然遗迹都在自然保护区内得到了保护。通过采取"面上整体推进、点上重点突破"的方式大规模开展储蓄式生态资本投资，我国的森林覆盖率已由2000年的16.55%上升到2012年的20.36%，全国生态环境恶化趋势得到初步控制，部分区域生态环境质量显著改善。

（五）调动式生态资本投资

调动式生态资本投资是通过跨流域的生态资本合理配置，缓解区域间的生态资本相对短缺问题，进而通过调动配置提升生态资本效率的投资活动。仅从"调动"的字面上看，调动式生态资本投资似乎并不会增加生态资本存量。其实，生态资本存量是一个综合量，生态资源、生态环境、生态系统整体服务功能各组分的存量只是一个基础，更重要的是各组分和要素之间的耦合水平，保持生态资本系统内各因子比例的平衡协调，是实现生态资本整体增值最大化的前提。

实践中典型的调动式生态资本投资便是"红旗渠"工程。红旗渠是20世纪60年代，林县（今河南省安阳市林州市）人民在极其艰难的条件下，从太行山腰修建的"引漳入林"工程，被世人称之为"人工天河"。红旗渠的建成，彻底改善了林县人民靠天等雨的恶劣生存环境，解决了

56.7 万人和 37 万头家畜吃水问题，54 万亩耕地得到灌溉，粮食亩产由红旗渠未修建初期的 100 千克增加到 1991 年的 476.3 千克。红旗渠也因此被林州市人民称为"生命渠"、"幸福渠"。

"南水北调"是调动式生态资本投资的又一个例子。据国务院南水北调办的统计数据，截至 2012 年底，南水北调东、中线一期工程已累计完成投资 971.6 亿元，占在建工程总投资的 46%。2013 年南水北调将继续加大投入，计划完成投资 540 亿元以上，其中工程建设投资超 330 亿元，而这也将是南水北调工程开工以来最大的年度投资规模。

当然，以上的生态资本投资方式仅是从国内的实践发展中经抽象提炼而得的。如果从国际范围进行考虑的话，生态资本投资还应该包括对外式生态资本投资，即通过实施"走出去"战略，利用境外的生态资本，来促进我国经济社会发展的生态资本投资行为。

第二节　生态资本投资的价值构成

资本是一种存量，能够为人类提供一定的服务与福利，即具有一定的价值。生态资本同样能够通过自身或人类劳动而增加其价值，2015 年 9 月中共中央，国务院印发的《生态文明体制改革总体方案》明确指出自然生态是有价值的，保护自然就是增值自然价值和自然资本的过程。马克思早就曾明确地指出，自然生态环境问题的实质是社会问题，只有从解决社会问题入手，克服人与社会的异化，才有可能真正克服人与自然界的异化，探讨生态资本投资的价值构成也正是基于此种理念进行的。生态资本投资作为投资的一种，也必然能够增加它自身所特有的价值。就其构成而言，生态资本投资的价值主要包括生态资本投资的生态价值、经济价值和社会价值三个方面。

一　生态资本投资的生态价值

生态系统是基于实践活动而形成的人工生态经济系统，该系统存在于自然系统之中，其生态价值的确立首先必须遵循生态服务价值的一般原理；其次必须符合自然生态系统整体服务功能的规定；最后还应反映生态服务功能的特殊实现类型和方式。为此，根据生态服务功能反映生态价值的一般途径，结合生态服务价值的表现形式和实现途径，生态资本投资的生态价值可以分为生物生产价值、气候调节价值、土壤保持价值和环境净化价值。

（一）生物生产价值

该价值主要通过生态服务功能中的生态产品生产功能表现出来。由于生态生产的直接目的是为人们提供生态产品和原材料，而生态资本投资从本质上说就是把生态环境和生态资源作为生态型生产要素进行投入、转化和产出的过程，因此，也可以认为这一过程便是生物的生产过程，在价值上体现为生物生产价值。

（二）气候调节价值

该价值主要通过生态服务功能中调节大气、气候和水分的功能而体现出来。生态资本投资过程中，通过有意识、有目的地充分利用绿色植物的光合作用，不断吸收二氧化碳，放出氧气，而异养生物则不断消耗氧气并产生二氧化碳，两者之间相互平衡，使得地球大气成分维持稳定的氧化状态。同时，生态资本投资系统对于区域性气候具有直接的调节作用，如植树造林可以增加当地的湿度和降雨量，且能够调节气温和风速。

（三）土壤保持价值

该价值主要通过生态服务功能中土壤肥力的更新与维持功能、养分的循环与储存功能以及防止水土流失功能而体现出来。土壤的生态服务功能相当巨大，包括为植物生长发育提供场所，使植物种子在土壤的支持下完成其生命周期；土壤对有机质的还原也起着关键作用，在还原过程中能够将许多人类潜在的病原体无害化，生态资本投资将土壤（土地）视为一种特殊的生态资本，利用生态工程技术保持土壤肥力，从源头上提升土壤生态服务功能，体现土壤保持价值。

（四）环境净化价值

该价值主要通过生态服务功能中的环境净化与有害物质的降解功能、病虫害的控制功能、水质净化等功能体现出来。生态资本投资通过采用环境友好型生态技术，积极推广"生物防治病虫害"，减轻自然灾害的影响，利用生物竞争捕食关系限制有害生物数量，通过生态工程进行生态修复，有效保护生态环境，改善和提高空气、水、气候等环境质量要素的品质。生态资本投资的过程就是环境质量提升的过程，生态资本化与资本生态化的结果最大限度地实现了环境净化价值。

二　生态资本投资的经济价值

生态资本投资通过生态产品和生态服务实现生态环境资源的经济价

值，这种价值转化最终是通过生态市场的生态交易来完成，其价值直观地表现为交换价值，于生产者来说就是直接的经济价值，生态资本投资的经济价值，除具备传统资本投资和生态资本投资的一般经济价值以外，还应遵循经济价值的特殊规定。生态资本投资的经济价值，是指在进行生产、交换、分配过程中所产生的各种价值的总称。以生态产品生产与再生产的各个环节为划分依据，生态资本投资的经济价值可以分为产品开发价值、市场营销价值和生态产品消费价值。

（一）产品开发价值

产品开发价值在经济价值中处于核心与关键地位，是全部经济价值形成的前提和基础，构成了经济价值的主体，从生产开发价值的形成过程来看，包括产前和产中两个环节，产前环节体现了物资要素供给价值和科技要素供给价值，产中环节则体现为生态产品供给价值。例如，随着人们生活水平的提高和生态意识的增强，对绿色食品的需求大幅度增长，安全、环保、无污染的绿色生态产品备受青睐，并且具有较高的市场价格。

（二）市场营销价值

市场营销价值主要是指将生态产品顺利推向市场，通过市场交换进入消费者手中，并最终实现生态产品的交换价值。营销环节包括生态产品定价、分销和促销等，流通环节包括为保存生态产品使用价值的冷链流通、流通渠道的规划、销售网点布局与产销地市场建设等。

（三）生态产品消费价值

生态产品消费价值是指通过对消费者进行积极引导，使其意识到生态产品对人类健康的重要性，充分体现生态产品能够保障人们食品安全与增强人体健康，以及生态产品在提高环境质量方面的突出作用，从而使人们自觉消费绿色生态产品，并以此促进全社会绿色消费观的形成。

生态资本投资的经济价值因其被广泛地植入相关产业之中，故而不仅延长了生态资本投资的产业链，而且拓展了生态资本投资的经济价值实现范围，能够从整体上提高生态资本投资的经济价值总量。例如，将生态系统的文化景观服务功能与旅游业相结合，进行生态旅游开发，便是通过旅游业，来实现生态系统文化景观服务价值的一种典型模式。

三　生态资本投资的社会价值

资本投资的社会价值包括增加资本积累、优化资本结构、保障资本增值、促进财富增长、提高社会福利等。作为资本投资的一种，生态资本投资也同样具有上述社会价值。然而，生态资本投资毕竟是一种崭新的生产方式和资本投资模式，还具有传统生产和企业资本投资所不具有的特殊的社会价值，突出地表现在生态资本投资对社会发展的多维度贡献，这些贡献抽象概括起来包括三个方面，即"两型社会"促进价值、就业机会增加价值与生态文化培育价值。

（一）"两型社会"促进价值

两型社会指的是"资源节约型、环境友好型社会"。资源节约型社会是指整个社会经济建立在节约资源的基础上，建设节约型社会的核心是节约资源，即在生产、流通、消费等各领域各环节，通过采取技术和管理等综合措施，厉行节约，不断提高资源利用效率，尽可能地减少资源消耗和环境代价以满足人们日益增长的物质文化需求的发展模式。环境友好型社会则是一种人与自然和谐共生的社会形态，其核心内涵是人类的生产和消费活动与自然生态系统协调可持续发展。

生态资本投资以维护和建设优良生态环境为基础，以不断改善生态环境状况、提高生态环境质量为前提，整个过程始终贯穿着对生态环境的保护。首先，生态资本投资强调生态产品出自良好的产地环境，并使生态环境始终保持在良好的状态下从而有效地保护生态环境。其次，生态资本投资要求严格执行产地环境标准，实行清洁生产和标准化生产，实现了生态环境保护的全程控制。再次，生态资本投资大量推广并不断创新无害化技术、环境友好型技术和高新生物技术，确保生态环境保护得到技术支撑。最后，生态资本投资严格要求使用合格原料，加工厂址远离污染源，卫生条件良好，遵守食品加工操作规程，实行清洁生产、绿色包装、绿色运输、绿色营销，避免二次污染，真正体现出"从田间到餐桌"的全程质量控制，以保证产品质量，推进生态产品标志认证，达到了生态产品标准化生产的规范要求。同时，生态资本投资注重提高领导者、管理者、生产者、消费者的生态环境意识，通过生态市场、生态技术、生态制度、生态文化建设全方位保护生态环境。

（二）就业机会增加价值

当前，我国的就业形势依然十分严峻。不仅是劳动力总量矛盾和就业结构性矛盾交织在一起，还有城镇下岗失业人员再就业、新成长劳动力就业以及农村剩余劳动力转移就业等问题相互叠加的复杂情况。为了促进失业人员的再就业，政府出台了一系列积极的就业政策，虽取得了一定成效，但其效果仍不尽如人意。而生态资本投资则可以从以下两个方面促进就业。一方面，生态资本投资可以直接促进就业，比如通过植树造林等生态建设活动，能够增加就业岗位，直接促进就业。另一方面，生态资本投资可以促进经济增长，从而能够创造更多的就业岗位以促进就业。

美国第一次经济危机时期，罗斯福"新政"中的"以工代赈"便可以给我们提供一些有益的启示。罗斯福实施"新政"时所面对的美国经济环境和目前的中国有些类似，都是生产总体过剩，有效需求不足。"新政"中值得一提的是，通过举办公共工程，为失业者提供就业机会来增加国民收入，刺激消费与生产的均衡。罗斯福执政初期，全国共有1700多万失业大军，1934年美国政府将单纯赈济改为"以工代赈"，明确规定对有工作能力的失业者不发放救济金，而是帮助其通过参加不同的劳动获得工资。此举为广大非熟练失业工人创造了就业机会。到第二次世界大战前夕，政府投资的各种工程总计雇佣人数达2300万，占全国劳动力人口总数的50%以上。可以说，"以工代赈"在提高低收入群体收入、缩小社会分配差距等方面发挥了重要作用。

（三）生态文化培育价值

文化是指人类群体创造并共同享有的物质实体、价值观念、意义体系和行为方式的总和，它表征人类群体的整个生活状态，具体表现为人类群体在一定时期内形成的思想、意识、观念、习俗及其由此辐射出来的一切活动。生态文化通俗地说就是表征人与自然和谐状态的文化，其核心是人的自然伦理观和自然价值观，反映了人类文化从人类中心主义价值取向过渡到人与自然和谐发展的价值取向。生态文化要求运用生态学的基本观点去观察自然、解释社会和处理问题，通过认识和实践建立起科学的生态心理、生态意识、生存行为和生态制度。

生态文化形成于人类生态经济实践过程之中，即人在改造和利用自然的过程中初步形成浅层次的生态心理，生态心理积累到一定程度通过抽象思维进行总结提升形成生态意识，进而在生态意识的指导下做出有目的的生态行为，为了更好地规范生态行为而制定一系列的生态制度，最终形成系统化理论化的生态思想。这一过程就是生态文化的培育过程，显然，一种先进的生态文化的培育取决于科学的生态实践活动。

生态资本投资是一种崭新的生产活动，通过对自然的生态识别，不断发现新的生态型生产要素，运用生态技术实现生态资本形态的变换和价值的转化，依靠生态市场实现生态资本的保值增值。这一过程的每一个环节都反映了人与自然的辩证关系，生态的资本化与资本的生态化交织循环的过程，从本质上讲就是自然的人化和人的自然化对立统一的过程，从生态文化学的角度看，就是生态文化的产生、发展和升华的过程。

第三节　生态资本投资价值的宏观均衡实现

投资是资本价值增加的过程，可以带来比自身原有价值更大的价值。良好的生态环境不仅是一种资源，是一笔巨大的资产，更是一种特殊的资本，对未来的发展具有极大的吸引力和竞争力，具有很强的后发优势。通过加强国家重点生态功能区、自然保护区、生物多样性保护优先区的保护和管理，保护和恢复区域主要生态功能，深化生态示范建设，能够有效构筑生态安全屏障，将使我国生态环境整体恶化的趋势得到根本遏制，因此，从宏观经济视角来看，生态资本投资极具价值。

一　生态资本投资的宏观均衡模型设定

下文通过把生态资本引入宏观经济生产函数，构建宏观经济动态均衡模型，从而尝试性地探讨生态资本投资价值的宏观均衡实现问题。

生态资本投资宏观均衡模型包含 4 个变量：产量 Y、物质资本 K、人力资本 H 和生态资本 E。

在生态资本投资宏观均衡模型中，宏观经济生产函数的形式是：

$$Y(t) = F[K(t), H(t), E(t)] \tag{3.1}$$

其中 t 表示时间。假定生产函数对其三个自变量物质资本 K、人力资本 H 和生态资本 E 是规模报酬不变的，即函数为线性齐次函数。假定生产函数中每种投入的边际产量为正，边际收益递减，即 $F_K > 0$（F_K 表示函数 F 对自变量 K 的偏导数，$F_K = \dfrac{\partial F}{\partial K}$），$F_H > 0$，$F_E > 0$，$F_{KK} < 0$（$F_{KK}$ 表示函数 F 对自变量 K 的二阶偏导，$F_{KK} = \dfrac{\partial^2 F}{\partial K^2}$），$F_{HH} < 0$，$F_{EE} < 0$。

假定人力资本以不变速率增长：

$$\dot{H}(t) = nH(t) \tag{3.2}$$

其中, $n > 0$ 是外生参数, 变量上面加一点表示其对时间的导数 $\left(\text{即}\ \dot{X}(t) = \dfrac{\mathrm{d}X(t)}{\mathrm{d}t}\right)$。

为简化分析, 将储蓄率 s 和物质资本的折旧率 δ 视为外生变量, 由于宏观经济生产总量中有一部分被用于生态建设、环境治理和生态技术研发等生态资本投资活动。这样, 净投资便等于总投资减去折旧物质资本投资和生态资本投资 I, 得到如下方程:

$$\dot{K}(t) = sY(t) - \delta K(t) - I(t) \tag{3.3}$$

其中生态资本投资的产出与总产出和生态资本存量有关, 总产出越多, 用于生态资本的投资就越多; 而生态资本存量越高, 用于生态资本的投资就越少, 即:

$$I(t) = I[Y(t), E(t)] \tag{3.4}$$

且 $I_Y > 0$、$I_E < 0$、$I_{YY} < 0$、$I_{EE} < 0$。假定生态资本投资函数对其两个自变量, 即产出 Y 和生态资本 E, 是规模报酬不变的。将式 (3.4) 代入式 (3.3) 中, 得到净投资的方程为:

$$\dot{K}(t) = sY(t) - \delta K(t) - I[Y(t), E(t)] \tag{3.5}$$

假定经过对量纲的调整, 一单位生态资本投资产生一单位的生态资本存量, 则生态资本的变化量为:

$$\dot{E}(t) = \eta E(t) - W(t) + I[Y(t), E(t)] \tag{3.6}$$

其中常数 η 是生态资源的更新率 (包括可再生类生态资本的更新、生态环境对污染物的净化等), 变量 W[①] 是经济活动的生态资本损耗, 假定 W 与产出成一定比例, 即:

$$W(t) = \theta Y(t),\ 0 < \theta < 1 \tag{3.7}$$

其中的 θ 是单位产出引致的生态资本损耗, 即生态资本损耗强度。将式 (3.7) 代入式 (3.6) 中, 则得到生态资本增量方程为:

$$\dot{E}(t) = \eta E(t) - \theta Y(t) + I[Y(t), E(t)],\ 0 < \theta < 1,\ 0 < \eta < 1 \tag{3.8}$$

假定 $n > \eta$, 这是保证经济增长达到稳定均衡的条件。

---

① 这里的变量是生态资本损耗 (Wastage) 的缩写。

二　生态资本投资宏观均衡的动态分析

在宏观经济学中，动态分析方法主要是应用于经济增长理论中，因为增长本身就涉及变化的过程。通过生态资本投资的宏观均衡模型设定，考虑时间因素的影响，并把经济现象的变化当作一个连续的过程来看待，可以对生态资本投资的实际过程进行动态均衡分析，其中包括分析生态资本投资在一定时间过程中的变动，生态资本投资与宏观经济产出在变动过程中的相互影响及其彼此制约关系。

（一）生态资本投资宏观均衡模型的集约形式

生产函数的集约形式（intensive form）为：

$$y = f(k,e) \qquad (3.9)$$

假定没有物质资本或生态资本的投入就没有产出，即：$f(0,e) = 0$、$f(k,0) = 0$、$f(0,0) = 0$（$e = 0$ 为保持生存的最低生态资本存量，这时没有多余的生态资本可用于生产）。根据对生产函数边际收益为正和收益递减的假定，可以得到 $f(k,e)$ 满足 $f_k = \dfrac{\partial f(k,e)}{\partial k} > 0$，$f_e = \dfrac{\partial f(k,e)}{\partial e} > 0$，$f_{kk} = \dfrac{\partial^2 f(k,e)}{\partial k^2} < 0$，$f_{ee} = \dfrac{\partial^2 f(k,e)}{\partial e^2} < 0$。

同样，由生态资本投资函数规模报酬不变可以得到其集约形式为：

$$i = i(y,e) = i[f(k,e),e] = i(k,e) \qquad (3.10)$$

假定没有物质资本投入就没有生态资本投资的产出，即 $i(0,e) = 0$。由于生态资本投资函数关于产出的边际收益为正，可知其关于物质资本的边际产出为正，根据生态资本投资函数关于生态资本的边际产出为负，以及关于物质资本和生态资本的边际收益递减的假定，有 $i(k,e)$ 满足 $i_k = \dfrac{\partial i(k,e)}{\partial k} > 0$，$i_e = \dfrac{\partial i(k,e)}{\partial e} < 0$，$i_{kk} = \dfrac{\partial^2 i(k,e)}{\partial k^2} < 0$，$i_{ee} = \dfrac{\partial^2 i(k,e)}{\partial e^2} < 0$。此外，假定生产函数和生态资本投资函数满足稻田（Inada）条件[1]：$\lim\limits_{k \to 0} f_k = \infty$，$\lim\limits_{k \to \infty} f_k = 0$；$\lim\limits_{e \to 0} f_e = \infty$，$\lim\limits_{e \to \infty} f_e = 0$；$\lim\limits_{k \to 0} i_k = \infty$，$\lim\limits_{k \to \infty} i_k = 0$；

---

[1]　稻田条件（Inada Conditions），即 $\lim\limits_{k \to \infty} f'(k) = \infty$，$\lim\limits_{k \to 0} f'(k) = 0$。当资本存量很少时，每增加一单位资本，对产出的贡献很大；反之，当资本存量很多时，每增加一单位资本，对产出的贡献很小。这个条件被称为"稻田条件"，由日本经济学家稻田于 1964 年提出，其作用是保证经济增长的路径不发散。参见［美］戴维·罗默《高级宏观经济学》，王根蓓译，上海财经大学出版社 2009 年版。

$\lim\limits_{e \to 0} i_e = \infty$，$\lim\limits_{e \to \infty} i_e = 0$，$\lim\limits_{k \to 0}(f_k - i_k) = \infty$，$\lim\limits_{k \to \infty}(f_k - i_k) = 0$，$\lim\limits_{e \to \infty}(f_e - i_e) = 0$。

假定人力资本的变动是外生的，要描述这一经济的行为特征就必须分析物质资本和生态资本的动态变化。物质资本的动态方程为：

$$\dot{k}(t) = \{sf[k(t), e(t)] - i[k(t), e(t)]\} - (\delta + n)k(t) \qquad (3.11)$$

生态资本的动态方程为：

$$\dot{e}(t) = \{i[k(t), e(t)] - \theta f[k(t), e(t)]\} - (n - \eta)e(t) \qquad (3.12)$$

式（3.11）和式（3.12）是生态资本投资宏观均衡模型的关键方程。式（3.11）表明，生态资本的平均物质资本存量的变化率，即净投资是两项的差。第一项 $\{sf[k(t), e(t)] - i[k(t), e(t)]\}$ 是生态资本的平均实际投资：生态资本的平均产量是 $f[k(t), e(t)]$，其中用于投资的比例是 s，因而总投资是 $sf[k(t), e(t)]$，从中减去用于生态资本的投资 $i[k(t), e(t)]$，则是实际投资。第二项 $(\delta + n)k$ 是持平投资。式（3.12）表明，生态资本的平均变化率是两项的差。第一项 $\{[i[k(t), e(t)] - \theta f[k(t), e(t)]\}$ 是经济活动对生态的净影响，包括由产出带来的资源使用和污染排放等生态损失所减少的生态资本存量，以及经由生态资本投资而增加的生态资本存量。第二项 $(n - \eta)e$ 是持平生态增量，即使得平均生态资本保持在现有水平上所必需的生态资本增量。为防止 e 下降，必须对生态资本进行补偿，原因有两个：人口数量以 n 的速率增长，因此生态存量也必须以 n 增长以保持 e 稳定；生态资本有自我更新的能力，因此其中扣除了生态资本更新的部分 ηe。

为了考虑生态资本的平均物质资本存量和平均生态资本存量各自随时间的变化，下文将分别在假定 k 和 e 固定的情况下讨论另外一个变量的变化和均衡状况。

（二）物质资本 k 的动态学分析

假设 $e = e_0$ 不变，式（3.11）将变为关于 k 的单变量方程，图 3-2 把 $\dot{k}$ 中的两项表示为 k 的函数。实际投资 $[sf(k, e_0) - i(k, e_0)]$ 等于总投资减去用于生态资本的投资。另一条线是持平投资 $(\delta + n)k$。稻田条件 $\lim\limits_{k \to 0}(f_k - i_k) = \infty$ 意味着当 $k = 0$ 时，$[sf_k - i_k]$ 很大，因此曲线 $[sf(k, e_0) - i(k, e_0)]$ 比直线 $(\delta + n)k$ 陡峭。

由于 $f(0, e) = 0$，$i(0, e) = 0$，因此当 $k = 0$ 时，实际投资与持平投资

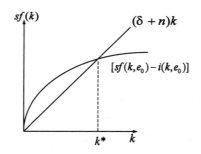

图 3 - 2　实际投资与持平投资的比较

相等，由稻田条件 $\lim\limits_{k\to\infty}(f_k - i_k) = 0$ ，随着 $[sf(k,e_0) - i(k,e_0)]$ 逐渐变得比直线 $(\delta + n)k$ 平坦，这两条线最终将相交。其中的 k^* 表示实际投资与持平投资相等时 k 的值，这是经济处于稳定状态时的物质资本存量。

（三）生态资本 e 的动态学分析

假设 $k = k_0$ 不变，式（3.12）将变为关于 e 的单变量方程，图 3 - 3 把 $\dot{e}$ 中的两项表示为 e 的函数。经济活动对生态的净影响 $[i(k_0,e) - \theta f(k_0,e)]$ 等于物质资本存量不变的情况下，生态产出减去生态损失。另一条线是持平生态增量 $(n - \eta)e$ ，因为 $n - \eta > 0$ ，所以这条直线向上倾斜。由于生态资源禀赋有一个最大值 e_{max} ，无论人类如何努力，只要有人类的存在，生态资本存量都不会超过这个最大值，因此经济活动对生态的影响限制在 $e(0) = 0$ 和 $e = e_{max}$ 之间，生态资本不能降到零值之下，低于这个下限，人类将无法在地球上生存。

由于 $f(k,0) = 0$ ，因此 $[-\theta f(k_0,0) = 0]$ ，当生态存量为零时，没有产出，此时当然没有产出带来的生态损失。由于生态损失是产出的副产品，因此 $[-\theta f(k_0,e)]$ 始终会降低平均生态资本。而生态资本投资 $i(k_0,e)$ 对生态资本存量有正向的影响，会在生态资本存量下降时，逐渐抵消产出所带来的生态损失。在没有经济活动的初始生态禀赋下，也没有生态资本投资；而当生态存量下降时，生态资本投资逐渐增加；当生态存量接近于零时，为了人类自身的生存，投放于生态资本的投资会趋向于无穷大。这两者的和就是人类的经济活动对生态的影响，由于它是生态的减函数，因而和直线 $(n - \eta)e$ 必然存在交点，e^* 就表示二者相交时 e 的值，这是经济处于稳定状态时的生态资本存量。

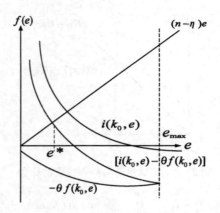

图 3 – 3　持平生态增量

三　生态资本投资的宏观均衡价值实现

生态资本投资宏观均衡模型的关键方程：式（3.11）和式（3.12），构成了一个非线性动态方程组，为了讨论经济增长的瞬时均衡的位置和动态稳定性，使用相位图[①]对这一方程组进行定性图解分析。为了叙述方便，设 $\dot{U} = \dot{k}$，$\dot{V} = \dot{e}$，分别用 $\dot{U}$ 和 $\dot{V}$ 表示这两个一阶微分方程。构建相位图的重要任务是确定变量随时间运动的方向，对于双变量微分方程，首先在二维相位空间（见图 3 – 4）中确定两条分界线 $\dot{k} = 0$、$\dot{e} = 0$，即：

$$\begin{cases} U(k,e) = sf(k,e) - (\delta + n)k - i(k,e) = 0 \\ V(k,e) = i(k,e) - \theta f(k,e) - (n - \eta)e = 0 \end{cases} \quad (3.13)$$

则 $\dot{k} = 0$ 的斜率是：

$$\left. \frac{de}{dk} \right|_{\dot{k}=0} = - \frac{\partial U / \partial k}{\partial U / \partial e} = - \frac{U_k}{U_e} \quad (3.14)$$

$\dot{e} = 0$ 的斜率是：

$$\left. \frac{de}{dk} \right|_{\dot{e}=0} = - \frac{\partial V / \partial k}{\partial V / \partial e} = - \frac{V_k}{V_e} \quad (3.15)$$

[①]　这里的相位图是用 $\dot{k} = 0$ 和 $\dot{e} = 0$ 分割 $e - k$ 平面，在各个子区域中，时间为变量，与生态资本 e、物质资本 k 的变化无关。时间变量隐含于 $e - k$ 平面，未能通过坐标轴进行反映。参见［美］戴维·罗默《高级宏观经济学》，王根蓓译，上海财经大学出版社 2009 年版。

根据偏导数 U_k、U_e、V_k、V_e 的符号，可以得到曲线斜率的定性线索。根据式（3.15）可以得到：

$$U_k = sf_k - i_k - (\delta + n) \tag{3.16}$$

$$U_e = sf_e - i_e \tag{3.17}$$

$$V_k = i_k - \theta f_k \tag{3.18}$$

$$V_e = i_e - \theta f_e - (n - \eta) \tag{3.19}$$

根据 $s > 0$、$f_e > 0$ 和 $i_e < 0$ 的假定，式（3.17）一定大于 0，即 $U_e = sf_e - i_e > 0$。根据 $0 < \theta < 1$、$a_e < 0$、$f_k > 0$ 和 $n - \eta > 0$ 的假定，式（3.19）一定小于 0，即 $V_e = i_e - \theta f_e - (n - \eta) < 0$。

可见，$\dot{k} = 0$ 曲线描述了既定生态资本水平 e 条件下物质资本水平 k 的运动方向，$\dot{e} = 0$ 曲线描述了既定物质资本水平 k 条件下生态资本水平 e 的运动方向，而整体经济的运行由点 (e, k) 的运动所决定。如此看来，要描述整体经济的运行，只需要把 $\dot{k} = 0$ 曲线和 $\dot{e} = 0$ 曲线结合起来。

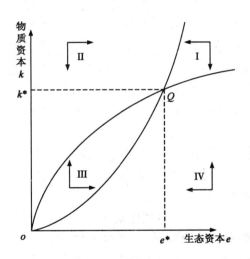

图 3 - 4 生态资本与物质资本的相位分析

当经济运行落在 $\dot{k} = 0$ 曲线和 $\dot{e} = 0$ 曲线的交点 Q 上时，物质资本水平 k 和生态资本水平 e 都进入不变阶段，从此开始，只要其他条件不变，经济将永远停留在这个点上，标志着经济运行踏上平衡增长道路：即 $k(t) = k^*$ 且 $e(t) = e^*$。

从图 3 - 4 可以看出，只要经济运行不在点 Q，就总是朝着点 Q 的方向靠近，这说明点 Q 代表的平衡增长道路是稳态[①]的。当前，绿色经济已经成为近年来经济理论界研究的一个热点。相比较而言，传统经济的特点是更加依赖于物质资本，绿色经济的特点则是更加依赖于生态资本。随着经济活动的不断发展，拓展路径的取向一般都是越来越倾向于依赖生态资本。可以说，任何可持续的经济发展都必须考虑生态方面的预期效益，重视生态恢复建设、环境污染治理、生态技术研发等生态资本投资行为，不断增加生态资本存量，保持生态资本存量的非减性，在这个过程中，生态资本投资完全能够成为经济社会可持续发展的有效模式和实现路径。

第四节　生态资本投资价值的微观转化过程

第三节通过把生态资本引入宏观经济生产函数，构建了宏观经济动态均衡模型，并分析了生态资本投资价值的宏观均衡实现问题。从微观的角度看，生态资本投资是在可持续发展框架下，所完成的一个循环过程，即借助生态市场满足人类的生态需求，通过生态资源要素化来实现生态资本的货币化价值。在这一过程中，必须抽出生态资本货币化的部分收益，将其投放于生态恢复建设、环境污染治理、生态化技术创新以及生态产业化发展等生态资本投资活动；通过生态投资来降低生态系统的生态损耗，并使生态资本各组成因子的结构趋于优化；如此一来，通过生产方式优化、消费方式转变以及生态观念革新，便可以实现生态资本存量的增加，如图 3-5 所示。

对于生态资本投资而言，较为明显直观的是生态资本的形态变换过程，即"生态物品→生态资源→生态资产→生态资本→生态产品"的过程。这是人们普遍认知的生态产品生产过程，究其实质是人与自然之间的物质交换过程，反映的是一种自然生态关系。而隐藏在生态资本形态变换过程背后的，则是一个抽象的价值微观转化过程，"存在价值→使用价值→生产要素价值→交换价值→生态服务价值"是生态资本投资价值实现的内在逻辑，正是通过这一价值传递规律，实现了生态资本的保值增值。生态资本投资价值的微观转化过程，究其实质是人与人之间的商品生产和交换过程，反映的是一种经济关系。

---

① "稳态"是指一种在各种经济变量都以不变速率增长的状态中，所对应的经济增长路径，也可称作"平衡增长路径"，体现出总产量中分配向物质资本和生态资本的份额各自不变的特征。

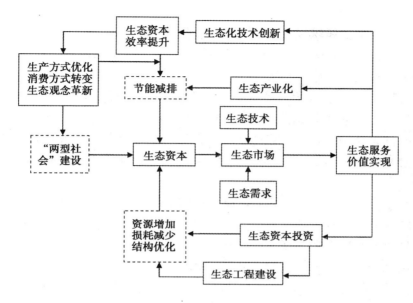

图 3 - 5 生态资本投资的循环过程

上述两种关系的结合便形成了生态资本投资价值的微观转化过程，结合点就是作为劳动结果的生态产品。首先是生态资源自身的存在价值，由于人们认识到其有用性而转化为使用价值；其次是生态资产的使用价值投入到生产过程中，而转化为生产要素价值；再次是生态资本的生产要素价值通过劳动凝聚到生态产品中，形成交换价值；最后是生态产品的交换价值通过生态市场交易，而最终实现其生态服务价值（见图 3 - 6）。

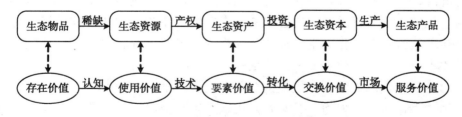

图 3 - 6 生态资本的形态变换与价值转化路径

对于一个完整的生态资本投资过程而言，生态资本投资价值的微观转化过程可以分为四个阶段，也就是四个子过程，本研究分别称之为价值创造过程、价值增值过程、价值转换过程和价值实现过程。

一 价值创造过程：生态资源的资产化

生态资源是相对于人类的生产经济过程而言的，凡是可用于生态生产能够满足人们生态需要的物质和服务都是生态资源。从广义角度讲，生态资源包括自然生态资源、经济生态资源和社会生态资源等；从狭义角度讲，生态资源通常指自然资源①。从经济学角度划分，按稀缺程度可将生态资源分为经济生态资源和自由取用资源，相对于人的需求来说，经济生态资源是稀缺的，自由取用资源是富裕的，但生态资源的稀缺也是动态的。

生态资产是具有市场价值或交换价值的一种实体，是生态资产所有者的财富或财产的构成部分。因此，生态资产的定义包含两个核心要素：具有市场价值和所有者（或产权）明晰，本研究界定的生态资产主要是指生态资源型资产。生态资源型资产是指国家、企业和个人所拥有的，具有市场价值或潜在交换价值的，以生态资源形式存在的有形和无形资产。

可见，生态资源型资产并不是生态资源的别称，生态资产是具有明确的所有权且在一定技术经济条件下能够给所有者带来效益的稀缺自然资源。生态资源变成生态资产需要满足一定的条件，主要有稀缺性、产生效益和明晰的所有权。其中，稀缺是生态资源成为生态资产的前提，一种生态资源即使有使用价值，但并不稀缺，那么也不会有人产生独占的欲望，只有当某种生态资源既有使用价值又使人感觉到稀缺时，人们才会产生将其独占的冲动和欲望。例如，风景秀丽的张家界具有其独特的旅游景点，这些独特的旅游资源是稀缺性的，正因为这样才会吸引许多人来旅游，同时，当地在旅游资源开发的过程中，应提供必要的硬件和软件设施，把这些生态旅游资源转化为生态资产，为投资人谋取投资收益。生态资源转化为生态资产的另一个重要条件就是界定其所有权。②

总之，生态资源资产化是生态资本投资的第一步，也是生态资本投资价值的创造过程，因为，只有人们认识到生态资源的使用价值，才会有目

---

① 联合国环境规划署在 1972 年对自然资源的定义是：在一定时间和地点条件下，能够产生经济价值、提高人类当前和未来福利的自然环境因素的总和。自然资源包括土地、水、大气、森林、草原、动植物、矿产和能源等。

② 严立冬、谭波、刘加林：《生态资本化：生态资源的价值实现》，《中南财经政法大学学报》2009 年第 2 期，第 3—8 页。

的、有意识地利用生态资源，随着人们对生态资源使用程度越来越高，生态资源的稀缺性日益凸显，生态资源需求的无限性和供给的有限性矛盾进一步加剧，客观上要求对生态资源进行产权界定，产权界定的结果便形成了生态资产，生态资产的形成是生态资本投资收益的前提和基础。

二　价值增值过程：生态资产的资本化

财富的生产力比之财富本身，不晓得重要多少倍。它不但可以使已有的和已经增加的财富获得保障，而且可以使已经消失的财富获得补偿。生态资产的基本含义是能够带来比自身价值更大的价值。可转让性是实现生态资产增值的根本手段，如果不能自由转让，任何生态资产和财富都不可能为其所有者带来收入或剩余价值，由此也就不可能成为生态资本。一旦生态资产的自用权利可以有偿放弃和让渡，生态资产所有者就拥有一个未来收入来源，此时，生态资产就转变为了生态资本。

从生态资产与生态资本的定义可以看出，两者的经济含义是不同的。由生态资产转变为生态资本，需要具备相应的条件，即生态资产必须以生产要素形式投入到生产过程中去，生态资产闲置或仅仅用于消费，则不能称其为生产要素，不可能为资产所有者带来收入和剩余价值，当然也就不能成为生态资本。只有在生态资产以具体生产要素形式进入生产过程，并与其余生产要素相结合产出生态产品时，生态资产才能够转变为生态资本。

如前所述，生态资产与生态资本具有本质差异。生态资产是具有市场价值或交换价值的一种载体，是其所有者的财富或财产的构成部分。生态资本是能产生未来现金流的生态资产，生态资本通过循环来实现自身的不断增值；而生态资产更多地以形态转换来体现其价值并实现价值的增值。在社会经济发展中，能否实现生态资源存量转变为资本增量，完成生态资源的质变过程，对于一个地区乃至一个国家都具有极其重要的作用。生态资本是生态资源的转化形态，其转化方式就是将静态的生态资产投入到动态的生态生产过程之中，作为一种具体的生产要素参与生态产品的生产过程，生态产品通过生态市场进行货币化，生态资产的价值就随之得以体现。

经济增长所造成的环境污染、生态恶化，已经使我们越来越认识到了生态环境的价值。有时表现为比较"实"的物质性的产品价值；有时表现为比较"虚"的舒适性的服务价值,其价值的大小则决定于它的有限性、稀缺性和开发利用条件。当前,企业排污需缴费,居民排水、倒垃圾也需缴污水处理费、垃圾处置费,可见,生态环境的价值已经被价格化、货币化了,那么凭借生态的价值能否谋取更大的价值呢?事实上,如果答案是肯定的,那也就说明生态环境可以成为一种资本。生态环境的价值一旦成为人们谋取利益的资源,它也就成为可以带来更大价值的价值。

总之,生态资产的资本化是生态资本投资的第二步,也是生态资本投资的价值增值过程,只有当一种生态资产作为生产要素投入到生态生产过程之中,并与其余要素相结合,才能产出生态产品。生态资产的投入是生态资本形成的必要条件,而生态资本的形成是生态资本投资的初始阶段,其与生产其余要素的结合,标志着生态资本投资价值增值过程的正式启动。

三 价值转换过程:生态资本的产品化

生态经济的实践表明:生态型产品之所以比普通产品更受欢迎,原因在于生态型产品具有优质、安全、营养、无污染的特征,包含着较高的生态附加值,这些生态附加值皆由生态资本转化而来。这种转化包含两个方面:一是生态资本的形态变换,如充足的阳光、洁净的水质、丰富的养分转移到绿色食品中,将以自然状态而存在的有形或无形的生态环境资源凝结到具体的生态型产品之中;二是生态资本价值的转换,生态资本的价值通过人类劳动或生物自然生产过程转化到生态产品中,由此演变为产品的生态附加值。从生态资本投资的角度看,生态产品的产出过程就是生态资本投资价值转换的过程。

在生态资本投资过程中,生态资本产品化的关键就是要不断地采用新的生态技术。一方面,通过发明新的生态技术,不断地发现新的生态资源型生产要素,与其余生产要素相结合生产出满足人们"生态需求"的新型绿色生态产品,提供优质安全多样化的生态服务功能。另一方面,通过技术的生态化创新,提高生态资源的利用率和产出率,降低资源消耗,减少污染排放,实现降低产品生产成本、增加产品生态附加值、维持较高投资收益率的目的。

生态技术创新既是技术生态化发展的必然,又是推动生态经济系统可持续发展的主要动力,而生态资本投资的实质就是将生态资源型生产要素转化凝结到生态产品或生态服务中去。一种生产要素怎样通过形态的转变演化成生态产品，不管是物理形态转变，还是生态产品附加值的高低，起决定作用的都是生态技术。从生态资本投资的具体途径来看，环境保护中的生态修复或生态涵养等生态工程建设、高生态质量附加值产品开发、高生态品位需求产业支撑功能开发、高端休闲功能开发、生态资本整体或部分打包出售等，都离不开运用生态技术去开发生态环境资源中的共生或整体功能。这其中生态技术是生态资本产品化的关键，生态技术的应用过程便是生态资本投资的价值转换过程。

四　价值实现过程：生态产品的市场化

资本作为一种生产要素，在其逐利性的支配下必然会投入到一定的社会生产活动中去，在生产过程中与其余生产要素相结合生产出特定的产品，然后通过产品在市场上出售，以交换价值即价格的形式实现其货币价值。可见，生态市场是生态资本价值最终得以实现的载体。生态市场是生态商品经济的必然产物，包括生态投资市场、生态技术市场和生态资本市场，分别对应于生态资本积累、生态资本投放和生态资本扩张，与一般商品市场一样，生态市场同样按竞争规律运行，受价值规律支配，生态产品的提供和消费是生态市场形成的基础，生态管理是生态市场良性运行的保障。与一般商品市场不同的是，由于生态资本是"天然"的资本，生态市场的运行除受经济规律支配外，还要遵循生态规律，这就必然要求生态市场主体在双重规律的协同作用下能动地发挥作用。

生态市场的主体是多元化的，既包括政府和企业，又包括作为消费者的社会公众。其中，政府的职责是通过制度创新和管理创新，发挥生态资本的开放集聚效应，通过加大财政投入，带动和引导企业与社会公众进行生态投资；企业的职责是通过不断采用和创新生态技术，发挥生态资本的共生共进效应，提高生态资本的利用率和产出率，在追求生态资本长期整体盈利最大化的同时，开发出高质量生态附加值产品，保障生态市场的产品供给；社会公众的职责是通过改进消费模式，提倡绿色消费、适度消费、可持续消费，通过普及生态文明教育，促进社会公众的"生态自觉"，在全社会确立生态资本理念，形成生态市场的社会基础。

从价值链的角度来看，生态资本投资的价值创造过程、价值增值过程、价值转换过程和价值实现过程，是生态资本投资的递进发展顺序，前一过程是后一个过程的基础，四个子过程有机统一构成生态资本投资系统，是一条完整的价值延伸路线，缺少任一环节都会导致价值链的中断（见图3-7）。

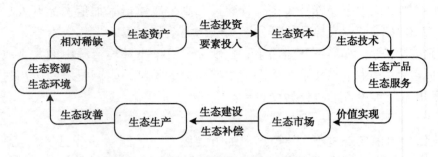

图3-7　生态资本投资价值的微观转化过程

总之，生态资本投资的目的是维持生态资本存量的非减性，为此，必须在生态资本消耗以后进行返还和弥补，这就要求在实现生态资本经济价值以后，将一部分收益用于生态环境建设，通过生态修复和生态补偿，维持生态系统可再生资源的更新与再生能力，提高生态环境质量，增强生态系统的整体服务功能，在改善生态环境的基础上进行下一轮的生态资本投资，由此实现生态资本投资的可持续性。

第四章　生态资本投资收益的形成机理

第一节　生态资本投资收益的类型

一　投资价值是投资收益的本质与源泉

当人类把生态资源转化为经济系统中的经济资源或物质财富，以不断满足社会发展的需要时，生态资本便具有了投资价值。具有"生态—经济—社会"综合价值的生态资本，因其能给投资者带来巨大的投资收益而成为人们竞相追求的目标。这样，人们对生态资本的需求关系，就转化为人与人之间因对生态资本的竞相追求而产生的收益关系。正是由于生态资本投资所产生的价值，才决定了生态资本投资能够产生收益。生态资本投资价值与投资收益的关系如图4-1所示：

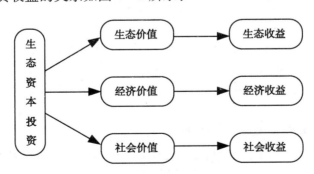

图4-1　生态资本投资价值与投资收益关系

与普通投资仅仅追求经济收益不同，追求综合收益是生态资本投资的终极目的。正如图4-1所示，生态资本投资的综合收益包括生态收益、经济收益和社会收益三部分，而这三种收益之间却也存在着时空上的差距。相对而言，生态资本投资的经济收益是一种"显性"收益，而生态资本投资的生态收益和社会收益则是"隐性"的收益，较之生态资本投资的经济收益，其收益的实现具有一定的长期性。由于生态资本投资的预期收益结果不明显，且其投资收益周期较长，因此，追求经济收益最大化的私人投资者往往更愿意投资短、平、快的项目，生态资本投资对于私人投资者而言并不具有吸引力。此时，便应借助政府力量，通过法律、政策等引导私人投资者进行生态资本投资。

二 生态资本投资的生态收益

生态资本投资旨在为可持续发展提供良好的生态基础，通过水土保持、涵养水源、防风固沙、调节气候、维护生物多样性、防治面源污染等多种途径，提供有形和无形的生态服务，其生态收益集中体现在生态保护、生态修复和生态发展等诸方面。生态资本投资的本质目的就是将生态环境资源作为一种资本投入生产经营活动之中，节约资源，减少经济生产对生态环境的负面影响，推行经济效益高的生态化技术，不断摸索模式来推进生态价值的实现，从而推动"生态—经济—社会"的协调持续发展。生态资本投资所体现的财富观建立在人类本身的生存与发展的基础之上，人类本身的健康状况、生存环境的状况、生态链关系的和谐性等都是生态资本投资所实现的重要财富之一，也是整个社会财富的基础与最终来源①。生态资本投资的实质就是保持生态资本存量的非减性，因此，生态资本投资的生态收益是生态资本投资收益的重要内容。

具体而言，生态资本投资的生态收益，主要指因生态资本投资对环境质量的改善（如大气质量的改善、水质和水位的改善、噪声的降低、环境卫生的改善等），而使公众从中得到的利益。从理论上讲，在一个较长时期内，这些收益都可以在经济上得到反映或量化，即这些收益会在一个较长时期内转化为经济收益。例如，生态环境的改善，便可增加农产品产量、减少森林损失、降低土地的酸化程度等。在实践中，太湖流域的水环境经过综合治理，便已经取得了显著的生态收益。太湖流域自 2008 年开始实施《太湖流域水环境综合治理总体方案》以来，通过扎实推进流域控污减排和生态修复工作，增强基础能力建设，到 2011 年底，流域水环境质量总体向好，化学需氧量和氨氮排放量分别下降 15.4% 和 22.2%，环湖

---

① 杨云彦、陈浩：《人口、资源与环境经济学（第二版）》，湖北人民出版社 2011 年版，第 148 页。

河流水质总体由中度污染转向轻度污染，全湖平均营养状态由中度变为轻度，湖体中度富营养面积明显减少。

三　生态资本投资的经济收益

生态资本投资的经济收益，包括从生态资本投资中得到的生态产品收入与生态资本投资成本之差额，以及其他企业和个人因此而减少的成本和增加的收入。如污水排放减少而使下游部门的生产成本下降和使渔民的收入增加，环境改善使人们的身体健康状况改善而减少的医疗费用支出等。

一般而言，生态资本投资对经济增长的作用机制是通过两个层次来传递的。一方面，生态资本投资通过带动生态建设、环保投资以及相关产业的发展，对经济增长具有直接贡献。另一方面，生态资本投资通过增加生态资本存量，促进人们生活质量的提高和生产力水平的提高，从而最终提升生态资本效率。

（一）生态资本投资对经济总量的影响

首先，生态资本投资直接对社会的总需求产生影响。在市场经济条件下，社会总需求由微观主体的消费需求和投资需求以及政府购买性需求构成。政府扩大或压缩生态建设等生态资本投资规模，能够提高与减少相关人员的收入水平，将会影响到私人消费需求总量的变化。在微观主体的投资需求中，政府采购量的扩大与收缩，也将直接影响微观主体生态资本投资需求的形成。

其次，生态资本投资间接影响社会总供给。生态资本投资对总需求的影响，又间接作用到社会总供给上。当生态资本投资增加时，对相关生产要素的需求也随之增加，从而在全社会范围内导致相关企业的生产增加，社会总供给必然扩大。相反，当生态资本投资减少时，相关社会产品和劳务的需求相应下降，从而引起企业生产的相对萎缩以及所需劳动力和其余生产要素的减少。

最后，中央政府对地方政府的生态资本投资补贴、区域间生态补偿等政府转移性支出，能够调节经济主体间的收入分配，实现社会分配的社会公平，对社会总需求的形成也有直接影响。

（二）生态资本投资对生态资本效率的影响

生态资本效率是生态资本满足人类需要的效率，是一种产出与投入的比值，可视作是由每单位生态资本牺牲所获得的物质资本服务量，即：

$$生态资本效率 = \frac{所获得的物质资本服务}{所牺牲的生态资本服务} \tag{4.1}$$

从转化过程来看，生态资本效率可以"展开"成以下 4 个比率：

$$\frac{所获得的物质资本服务}{所牺牲的生态资本服务} = \frac{所获得的物质资本服务}{物质资本存量} \cdot \frac{物质资本存量}{生态资本流量} \cdot$$

$$\frac{生态资本流量}{生态资本存量} \cdot \frac{生态资本存量}{所牺牲的生态资本服务}$$

$$= 比率1 \cdot 比率2 \cdot 比率3 \cdot 比率4 \tag{4.2}$$

其中，比率 1 代表的是服务效率，比率 2 代表的是维持效率，比率 3 代表的是增长效率，比率 4 代表的是生态系统效率。

生态资本投资通过改变经济结构，将对生态资源在国民经济各产业部门、各地区和各种产品之间的配置产生重要影响，进而影响生态资本效率。例如，良好的空气和土壤环境可以获得更多的农业生产效益；清洁的环境有益人的身心健康从而能够为社会提供更好的劳动力生产要素。可见，生态资本投资在获取经济收益的同时，也为人们提供了一个洁净的自然环境，间接提高了生产要素——人力资本、社会资本等的投入质量；此外，生态资本投资的财税政策优惠措施，还能够引导企业去提高资源的利用效率，刺激企业进行技术创新，从而促进生态资本效率提升。

在实践中，类似甘肃省张掖市通过生态资本投资而获得经济收益的成功案例并不乏见。张掖市地处中国第二大内陆河——黑河流域中游，随着中游地区经济社会快速发展，黑河取水量大增，下游河道水量减少，生态环境渐趋恶化。2002 年，水利部决定结合黑河水量统一进行调度[①]，通过明晰水权，建立用水者协会，实施用水总量控制和定额管理，全社会节水意识和全民参与意识明显增强；干、支、斗三级渠系水利用率提高到 64%，工业用水重复利用率提高到 54%，水资源利用效率和效益显著提高；玉米、马铃薯等高产值、低耗水作物得到推广发展，农、经、草结构比例得到合理调整，有效推动了当地经济的持续快速发展。

---

① 水利部：《黑河干流水量调度管理办法》（http://www.gov.cn/gzdt/2009 - 05/20/content_1320175.htm）。

四 生态资本投资的社会收益

从本质上说，生态资本投资的社会收益就是人们从生态资本投资活动中得到的福利。广义的社会收益包括经济收益和生态收益等各种具体收益。从狭义层面来看，生态资本投资的社会收益，仅是指生态资本投资所产生的外部影响，其中又主要指其好的外部影响。具体来说，生态资本投资的社会收益范围包括改善人民的生活条件、就业的增加及由此产生的社会稳定和家庭和谐、减少环境纠纷、促进城市基础设施建设、保护珍贵的文化遗产等。

生态资本投资所要遵循的一个重要原则，就是要维持生态资本投资的阈值。这里的生态资本投资阈值是在保证后代人的生态环境资源价值不贬值的基础下，当代人所能够开展活动的最大边界。在确定生态资本投资阈值时必须要遵循以下几点：首先，使用可再生资源的速度不超过其再生速度。其次，使用不可再生资源的速度不超过其可再生替代物的开发速度。再次，污染物的排放速度不超过环境自净容量。① 可持续发展理念观点是以保持生态资源的非减性与非缺性为前提，重点关注代际公平权利在自然资源中的行使，把经济社会发展活动建立在生态资本的稳定持续供给能力的基础之上，尽可能地节约生态资源，不断提高生态资源的综合、循环利用效率。最后，保护可再生资源生态资本的更新能力，实行增值资源、持续利用的原则。对于不可再生资源的开发与利用，要遵循当代与后代人之间都能享受的公平原则。

此外，生态资本投资还能够缩小区域间的贫富差距。区域间的生态资本权益补偿，是生态资本投资的重要内容与手段，其目的在于均衡地区间的财政收入能力与财政支出需求间的差距，使财政经济能力相对较弱的地区也有足够的财力，提供相应水平的生态型公共物品和基础设施，直接调整地区间的发展差距。

英国低碳转型计划对绿色就业的拉动便能够很好地说明生态资本投资的社会收益。2009 年，英国政府在纲领性文件《英国低碳转型计划》中提出了宏观构想，计划到2020 年使低碳经济为英国带来超过 120 万个绿色工作岗位。这一"低碳"新思维，在某种程度上与人口、资源与环境经济

① 高辉清：《效率与代际公平：循环经济的经济学分析与政策选择》，浙江大学出版社 2008 年版，第 109—110 页。

学中的"波特假说"① 不谋而合。该文件显示，英国的绿色建筑产业可以创造 6.5 万个工作岗位，海上风能可带来约 7 万个工作岗位，波浪能和潮汐能等海洋能源的发展可带来 1.6 万个岗位。可见，生态资本投资所创造的新就业岗位，已成为政府项目寻求民间支持的有力工具。事实上，美国罗斯福新政中的"以工代赈"等生态资本投资行为，其初衷也是为了增加就业。政府可以通过大量的生态资本投资工程，弥补工人的实际收入损失，由此带来的结果就是实际工资的上升和劳动力供给的相应增加。所以，生态资本投资通常是和更高水平的就业率相伴的。

第二节　生态资本投资的生态收益形成机理

生态资本投资收益的一个显著特征，即其能够取得生态收益，这是一般投资所无法获得的。例如，生态资本投资能够增强政府防污控污能力，同时提高企业或事业单位的环境保护、污染治理水平，是控制或减少污染物排放的目的；促进自然生态资源的保护，并将如森林、矿产等资源进行适度的恢复和增值，缓解生态环境恶化的趋势，为资源的利用和社会的发展提供物质基础。

从本质上讲，生态资本投资的生态收益源自生态系统的服务与功能。下文将通过对生态系统服务与功能的介绍，结合生态资本投资生态收益的刚性规律，阐述生态资本投资的生态收益形成机理。

一　生态系统的服务与功能

生态系统服务也被称作生态服务、自然服务、自然系统服务、环境服务等。生态系统服务的研究在西方兴起的标志性著作是由 Gretch Daily 等人在 1997 年编著的 *Nature's Services：Societal Dependence on Natural Ecosystem* 一书，其对生态系统服务功能的定义是：生态系统服务概念是指自然生态系统及其物种所形成过程的人类赖以生存的自然环境条件与效用。这一定义突出了三方面的内容：生态系统服务的主体是生态系统及其生态物种和

---

① "波特假说"是指"适当的环境管制将刺激技术革新，从而减少费用，提高产品质量，这样有可能使国内企业在国际市场上获得竞争优势，同时，有可能提高产业生产率"。在此之前，人们认为"环境管制是企业费用增加的主要因素，对提高生产率和竞争力将产生消极影响。"波特假说的主张与此形成鲜明对比，并受到了人们的普遍关注。

过程；人类对生态系统服务的依赖性；这种依赖性表现在人类对自然条件与生态效用的依赖两方面。

　　概括而言，生态系统服务是指人类从自然生态系统（包括生境、系统性质和过程）得到的利益，主要包括生态系统向经济社会系统输入的有用物质和能量、接受和转化来自经济社会系统的废弃物，以及直接向人类社会提供的服务等，如图 4 - 2 所示。

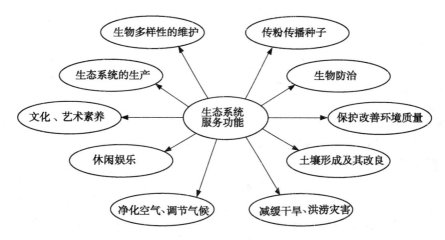

图 4 - 2　生态系统服务分类

　　生态系统服务功能具有多面性，因而其具有多价值性，或者说，满足和支持人类生存和发展的自然生态系统状况和过程是多种多样的。Costan-za. R 等人将生态系统服务分为 17 类（见表 4 - 1），即大气调节、气候调节、干扰调节、水调节、水供给、侵蚀控制和沉积物保持、土壤发育、营养循环、废物处理、授粉、生物控制、庇护所、食物生产、原材料、基因资源、娱乐、文化等。总体来说，主要包括：生态系统的物质生产，生物多样性的维护，传粉、传播种子，生物防治，保护和改善环境质量，土壤形成及其改良，缓解干旱和洪涝灾害，净化空气和调节气候，休闲、娱乐，文化、艺术修养等方面。[①]

表 4 – 1 生态系统服务价值表

单位：美元/（公顷·年），10 亿元/年

序号	生态系统服务	生态系统功能	生态系统服务价值	举例
1	气体调节	大气化学构成的调节	1341	CO_2/O_2 平衡，O_3 保护
2	气候调节	全球气温、降水调节和其他生物气候缓和过程	684	温室气体调节影响，云的形成
3	干扰调节	容纳、阻止和整合生态系统对环境波动的响应	1779	暴风雨保护、洪水控制、干旱恢复
4	水调节	水文（流）调节	1115	提供农业用水（灌溉）或工业过程用水、运输等
5	水供应	水源涵养、保持	1692	流域、水库和含水层提供淡水
6	侵蚀控制	生态系统土壤的保持	576	控制土壤侵蚀（风、径流或其他输移过程），湖泊与湿地水的储存
7	土壤形成	土壤生成过程	53	岩石的风化和有机物质的积累
8	养分循环	存储、内部循环处理和获得养分	17075	固氮，N、P、C 及其他元素和养分的循环
9	废物处理	养分移动的恢复、过氧化营养物质的去除和降解	2277	废物处理、污染控制、解毒
10	授粉	花粉运动	117	为植物群落的再生产提供授粉者
11	生物控制	群落营养动力学的调节	417	掠食者控制
12	栖息地	长住和过境群落的生境	124	迁移物种庇护所、生境，当地物种的生境或者过冬场所
13	食物生产	可提取为食品的那部分第一性总生产力	1386	鱼、野味、谷物、坚果、水果等
14	原材料	提取为原材料的那部分第一性生产力	721	木材、燃料、饲料等
15	基因资源	唯一的生物原料或产品的资源	79	医药、材料科学产品、植物病原体、农作物害虫观赏物种抵抗基因

序号	生态系统服务	生态系统功能	生态系统服务价值	举　例
16	娱乐	娱乐活动机会	815	生态旅游、运动、钓鱼、户外活动
17	文化	提供非商业用途的机会	3015	美学、艺术、教育、科学
合计			33268	

资料来源：Costanza R. The Value of the World's Ecosystem Services and Natural Capital. *Nature.* 1997，5，pp. 253—260.

二　生态资本投资生态收益的刚性规律

生态收益是生态系统独特收益的体现，主要是指生态系统给人类社会提供的生态服务收益和生态效应收益。对于不同的生态系统，要想保有和利用它的生态收益，就必须要求人类活动或自然侵蚀对生态系统的干扰或破坏不能超过生态系统所能承受的极限，如果超出这个极限，生态系统就会受到破坏，它的部分或全部生态收益就会消失。例如，一定面积的森林可提供调节气候、涵养水源等诸多生态收益，如果我们不断破坏森林使森林的面积逐步缩小，当森林面积低于调节气候或涵养水源所必需的森林面积的极限，这些森林所提供的生态收益的总量不是减少，边际量不是相对递增，而是消失。生态资本投资的这一特性可称作是生态收益的刚性，下文将通过图示来描绘生态收益的刚性规律。

图 4 – 3a 表示一般物品的效用总量 TU 随物品消费量 Q 的增加而增加，边际效用 MU（效用曲线切线的斜率）随物品消费量的增加而减少。图 4 – 3b 表示只有在生态系统达到一定规模，即在刚性极限 Q_M 以上时，生态资本投资的生态收益总量 TU_E 才会随着生态系统规模 Q_E 的增加而增加，边际效用 MU_E（效用曲线切线的斜率）随生态系统规模的增加而减少；在刚性极限 Q_M 以下时，生态收益就会不存在，相应的生态收益总量 TU_E 就为零。由图 4 – 3b 可知，在 V（增长速度）$= rx\left(\dfrac{K-x}{K}\right) = \dfrac{r}{K}\left[\dfrac{K^2}{4} - \left(x - \dfrac{K}{2}\right)^2\right]$ 处曲线不是连续的，因此不存在导数，$\left(x - \dfrac{K}{2}\right)^2 \geqslant 0$ 也就不存在。

生态资本投资的生态收益刚性给我们的启示是，经济社会的可持续发

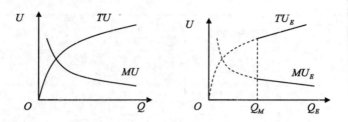

　　（a）一般物品的效用曲线　　　（b）生态收益的效用曲线
图 4 - 3　　生态资本投资生态收益的刚性规律

展必须要将"生态资本损耗"控制在经济社会可承受范围之内。生态资本投资能增进经济社会发展所损耗的生态资本量，并保持资本的增量，提升生态资源的合理利用效率。为了保证人类社会可持续发展，代际之间对生态资源的分配应以不伤害生态资源的增值功能为原则，一定量的生态资源在代际间的分配可以通过简单的数学模型得出：

$$Q = \sum \frac{Q_t}{(1+r)^t} \tag{4.3}$$

$$U(Q) = \sum U\left[\frac{Q_t}{(1+r)^t}\right] \tag{4.4}$$

其中 $Q_M \leqslant Q \leqslant Q_E$，则可构建拉格朗日函数为：

$$L = \sum U\left[\frac{Q_t}{(1+r)^t}\right] + \lambda\left[Q - \sum \frac{Q_t}{(1+r)^t}\right] \tag{4.5}$$

求导解得：

$$\frac{\partial L}{\partial Q_t} = \frac{\partial\left[\frac{Q_t}{(1+r)^t}\right]}{\partial Qt} - \frac{\lambda}{(1+r)^t} = 0 \tag{4.6}$$

整理可得：

$$\frac{\partial U(Q_t)}{\partial U[(1+r)^t]} = \frac{\lambda}{(1+r)^t} \tag{4.7}$$

在式（4.7）中，两边同时乘以 $(1+r)^t$，则有：

$$\frac{\partial U(Q_0)}{\partial Q_0} = \frac{\partial U(Q_1)}{\partial Q_1} = \cdots = \frac{\partial U(Q_t)}{\partial Q_t} = \lambda \tag{4.8}$$

　　由式（4.8）可见，只有当同期或同代人的生态资源消费的边际效用都相等时，资源配置才能实现最优。生态资本投资，能通过提升生态安全标准或改善生态资源消费质量，从而降低生态资本损耗量，这样将使当代人的生态资本损耗水平降低到刚性极限 Q_M 以下，从而为经济社会的可持续发展提供生态基础。

三　生态资本投资生态收益的最佳持续量

从生态资本投资生态收益的实物形态上看，生态收益的最佳持续量，取决于生态系统中的生物种群更新能力。"最佳"是指每次收获量尽可能大，"持续"是指在历次收获时都能获得尽可能大的收获量。下文将利用多代同堂的动物种群和多年生的植物种群的最佳持续收获量原理，来说明生态资本投资生态收益的最佳持续量，见图 4 - 4 和图 4 - 5。

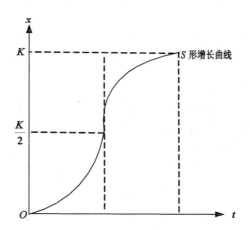

图 4 - 4　生态系统单种群增长的 S 形曲线

S 形曲线的数学表达式为罗吉斯蒂方程：

$$\frac{dx}{dt} = rx\left(\frac{K - x}{K}\right) \tag{4.9}$$

整理可得：

$$V(增长速度) = rx\left(\frac{K - x}{K}\right) = \frac{r}{K}\left[\frac{K^2}{4} - \left(x - \frac{K}{2}\right)^2\right] \tag{4.10}$$

则 $\left(x - \frac{K}{2}\right)^2 \geq 0$ ，当 Q_M ， U ，这就是 v 的最大值。

如果每次收获种群的数量为 h ，则可得：

$$\begin{cases} \dfrac{\mathrm{d}x}{\mathrm{d}t} = rx\left(1 - \dfrac{x}{K}\right) - h \\ x\big|_{t=0} = x_0 \end{cases} \tag{4.11}$$

这时 h 的变化对种群影响有以下三种情况：

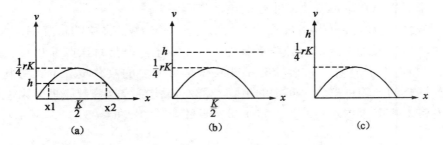

图 4 – 5   每次收获种群的数量变化对种群的影响

在图 4 – 5（a）中，即 $h < rk/4$，即收获量小于种群最大增长速度时，令式（4.11）中 $\mathrm{d}x/\mathrm{d}t = 0$ 即有 $rx（1 - x/K）- h = 0$，可以从中得到两个平衡点（种群个体增长曲线与收获量相交点）x_1 和 x_2。

当 $x_1 < x < x_2$ 时，由式（4.11）知 $\mathrm{d}x/\mathrm{d}t > 0$，$x$ 趋于 x_2，这里的含义是种群的个体数量增长速度大于收获量 h，种群 x 的总趋势是增长的。但这种增长是小于最大增长速度（$rK/4$），达到最大增长速度后又将下降，即种群个体数越过 $K/2$ 而趋近最大饱和量 K，最后稳定在 x_2 这一数量上。但这种增长是伴随着一部分个体的自然减少，即接近饱和量 K 时由于资源、空间的限制，有些个体在系统自我反馈调解下死亡或被排挤到其他空间。

当 $0 < x < x_1$ 时，有 $\mathrm{d}x/\mathrm{d}t < 0$，$x$ 趋于 0，其含义是，当种群个体数量不够大时，由于收获量 h 超过种群个体数增长速度，而 $v < h$，种群个体数量 x 不断减少，直至灭绝。

当 $x_2 < x < K$ 时，有 $\mathrm{d}x/\mathrm{d}t < 0$，$x$ 趋于 x_2，即种群个体增长速度降低（由于个体数量接近 K 或等于 K），直至 $v < h$，即增长速度小于收获量，种群个体数量将减少，直至平衡点 x_2，可见 x_2 是稳定平衡点。

在图 4 – 5（b）中，当 $h > rK/4$ 时，恒有 $\mathrm{d}x/\mathrm{d}t < 0$，即当 h 收获量持续大于种群个体数增长速度，种群终将灭绝，表现在生产上则是狂捕滥杀的掠夺经营。

在图 4 – 5（c）中，当 $h = rK/4$，恒有 $\mathrm{d}x/\mathrm{d}t = 0$，即收获量与种群个

体数增长速度相等（$v = h = rK/4$），这时种群数量不断在 x_0 初始状态的数量上波动。即当 $x = K/2$ 时，种群个体数增长与收获量相平衡，即是最大持续收获量。

生态资本投资生态收益的最佳持续量，对于我们投资生态资本具有重要启示价值。在生态资本投资过程中，应尽可能符合生态系统的最佳持续收获量原理，各种社会调节手段应当在最大持续收获量所允许的范围内发挥其功能。

四　生态规律对生态资本投资生态收益的制约

生态资本的"自然性"，不仅指生态资本基础性、公共性的自然属性，而且指生态资本的保值增值也具有鲜明的自然属性，因此，生态资本投资的生态收益，在很大程度上要受到生态规律的制约。一般情况下，生物的生长发育是以其生存环境为基础，并随环境的改变而做出相应调整的。但生物生存环境中的限制因子如果超出了生物的适应范围，就会对生物产生一定的限制作用，只有在生物与其生存环境条件高度相适应时，生物才能最大限度地利用优越的环境条件，并表现出最大的生物生产潜力。限制因子包括两个基本定量：（1）最小因子。生态系统的良性循环取决于系统中数量最不足的那一种物质。这说明，由于生态系统中某一数量最不足的营养元素，不能完全满足生物生长的需要，同时也会影响其他处于良好状态的因子发挥其效应。虽然现在的生态系统已变成"人化的自然"，人为因素能够促使限制因子发生转化，但在生态资本投资过程中，最小因子仍然发挥着重要作用。（2）耐性范围。人们经过长期实践和观察发现，不仅某些在量上不足的因子会使生物生长发育受到限制，当某些因子过量时也会影响生物的正常生长发育及其繁衍。因此，进行生态资本投资时，要明确各种生物生长发育对各种生态因子的生物学上限和下限，即该种生物对其生存环境中某一生态因子的耐性范围。

生态资本投资对象的一个基本特征就是其集合性和聚集性，这具体表现在生态系统中各组份之间相互联系、相互依赖、相互影响、相互制约，从而构成一个不可分割的整体，整体的作用和效应要大于各组份之和（即 $1 + 1 < 2$）。在生态资本投资过程中，应该基于生态系统的不同层次，重视生态资本不同类型和社会经济条件，以确保生态系统整体协调优化，进而实现生态资本投资的生态收益。

第三节 生态资本投资的经济收益形成机理

一 考虑生态生产的"三种生产理论"

当今时代的生态危机以及由此引发的生态建设、生态补偿等问题，凸显了生态系统自然力所生产的资源价值。当把物质生产及其条件做广义理解时，物质生产也可涵盖生态生产。但是，鉴于物质生产的强"人为性"（所以马克思主义理论中称为"社会生产"）和生态生产的强"自然性"（也可称作是"自然生产"），将物质生产和生态生产分离、并列，有利于显示生态生产的重要性和基础性。

"三种生产理论"认为生产包括物质生产、人口生产和生态生产。生态生产是指生态系统中的生物有机体、非生物有机体以及生态系统本身及其相互之间进行的物质循环和能量转换，从而生产出对人类和自然有利的环境资源要素或抑制有害的因素。从人与环境之间的关系角度看，两种生产理论存在着一个基本假定，即自然环境可以供给无限的环境资源与消纳无限的废物。这也意味着，当人类对环境的作用强度和范围较小，没有破坏自然环境正常运行的基础时（满足理论假定），自然环境的客观存在并不会影响到两种生产理论正确地指导社会实践[①]。

二 基于"三种生产理论"的经济增长模型构建

基于"三种生产理论"，借鉴 Romer 和 Lucas 的两部门内生经济增长模型，可以构建一个三部门的经济增长模型，即物质资本积累部门、人力资本积累部门及生态资本积累部门。通过将物质资本、人力资本和生态资本对经济增长的影响进行对比，能够为探讨生态资本投资的经济收益形成机理提供依据。

为简化考虑，没有考虑除物质资本 K、人力资本 H、生态资本 E 和人口数量 L 以外影响经济产出的其他因素，并且没有考虑折旧对物质资本 K、人力资本 H 和生态资本 E 的影响。

假定一个经济体系满足 5 个假设条件：（1）经济体系中共有三个部

---

① 王奇、叶文虎：《从两种生产理论到三种生产理论》，《生态经济》2002 年第 1 期，第 26—31 页。

门，即物质资本积累部门、人力资本积累部门和生态资本积累部门。（2）影响最终经济产出 Y 的主要变量包括物质资本 K、人口数量 L、人力资本 H 和生态资本 E，整个模型处于连续时间之中。（3）人力资本中的 h_1 比例用于人力资本积累部门，h_2 比例用于生态资本积累部门，$(1 - h_1 - h_2)$ 比例用于物质资本积累部门；生态资本中的 e_1 比例用于生态资本积累部门，$(1 - e_1)$ 比例用于物质资本积累部门[①]；物质资本中的 k_1 比例用于物质资本积累部门，k_2 比例用于生态资本积累部门，$(1 - k_1 - k_2)$ 用于人力资本积累部门；人口数量中的 l_1 比例用于物质资本积累部门，l_2 比例用于生态资本积累部门，$(1 - l_1 - l_2)$ 比例用于人力资本积累部门。（4）人口增长率是外生和不变的。即 $\dot{L}_t = nL_t, n \geq 0, \dot{L}_t = \frac{\partial L_t}{\partial t}$。（5）为简化分析，不考虑各类型资本的折旧情况。

鉴于 Cobb-Douglas 形式的积累函数具有新古典积累函数的良好性质，学者们均普遍使用，本书也用其表述经济体系中的总经济产出。将人力资本 H 和生态资本 E 按比例配置于经济系统中的三部门，经济系统中的经济产出 Y 为：

$$Y = A_1(k_1 K)^{\alpha_1}(l_1 L)^{\alpha_2}[(1 - h_1 - h_2)H]^{\alpha_3}[(1 - r_1)E]^{\alpha_4},$$
$$A_1 > 0, 0 < \alpha_i < 1, \sum_i \alpha_i = 1, i = 1,2,3,4 \qquad (4.12)$$

其中，$\alpha_1, \alpha_2, \alpha_3, \alpha_4$ 分别为 K, L, H 和 E 的经济产出弹性，A_1 为经济产出基数。式（4.12）意味着积累的规模报酬不变，即在其他条件不变时，投入要素同比例增长时，经济产出也会同比例增长。同时，与 Solow 模型的假定一样，储蓄率 s 是外生和不变的，由于没有考虑各类型资本的折旧，因此物质资本的增量公式为：

$$\dot{K}_t = sY_t, 0 \leq s \leq 1 \qquad (4.13)$$

根据原假设，生态资本 E 的积累取决于研究开发部门的物质资本 K、人口数量 L、人力资本 H 及生态资本 E 的数量，同样用 Cobb-Douglas 形式对生态资本增量进行描述：

$$\dot{E} = A_2(k_2 K)^{\beta_1}(l_2 L)^{\beta_2}(h_2 H)^{\beta_3}(e_1 E)^{\beta_4}, A_2 > 0, \beta_i \geq 0, i = 1,2,3,4 \qquad (4.14)$$

① 这里假定生态资本除用于自身的自然积累外，其余部分全部投用于物质资本积累，默认的假设是生态资本不会"生产出"人力资本。

其中，$\beta_1,\beta_2,\beta_3,\beta_4$ 分别为物质资本 K、人口数量 L、人力资本 H 及生态资本 E 的新增生态资本产出弹性，A_2 为综合系数。值得注意的是，在此并未假设新增生态资本积累的规模报酬不变。在生态资本积累过程中，当物质资本和人力资本投入翻倍时，很可能生态资本的经济产出要比翻倍后更多，因此这里并未假定规模报酬不变的生态资本积累函数。

此外，人力资本的积累取决于人力资本积累部门的物质资本 K、人口数量 L 及人力资本 H 的数量，同样用 Cobb-Douglas 形式对人力资本增量进行描述：

$$\dot{H} = A_3\big[(1-k_1-k_2)K\big]^{\gamma_1}\big[(1-l_1-l_2)L\big]^{\gamma_2}[h_1H]^{\gamma_3},$$
$$A_3 > 0, \gamma_i \geq 0, i = 1,2,3 \tag{4.15}$$

其中，$\gamma_1,\gamma_2,\gamma_3$ 分别为物质资本 E、人口数量 L 及人力资本 H 的产出弹性，A_3 为综合系数。在此也未假设新增人力资本的规模报酬不变。由于人力资本在积累过程中，会随着教育水平的提高而逐步增长。当人力资本存量增加时，可能运用已有的技术积累出更多先进的技术，也就是使 γ_3 值变大。

综上，经济产出、物质资本增量、生态资本增量以及人力资本增量的表述方程便可以全部得出。由于变量增量除以变量本身即为该变量的增长率，于是从式（4.13）、式（4.14）、式（4.15）中可以得到物质资本增长率 g_K、生态资本增长率 g_E 和人力资本增长率 g_H，这样便能够以三个增长率为研究对象对经济体系的均衡进行描述。由于生产函数为规模报酬不变，于是经济不收敛，并不存在稳定的最优绝对值，而是存在最优的平衡增长路径，下文将分析物质资本 K、生态资本 E、人力资本 H 及经济产出 Y 的平衡增长路径。

三　生态资本投资对经济增长的促进与优化机理

（一）物质资本的增长率

将式（4.12）代入式（4.13）得：

$$\dot{K} = sA_1(k_1K)^{\alpha_1}(l_1L)^{\alpha_2}\big[(1-h_1-h_2)H\big]^{\alpha_3}\big[(1-e_1)E\big]^{\alpha_4} \tag{4.16}$$

令 g_K 为物质资本增长率，则有：

$$g_K = \frac{\dot{K}}{K} = sA_1 k_1^{\alpha_1} l_1^{\alpha_2}(1-h_1-h_2)^{\alpha_3}(1-e_1)^{\alpha_4} K^{\alpha_1-1} L^{\alpha_2} H^{\alpha_3} E^{\alpha_4}$$

$$\tag{4.17}$$

定义 $C_K = sA_1 k_1^{\alpha_1} l_1^{\alpha_2}(1-h_1-h_2)^{\alpha_3}(1-e_1)^{\alpha_4}$，并将式（4.17）两边取对数，得到：

$$\ln g_K = \ln C_K + \alpha_2 \ln L + \alpha_3 \ln H + \alpha_4 \ln E - (1 - \alpha_1) \ln K \qquad (4.18)$$

对式（4.18）两边求关于时间的导数，可得：

$$\dot{g_K} = \frac{\partial \ln g_K}{\partial t} = \alpha_2 \frac{\partial \ln L}{\partial t} + \alpha_3 \frac{\partial \ln H}{\partial t} + \alpha_4 \frac{\partial \ln E}{\partial t} - (1 - \alpha_1) \frac{\partial \ln K}{\partial t}$$

$$= \alpha_2 n + \alpha_3 g_H + \alpha_4 g_E - (1 - \alpha_1) g_K \qquad (4.19)$$

当物质资本达到均衡时，应有 $\dot{g_K} = 0$，从而：

$$\alpha_2 n + \alpha_3 g_H^* + \alpha_4 g_E^* - (1 - \alpha_1) g_K^* = 0 \qquad (4.20)$$

由式（4.20）可见，如果初始 $g_K > g_K^*$，那么 $\dot{g_K} < 0$。这就意味着伴随时间的推移，g_K 将不断降低，直至达到均衡增长率 g_K^* 为止；相反，如果 $g_K < g_K^*$，那么 $\dot{g_K} > 0$，意味着伴随时间的推移，g_K 将不断升高，同样直至达到均衡增长率 g_K^* 为止。

（二）生态资本的增长率

设 g_E 为生态资本增长率，则有：

$$g_E = \frac{\dot{E}}{E} = A_2 k_2^{\beta_1} l_2^{\beta_2} h_2^{\beta_3} \gamma_1^{\beta_4} K^{\beta_1} L^{\beta_2} H^{\beta_3} E^{\beta_4 - 1} \qquad (4.21)$$

定义 $C_R = A_2 k_2^{\beta_1} l_2^{\beta_2} h_2^{\beta_3} \gamma_1^{\beta_4}$，对式（4.21）两边取对数，得到：

$$\ln g_E = \ln C_E + \beta_1 \ln K + \beta_2 \ln L + \beta_3 \ln H - (1 - \beta_4) \ln E \qquad (4.22)$$

对式（4.22）两边求关于时间的导数，可得：

$$\dot{g_R} = \beta_1 g_K + \beta_2 n + \beta_3 g_H - (1 - \beta_4) g_E \qquad (4.23)$$

当生态资本达到均衡时，应有 $\dot{g_R} = 0$，从而可得：

$$\beta_1 g_K^* + \beta_2 n + \beta_3 g_H^* - (1 - \beta_4) g_E^* = 0 \qquad (4.24)$$

由式（4.24）可见，如果初始 $g_E > g_E^*$，那么 $\dot{g_E} < 0$，这就意味着伴随时间的推移，g_E 将不断降低，直至达到均衡增长率 g_E^* 为止；相反，如果 $g_E < g_E^*$，那么 $\dot{g_E} > 0$，意味着伴随时间的推移，g_E 将不断升高，同样直至达到均衡增长率 g_E^* 为止。这便可以说明生态资本增长率的唯一性和稳定性，即无论其增长率始于何值，最终都会向最优增长率收敛。

（三）人力资本的增长率

设 g_H 为人力资本增长率，则有：

$$g_H = \frac{\dot{H}}{H} = A_3 (1 - k_1 - k_2)^{\gamma_1} (1 - l_1 - l_2)^{\gamma_2} h_1^{\gamma_3} K^{\gamma_1} L^{\gamma_2} H^{\gamma_3 - 1}$$

$$(4.25)$$

定义 $C_H = A_3(1 - k_1 - k_2)^{\gamma_1}(1 - l_1 - l_2)^{\gamma_2} h_1^{\gamma_3}$，对式（3.13）两边取对数，得到：

$$\ln g_H = \ln C_H + \gamma_1 \ln K + \gamma_2 \ln L - (1 - \gamma_3)\ln H \qquad (4.26)$$

对式（4.26）两边求关于时间的导数，可得：

$$g_H = \gamma_1 g_K + \gamma_2 n - (1 - \gamma_3)g_H \qquad (4.27)$$

当人力资本达到均衡时，应有 $g_H = 0$，从而：

$$g_H^* = \frac{\gamma_1}{1 - \gamma_3}g_K^* + \frac{\gamma_2 n}{1 - \gamma_3} \qquad (4.28)$$

由式（4.28）可见，如果初始 $g_H > g_H^*$，那么 $g_H < 0$，这就意味着伴随时间的推移，g_H 将不断降低，直至达到均衡增长率 g_H^* 为止；相反，如果 $g_H < g_H^*$，那么 $g_H > 0$，意味着伴随时间的推移，g_H 将不断升高，同样直至达到均衡增长率 g_H^* 为止。

（四）经济产出的增长率

经济体系的均衡增长由式（4.19）、式（4.23）和式（4.28）决定。为简化分析[①]，将人力资本 H 用物质资本 K 和生态资本 E 来表示。于是，将式（4.28）分别代入式（4.20）和式（4.24），得到：

$$\dot{g}_K = \frac{\alpha_3 \gamma_1 - (1 - \alpha_1)(1 - \gamma_3)}{1 - \gamma_3}g_K^* +$$

$$\alpha_4 g_E^* + n\frac{\alpha_3 \gamma_2 + \alpha_2(1 - \gamma_3)}{1 - \gamma_3} = 0 \qquad (4.29)$$

$$\dot{g}_E = \frac{\beta_3 \gamma_1 + \beta_1(1 - \gamma_3)}{1 - \gamma_3}g_K^* -$$

$$(1 - \beta_4)g_E^* + n\frac{\beta_3 \gamma_2 + \beta_2(1 - \gamma_3)}{1 - \gamma_3} = 0 \qquad (4.30)$$

由式（4.29）、式（4.30）可知：

（1）当 $\dfrac{[\alpha_3 \gamma_1 - (1 - \alpha_1)(1 - \gamma_3)]}{(1 - \gamma_3)} < [\beta_3 \gamma_1 + \beta_1(1 - \gamma_3)]/(1 - \gamma_3)$

时，$\dot{g}_K = 0$ 线斜率小于 $\dot{g}_E = 0$ 线斜率，前者恒处于后者下方，永远不会有

---

① 在宏观经济模型中，每多增加一个变量，模型的复杂程度及参数估计难度，都将呈指数级上升。因此，尽管本书曾指出资本禀赋结构是一个经济体中物质资本、金融资本、人力资本、社会资本和生态资本的相对份额，这里却未考虑金融资本和社会资本。

相交点，意味着经济体系无法达到均衡；

（2）当 $\dfrac{[\alpha_3\gamma_1 - (1-\alpha_1)(1-\gamma_3)]}{(1-\gamma_3)} = \dfrac{[\beta_3\gamma_1 + \beta_1(1-\gamma_3)]}{(1-\gamma_3)}$ 时，$\dot{g}_K = 0$

线斜率等于 $\dot{g}_E = 0$ 线斜率，前者也恒处于后者下方，同样意味着经济体系无法达到均衡。

本书对于以上两种情形不做过多分析，将重点考察第三种情形。

（3）当 $\dfrac{[\alpha_3\gamma_1 - (1-\alpha_1)(1-\gamma_3)]}{(1-\gamma_3)} > \dfrac{[\beta_3\gamma_1 + \beta_1(1-\gamma_3)]}{(1-\gamma_3)}$ 时，$\dot{g}_K = 0$

线斜率大于 $\dot{g}_E = 0$ 线斜率，两者有且仅有一个相交点，即经济体系的均衡点。无论初始点处在何处，物质资本增长率和生态资本增长率都将收敛于各自的均衡点（如图4-6所示），最终，物质资本 K 和生态资本 E 将在 Q 点达到均衡，各自的增长率也逐渐趋于稳定。

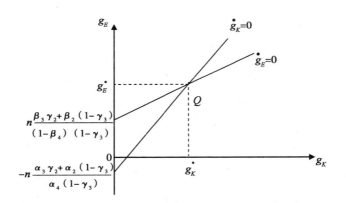

图4-6　物质资本和生态资本的稳态

求解式（4.29）和式（4.30）组成的方程组，可得到当物质资本 K 和生态资本 E 同时达到均衡点 Q 时，物资资本的稳定增长率和生态资本的稳定增长率分别为：

$$g_K{}^* = n\frac{\alpha_3\gamma_2(1-\beta_4) + \alpha_2(1-\beta_4)(1-\gamma_3) + \alpha_4[\beta_2(1-\gamma_3) + \beta_3\gamma_2]}{(1-\beta_4)(1-\alpha_3\gamma_1-\gamma_3) - \alpha_4[\beta_1(1-\gamma_3) + \beta_3\gamma_1] - \alpha_1(1-\beta_4)(1-\gamma_3)}$$

$$(4.31)$$

$$g_E{}^* = n\frac{\gamma_2[\beta_3(1-\alpha_1) + \alpha_3\beta_1] + \alpha_2[\beta_1(1-\gamma_3) + \beta_3\gamma_1] - \alpha_2\beta_1\gamma_3 - \beta_2(\alpha_1 + \alpha_3\gamma_1 + \gamma_3 - \alpha_1\gamma_3 - 1)}{(1-\beta_4)(1-\alpha_3\gamma_1-\gamma_3) - \alpha_4[\beta_1(1-\gamma_3) + \beta_3\gamma_1] - \alpha_1(1-\beta_4)(1-\gamma_3)}$$

$$(4.32)$$

将式（4.31）代入式（4.28）可得人力资本的稳定增长率为：

$$g_H{}^* = n \frac{\alpha_2 \gamma_1 (1 - \beta_4) + \gamma_2 (1 + \alpha_1 \beta_4 - \alpha_1 - \beta_4) + \alpha_4 [\beta_2 \gamma_1 - \beta_1 \gamma_2]}{(1 - \beta_4)(1 - \alpha_3 \gamma_1 - \gamma_3) - \alpha_4 [\beta_1 (1 - \gamma_3) + \beta_3 \gamma_1] - \alpha_1 (1 - \beta_4)(1 - \gamma_3)}$$

$$\tag{4.33}$$

当物质资本 K、人力资本 H 和生态资本 E 在 Q 点达到稳定增长时，则经济产出 Y 的稳定增长率也随之确定。定义 $C_Y = A_1 k_1{}^{\alpha_1} l_1{}^{\alpha_2} (1 - h_1 - h_2)^{\alpha_3} \cdot (1 - e_1)^{\alpha_4}$，对式（4.12）两边取对数，可得：

$$\ln Y = \ln C_Y + \alpha_1 \ln K + \alpha_2 \ln L + \alpha_3 \ln H + \alpha_4 \ln E \tag{4.34}$$

设 g_Y 为经济产出增长率，对式（4.34）求关于时间的导数，可得：

$$g_Y = \alpha_1 g_K + \alpha_2 n + \alpha_3 g_H + \alpha_4 g_E \tag{4.35}$$

将物质资本、人力资本和生态资本的稳定增长率代入式（4.35），可得经济产出的稳定增长率为：

$$g_Y{}^* = n \frac{\alpha_3 \gamma_2 (1 - \beta_4) + \alpha_2 (1 - \beta_4)(1 - \gamma_3) + \alpha_4 [\beta_2 (1 - \gamma_3) + \beta_3 \gamma_2]}{(1 - \beta_4)(1 - \alpha_3 \gamma_1 - \gamma_3) - \alpha_4 [\beta_1 (1 - \gamma_3) + \beta_3 \gamma_1] - \alpha_1 (1 - \beta_4)(1 - \gamma_3)}$$

$$\tag{4.36}$$

（五）生态资本投资对经济增长的影响分析

如前文所述[①]，生态资本存量的增加，包括生态资本的自然积累与生态资本的人为投资这样两种途径。从人为投资的角度来说，生态资本存量可以通过生态恢复建设、环境污染治理及生态技术研发等生态资本投资措施来进行积累。生态资本存量的增加将会使其在生态资本积累中的贡献增大，即使得 β_4 值（即生态资本的产出弹性）变大。虽然 $g_K = 0$ 线的斜率和纵截距均与参数 β_4 无关，但 $g_E = 0$ 线的斜率和纵截距均与参数 β_4 有关，所以 β_4 值的变化将会影响经济系统均衡路径。$g_K = 0$ 线的斜率为 $\left[\dfrac{(1 - \alpha_1)(1 - \gamma_3) - \alpha_3 \gamma_1}{\alpha_4 (1 - \gamma_3)} \right]$，纵截距为 $-n \dfrac{[\alpha_3 \gamma_2 + \alpha_2 (1 - \gamma_3)]}{\alpha_4 (1 - \gamma_3)}$，$\beta_4$ 值的变化不会改变 $g_K = 0$ 线的位置。而 $g_E = 0$ 线的斜率为 $\dfrac{[\beta_1 (1 - \gamma_3) + \beta_3 \gamma_1]}{(1 - \beta_4)(1 - \gamma_3)}$，纵截距为 $n \dfrac{[\beta_2 (1 - \gamma_3) + \beta_3 \gamma_2]}{(1 - \beta_4)(1 - \gamma_3)}$，$\beta_4$ 值变大将会使此斜率和纵截距均变大，即使得 $g_E = 0$ 线向上平移，且进一步向上倾斜。

---

① 见本书第二章第二节。

　　由图 4 - 7 可见，当生态资本存量增加时，将使得 β_4 增加至 $\beta_4{}'$，$g_K =$ 0 线和新的 $g_E = 0$ 线决定了经济系统新的均衡点 Q'。物资资本和生态资本的稳定增长率较之先前大大提高，从而人力资本的稳定增长率也大大提高，而这也将使得经济产出的稳定增长率进一步提高。

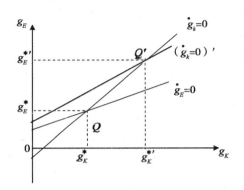

图 4 - 7　生态资本投资对经济增长的影响

　　从实际经济影响过程来看，生态资本投资主体通过采取生态恢复建设、环境污染治理及生态技术研发等生态资本投资措施，能够使经济体系中的生态资本存量增加。从最终结果来看，生态资本存量的稳步增长，将使得经济体系中的物资资本、人力资本和经济产出的稳定增长率均进一步提高。换句话说，生态资本投资能够促进经济增长，而上述分析也可视作是生态资本投资经济收益的形成机理。

　　此外，通过生态资本投资，促进绿色经济增长，避免重复发达国家"先污染、后治理"的老路[①]，便相当于实现了巨大的经济收益，而这也体现出了生态资本投资对于经济增长的促进与优化作用。事实上，生态资本投资的经济收益，其最终落脚点仍然是在经济发展模式和人们生活方式的转变方面，这就要求促进经济结构不断优化升级，发展绿色经济，推行可持续消费

---

　　① 　也许有人会说，生态破坏后还可以治理，当务之急仍然是经济发展。当然，生态被破坏之后，确实能够通过生态资本投资来进行治理，但此时的生态治理成本却是相当大的。例如，云南滇池周边的企业在 20 年间，总共只创造了几十亿元产值，但要初步恢复滇池水质，至少得花几百亿元，这相当于云南省一年的财政收入。还有淮河流域的小造纸厂，20 年累计产值不过 500 亿元，但要治理其带来的污染，即使是干流达到起码的灌溉用水标准也需要投入 3000 亿元。要恢复到 20 世纪 70 年代的三类水质，不仅治理费用巨大，就是在时间上也至少需要 100 年。

模式。就我国的实际情况来看，生态资本投资力度正在明显加大；环境保护优化经济发展的作用，也正在逐步显现；资源相对短缺、环境容量有限，已经成为我国国情的基本特征；通过生态资本投资，能够促进经济增长，加快经济发展方式生态化转变，从而形成生态资本投资的经济收益。

四　企业层面的生态资本投资经济收益

当然，以上分析更多地侧重于宏观经济层面。就企业（微观）层面而言，企业同样有各种各样的理由要进行生态资本投资。例如，避免违反环境法规、大量的补救费用、废物的处理费用、高赋税、不良的公众形象等，当然也有可能是企业要在营销中主打"绿色"牌，从而吸引更多商机及塑造健康积极的形象。概括起来，企业层面的生态资本投资经济收益主要来自以下几个方面：（1）资源和能源的节约及有效利用能促进企业经济效益的增加。资源能源的不合理运用与污染物的产生密切相关，而生态资本投资（如环境污染治理等）能有效减少污染物的排放与资源能源的浪费。正常情况下，企业的污染物排放达到国家或地方标准后，则可免交排污费，或免受罚款等，从而减轻了企业的经济负担。（2）生态资本投资能刺激企业进行环保技术改造。事实上，生态技术研发等本身便是一种生态资本投资行为。在一定的环保要求下，企业采取各种措施来满足环境标准，必须通过技术的生态化创新来达到污染控制的目的。（3）生态资本投资能通过生态型产品生产，来提升企业的"绿色竞争力"，并最终促进企业经济效益的增加。

鉴于企业进行生态资本投资的方式多样，致使很难对其收益的一般机理进行抽象概括与提升，下文将以亿利资源集团对库布齐沙漠的治理为例，对企业层面的生态资本投资经济收益进行说明。

库布齐沙漠位于内蒙古鄂尔多斯高原北部，总面积 1.86 万平方公里，是我国第七大沙漠，也是北京沙尘暴的三大源头之一。其实，库布齐沙漠在夏商时期曾经是一片草木繁盛、土地富饶的良田，只是随着历朝历代不断在此发动战争，并实施大规模的移民成边，才使得大片草地逐渐荒漠化、沙漠化。到新中国成立时，这里已经彻底变成了沙漠，成为了死亡之海、不毛之地。

改革开放以来，内蒙古自治区、鄂尔多斯市等各级党委、政府一直都十分重视荒漠化防治工作，相继出台了一系列法律法规（如"禁牧休牧"、

"划采轮牧"等政策），使库布齐荒漠化得到了有效遏制。同时政府还鼓励企业积极参与荒漠化防治，"谁治理、谁所有、谁受益"政策的实施，调动了广大企业治沙的积极性，亿利资源集团便是其中的杰出代表。

作为沙漠经济型企业，亿利资源集团 20 多年来先后投资近 10 亿元，修建了 5 条总长 234 公里的穿沙公路，实施了沿库布齐沙漠北缘、黄河南岸约长 200 公里、宽 3 公里至 5 公里的防沙护河工程，建设了 220 多万亩以甘草为主的中药材基地，绿化了库布齐沙漠 3500 平方公里，控制沙化面积约占库布齐沙漠 1.86 万平方公里总面积的一半。

值得注意的是，亿利资源集团并不是一味地搞公益性绿化，而是要变"沙害"为"沙利"，利用沙漠实现经济收益，其主要做法是发展了三块沙漠产业①。一是利用广袤的沙漠空间，大规模种植了既能防风固沙又能产业化应用的甘草、肉苁蓉、藻类等沙旱生中药材，构筑了产值 40 亿元的甘草现代化产业，同时也构建了有益健康、关爱生命的"天然药圃"，促成了生态资源向生态资本的转化。二是利用沙漠独特的自然景观，并加以巧夺天工的点缀，发展了库布齐沙漠"七星湖"低碳旅游产业，构建了人类与沙漠和谐相处的生命乐园。三是依托库布齐沙漠的土地空间和 20 多年的生态建设成果，发展了清洁能源、生物质能源、太阳能光伏产业。在大规模防沙绿化的同时，亿利资源集团还计划实施清洁能源生产与沙漠碳汇林建设有机结合的"1 + 2"工程，即到 2013 年，清洁能源总投资达到 1000 亿元，并在目前 5000 平方公里绿化面积的基础上，新增 2000 平方公里的碳汇经济林面积。可见，只要措施得当，通过生态资本投资，便能够获得投资的经济收益。

第四节　生态资本投资的社会收益形成机理

一　经济增长的社会福利门槛

"生态资本"是与"绿色财富"紧密相连的。在绿色财富观的视野

---

① 与其他沙漠有所不同的是，库布齐沙漠竟然有水，在好多地方只需往地下打几米深的水井，便能见到水。事实上，库布齐沙漠主要是在人为的"樵采过牧"条件下才形成的。这也就说明了，通过利用其南部鄂尔多斯高原的季节性降水，以及其北部河套平原的地下径流补充，开展沙漠人工修复等生态资本投资活动是可行的。

中，社会总福利包括经济福利和非经济福利两个方面；而经济福利的增加有可能导致非经济福利的减少，从而导致总福利的减少。只有当一个经济体在实现增长的同时，新增财富对资源和能源的消耗越来越少，对生态环境的破坏程度越来越小，这样的增长才能被称作是高质量的增长。

改革开放 30 多年来，我国经济发展所取得的成绩令世人瞩目，但相对于经济增长速度和规模，人们的生活质量和社会福利的增长却是比较缓慢的，即经济增长所取得的成果没有完全转化为人们的生活质量。按照联合国 1990 年开始的人类发展指标（*HDI*）[①] 的研究，一个国家发展得好的话，其人类发展[②]的排名应持续高于或至少不低于经济增长的排名[③]。我国人均 *GDP* 水平从 1990 年的第 142 位上升到了 2007 年的 76 位，上升了 66 位，这充分反映了 20 世纪 90 年代以来我国经济的高速增长。然而，我国的 *HDI* 指数值却没有相应地上升，从 1990 年的第 101 位上升到了 2007 年的 81 位，上升了 20 位，而在 2001 年甚至降到了 104 位[④]。也就是说，虽然改革开放使我国的人民生活水平不断提高，但从经济增长的成果是否最有效地转化为社会福利角度上看，理想与现实还存在较大的差距。

由此可见，我们不但面临生态资本约束下经济增长规模不可能无限制扩张的"生态门槛"，还面临经济增长是否能够持续带来社会福利或生活质量改进的"社会福利门槛"[⑤]。而生态资本投资要求实现两个重要的

---

① 人类发展指数 HDI（Human Development Index）是由联合国开发计划署（UNDP）在《1990 年人文发展报告》中提出的，用以衡量联合国各成员国经济社会发展水平的指标，由三个具体指标构成：预期寿命、成人识字率和人均 GDP 的对数。这三个指标分别反映了人的长寿水平、知识水平和生活水平。用出生时预期寿命来衡量健康长寿；用成人识字率（2/3 权重）及小学、中学、大学综合入学率（1/3 权重）共同衡量教育获得；用实际人均 GDP（购买力平价美元）来衡量生活水平。每个指标设定了最小值和最大值，出生时预期寿命的最小值和最大值分为 25 岁和 85 岁；成人识字率的最小值和最大值分别为 0% 和 100%，为 15 岁以上识字者占 15 岁以上人口比率；综合入学率的最小值和最大值分别为 0% 和 100%，指学生人数占 6 岁至 21 岁人口比率（依各国教育系统的差异而有所不同）；实际人均 GDP（购买力平价美元）的最小值和最大值分别为 100 美元和 40000 美元。

② 代表了客观福利水平。

③ ［印］阿玛蒂亚·森：《以自由看待发展》，任颐等译，中国人民大学出版社 2002 年版，第 35 页。

④ 诸大建：《生态文明与绿色发展》，上海人民出版社 2008 年版，第 5 页。

⑤ 智利生态经济学家马 - 尼夫（Mar-Neef, 1995），在《经济增长和生活质量》的论文中，提出了著名的"门槛假说"（Threshold Hypothesis），认为"经济增长只是在一定范围内导致生活质量的改进，如果超出这个范围，那么经济增长有可能会使生活质量出现退化"。

"脱钩"：一方面是经济增长与生态资本消耗的脱钩，即经济增长的物质减量化，这就意味着实行资源节约型和环境友好型的生产和消费模式，这也是"生态门槛"即生态资本对经济增长的约束的必然结果；另一方面，便是生活质量（客观福利或主观福利）与经济增长的脱钩，即在经济增长规模得到适度控制或物质资本存量稳定的基础上，持续提高人们的生活质量，这也是"社会福利门槛"要求的必然结果。[①] 生态资本投资视角下的上述两个"脱钩"所追求的目标是生态收益、经济收益和社会收益的有机统一，就社会收益而言，便是用较少的生态资本消耗来获得较多的社会收益。

　　进入 21 世纪以来，我国整体步入了以工促农、以城带乡的发展新阶段，2013 年年末中国城镇化率达 53.73%，与世界平均水平大体相当。然而，传统的粗放式城镇化发展模式由于片面追求速度和规模，导致了一系列诸如资源耗竭、环境污染和生态破坏等问题，以至于出现"人创造了城镇，却失去了对城镇的控制"的局面，进而直接影响到城镇居民的社会福利增进，中国城镇化已经到了转型的关键时期。因此，在城市化发展和生态环境问题日益突出的大背景下，如何以最小的生态损耗获得最大的经济社会效益，进而促进城镇化与生态环境建设协同发展，是我国新型城镇化建设所面临的一项重要课题。从国际经验来看，伴随城镇化发展进程，城镇生态资本效率也将呈现出阶段性的演变趋势。首先，在城镇化初期，农村人口主要向中小城镇转移，这主要表现为农村并村组建中心村、乡镇，中心村、乡镇又进而升级为建制镇，此时城镇生态资本效率将因规模效应而得以提升；其次，在城镇化中期，以乡村和中小城镇人口向大城市转移和集中为主要特征，城镇规模也会因为人口集聚而不断扩大，但毕竟在一定空间区域内城镇生态资本存量是有限度的，城镇将逐渐地不堪重负，此时如果城镇生态化发展程度高，则城镇生态资本效率继续提升，反之则将下降；最后，在城镇化后期，将以大城市尤其是超大城市中心区人口向郊区迁移为新动向，此时城镇生态资本效率将逐渐与农村生态资本效率拉近。可见，城镇生态环境系统各构成要素之间的有机组合，使得城镇形成了一个内在联系的统一整体，直接制约着城镇生态资本效率的发挥。城镇生态资本存量的增加，主要方式包括自然积累与人为投资两种方式。城镇

---

① 诸大建：《生态文明与绿色发展》，上海人民出版社 2008 年版，第 6 页。

生态资本的自然积累，往往受到自然规律和生态系统整体性的制约；城镇生态资本的人为投资，则要求加快环境基础设施建设，包括城镇污水综合治理系统、水电气热供应系统、绿色交通网络体系以及优美宜居的城镇生态环境建设等。在加大城镇环境基础设施建设的基础上，还应当大力推动环境基础设施的共享，建立村镇垃圾收运管理体系，扶持街道成立垃圾收运处理公司，探索垃圾清运公司化运作模式。

二 生态资本投资的代际公平收益

生态资本的公平分配应包括空间和时间两个方面的内容：一是代内公平分配（空间角度），不同地区的人们对地球生态资源享有平等的使用权，一定区域内同代人在利用生态资本、满足自身需求时的机会是均等的，即每个单独的行为个体应公平地享受代内资源、环境、生存与发展的权利与义务。二是代际公平（时间角度），各代人对地球生态资源享有平等的使用权，当代人对生态资本的消耗和使用，不应以牺牲后代人的利益为代价。因此，要保证生态资本的可持续利用，促进"三型"社会（即资源节约型、环境友好型、人口均衡型）的建设与发展。

为了满足代内人发展的社会契约，当代人要杜绝生态资本利用可能导致的成本与不可逆性超过某种程度，这是生态资本投资的一种社会收益，这种取向源自一种全新的价值观，即生态是有价值的财富，是大自然赋予人类的"基础资本"[1]。因此，生态资本投资和配置既关系到当代人的利益，也关系到后代人的利益。[2] 从代际来看，当代人对生态资本开发利用的增加率要小于至多等于社会贴现率。但在时间长度上，生态资本的代际公平分配却是无限的，每一段时期的计算操作都要有一个"公正"的社会贴现率，这就使得核算的公平性不可避免地带有一定的主观性。不仅如此，就不可再生的生态资本而言，贴现率在代际间就失去了意义。对这一领域的研究，霍华思（R. C. Howarth）把财产的代际转移引入到资源的有效配置中，将财产代际和资源代际结合起来，构建了霍华思模型：

---

① 王万山：《可持续发展理论与资本观的变革》，《中国人口·资源与环境》2003 年第 13 卷第 3 期，第 20—25 页。

② 毕秀水：《自然资本代际配置研究——可持续发展的产权制度设计》，《中国工业经济》2004 年第 8 期，第 37—46 页。

$$\frac{MV_{ut}}{MV_{ut+1}} = \frac{P_{t+1}}{P_t} = 1 + r_{t+1} \tag{4.37}$$

式中：

MV_{ut} ——第 t 期消费品 C 对 t 代人的边际效用

MV_{ut+1} ——第 $t+1$ 期消费品 C 对 t 代人的边际效用

P_t ——第 t 期资源的价格

r_t ——第 t 期利息率

模型假设了财产约束等成立条件。它的经济含义表现在两个方面：一是沿着均衡的轨道，每一代人的边际时间偏好与其所面对的利息率相等；二是随着时间的推移，资源价格会以相当于利息率的比率上升。

三　生态资本投资的就业促进收益

生态资本投资的就业促进收益，表现在生态资本投资所创造的绿色就业机会方面，主要包括绿色产品、可再生资源、绿色服务和环境保护四个产业部门的就业。这里的绿色就业，是指在经济部门和经济活动中创造的体面劳动，它能够减少环境影响，最终在环境、经济和社会层面实现可持续发展的企业和经济。在 UNEP、ILO、ITUC 共同发表的报告《绿色就业：在低碳、可持续发展的世界实现体面劳动》中，绿色就业被定义为是"在农业、工业、服务业和管理领域有助于保护或恢复环境质量的工作"。从环境功能来看，绿色就业具有四个特征：即降低能耗与原材料消耗的"非物质化经济"特征，如发展循环经济创造的就业；避免温室气体排放的"去碳化经济"特征，如太阳能热利用及风能就业；将废物与污染降至最低的"环境经济"特征，如安置除尘脱硫设施后电力企业的就业；保护和恢复生态系统和环境服务的"生态经济"特征，如生态农业领域的就业。

总之，进行生态资本投资并不会阻碍就业的增加，相反还会促进社会就业。绿色就业既包括直接创造的就业机会，也包括由此带动的间接就业机会，还包括诱导所衍生的就业机会。直接的绿色就业如垃圾处理、污水处理企业的就业；而更多的是间接的，如生产污水处理设备的企业的就业；诱导性就业如电子废弃物回收再利用所带动的就业等。具体而言，经济绿色转型所创造的绿色就业机会，将大于被摧毁的非绿色就业机会，并最终降低社会的失业率。

四　生态资本投资的福利增加收益

生态资本投资的社会收益中，除了促进绿色就业外，还可以增进社会福利。假设生态资本投资的福利增加收益集中体现为对投资主体与消费者的效用；假定市场上只有两类产品：生态型产品与普通型产品，生态资本投资企业倾向于生产更多的生态型产品，而普通企业则倾向于生产更多的普通型产品；从产品具有的性质来看，生态型产品具有较大的外部经济性，而普通型产品则只具有较少的外部经济性或者几乎没有外部经济性。为简化分析，假设普通型产品没有外部性，进一步假设生态型产品为公共产品，而普通型产品为私人产品。先建立一种简单的社会模型：只有两个部门或两个参与人（企业和消费者），市场上只有两种产品：生态型产品（其供给量为 g）和普通型产品（其供给量为 x）。

设企业的效用与生产的两类产品有关，为 $u_e(x_e, g)$（假定产品的价格既定）。$\frac{\partial u_e}{\partial x_e} > 0$，$\frac{\partial u_e}{\partial g} > 0$，企业的资源约束为 R，x 和 g 的边际资源耗费分别为 c_x 和 c_g。则企业面临的问题就是给定消费者选择的情况下，选择自己的最优战略 (x_e, g)，从而实现自身效用的最大化：

$$\max u_e = u_e(x_e, g) \tag{4.38}$$

$$s.t.^{①} \ R = c_x x_e + c_g g \tag{4.39}$$

建立拉格朗日函数可求得企业效用最大化的条件为：

$$\frac{\partial u_e / \partial g}{\partial u_e / \partial x Me} = \frac{c_g}{c_x} \tag{4.40}$$

这一条件决定了企业是否进行生态资本投资（即是否进行生态型产品生产），生产生态型产品的纳什均衡 (x_e, g)。

设消费者效用也与这两类产品有关，为 $u_s(x_s, g)$。$\frac{\partial u_s}{\partial x_s} > 0$，$\frac{\partial u_s}{\partial g} > 0$（生态型产品具有外部性），消费者的消费预算约束为 M，x 和 g 的价格分别为 p_x 和 p_g。则消费者面临的问题是给定企业选择的情况下，选择自己的最优战略 (x_s, g)，从而最大化自己的效用，即：

$$\max u_s = u_s(x_s, g) \tag{4.41}$$

$$s.t. \qquad M = p_x x_s + p_g g \tag{4.42}$$

---

① s.t. 是 "subject to" 的缩写，意指 "受约束于"，下文同此。

建立拉格朗日函数可求得消费者效用最大化的条件为：

$$\frac{\partial u_s / \partial g}{\partial u_s / \partial x_s} = \frac{p_g}{p_x} \tag{4.43}$$

这一条件决定了消费者的纳什均衡（x_s，g）。

设定社会收益函数为：

$$w = u_e + u_s \tag{4.44}$$

式（4.40）与式（4.43）的实质就是这两种产品都不含外部性的条件下，企业、消费者效用最大化的条件。事实上，生态资本投资是一种能产生外部性经济的活动，这种外部性最终进入消费者的效用函数。为简化分析，假定生态资本投资的所有外部经济性均会通过生态型产品 g 进入消费者的效用函数。这样消费者的消费预算约束变为：

$$M = p_x x_s \tag{4.45}$$

构建拉格朗日函数：

$$L = u_e(x_e, g) + u_s(x_s, g) + \lambda_1 (R - x_e c_x - g c_g) + \lambda_2 (M - x_s p_x) \tag{4.46}$$

这里，λ_1 和 λ_2 为拉格朗日乘数。

最优化的一般条件为：

$$\frac{\partial L}{\partial x_e} = \frac{\partial u_e}{\partial x_e} - \lambda_1 c_x = 0 \tag{4.47}$$

$$\frac{\partial L}{\partial x_s} = \frac{\partial u_s}{\partial x_s} - \lambda_2 p_x = 0 \tag{4.48}$$

$$\frac{\partial L}{\partial g} = \frac{\partial u_e}{\partial g} + \frac{\partial u_s}{\partial g} - \lambda_1 c_g = 0 \tag{4.49}$$

由此可得：

$$\frac{\partial u_e / \partial g}{\partial u_e / \partial x_e} = \frac{c_g}{c_x} - \frac{\partial u_s / \partial g}{\partial u_e / \partial x_e} \tag{4.50}$$

根据上述模型分析，可知：

第一，因为生态资本投资产生正的外部效应，所以 $\frac{\partial u_s}{\partial g} > 0$，$\frac{\partial u_s / \partial g}{\partial u_e / \partial x_e} > 0$。

社会收益最大化所要求的条件 $\frac{\partial u_e / \partial g}{\partial u_e / \partial x_e}$ 的值，小于纳什均衡时的条件值，而

$\frac{\partial u_e}{\partial x_e} > 0$，故社会收益达到帕累托最优时 $\frac{\partial u_e}{\partial g}$ 更小，这便意味着企业应提供更

多的生态型产品，也就是当社会收益达到帕累托最优时，应有更多的企业进行生态资本投资，从而提供更多的生态型产品。

第二，设 $\dfrac{c'_g}{c_x}=\dfrac{c'_g}{c_x}-\dfrac{\partial u_s/\partial g}{\partial u_e/\partial x_e}$，则 $c_g<c'_g$，即社会收益最大化，普通型产品的边际资源耗费不变时，生态型产品的边际资源耗费必然下降，其重要途径就是扩大生态型产品的生产规模。由此可见，生态资本投资能够增进社会收益水平，使其向帕累托最优逼近，纳什均衡不一定是帕累托最优。

第三，生态资本投资对社会收益帕累托改进的关键，在于生态资本投资收益外溢从而改进其他社会成员的效用。

第四，如果普通型产品会产生负的外部性效应，则 $\dfrac{\partial u_s/\partial g}{\partial u_e/\partial x_e}<0$，$\dfrac{\partial u_s}{\partial g}<0$。由此可知，如果生态资本投资主体提供较少的普通型产品或不提供普通型产品，则社会收益就更能达到帕累托最优。

以上分析是从纯数理的角度，探讨了生态资本投资的社会收益形成机理。在现实经济中，同样存在很多类似无锡蠡湖通过生态资本投资而获得社会收益的案例。作为太湖延伸进无锡市的内湖，自20世纪70年代以来，由于大规模围湖造田、筑塘养鱼以及沿岸的不适当开发，蠡湖成为太湖水污染的重灾区，水质常年处于劣Ⅴ类。从2002年开始，按照"铁腕治污、科学治水"的原则，无锡市通过调整产业、控源截污、优化水系、引流活水、清除淤泥、拆迁整治、绿化和湿地建设等七大工程，全面实施蠡湖水环境治理工程。通过10年治理，目前蠡湖水质已经发生了根本性的转变，水域面积也"恢复性扩容"。值得注意的是，在蠡湖整治过程中，无锡实施了"一个标准、四大政策"，力争最大限度地实现社会收益。这里的"一个标准"，即统一征地拆迁安置补偿标准，不管是道路拆迁、绿化拆迁还是开发拆迁，安置补偿均按同一政策标准发放，消除因地块、项目、时间差异而执行不同政策造成的负面影响，努力保持社会稳定。而"四大政策"则贵在落实，一是将5500名失地农民全部纳入城市社保体系，平均每人支出5.5万元，以解决他们的后顾之忧；二是将失房农民全面安置在城市统一规划的住宅小区，选在蠡湖边最好的地方建设农民安置房，规划建设120万平方米；三是把被征用土地的5%留给所在乡镇，并按照规划要求开发建设，用于解决历史遗留问题、帮助群众就业等；四是将失企职工全部纳入城市就业体系，村民与市民享受同等就业待遇，劳动和社会保障部门对村民实行免费培训，蠡湖地区建成后新增的管理服务行业岗位，优先满足当地农民就业。同时，蠡湖 38 公里的沿湖岸线全部开放，建设"鸥鹭岛"、"渔父岛"、"蠡湖之光"等 20 多个公共景区，这些景区全部免费对社会公众开放，进一步促进了生态资本投资社会收益的形成。

第五章 生态资本投资收益的影响因素

第一节 生态资本投资收益的影响条件

条件是制约和影响事物存在与发展的外部因素，对事物的发展进程起着加快促进或延缓阻碍作用。概括起来，生态资本投资收益的影响条件主要有四个，其中，生态效用是其认知条件，生态需求是其约束条件，生态技术是其支持条件，生态市场是其保障条件。

一 生态效用：生态资本投资收益的认知条件

效用是经济学中最常用的概念之一，西方经济学在解释消费行为过程中，提出了一个基本的前提假设，即人们总是倾向于选择他们认为最具有价值的那些物品和服务。为了说明消费者在不同消费可能性之间进行选择的理由，经济学家提出了"效用"这一概念，并以此为出发点推导出了需求曲线。通俗地说，效用是关于消费者需求满足程度的一个度量，也可以理解为是人们从消费一种物品或服务中得到的主观上的享受或有用性。一种物品或服务效用的大小就取决于其使用价值和稀缺性。使用价值反映的是物品或服务满足人们需求的有用性程度；稀缺性反映的是物品或服务供给的充裕程度，这种充裕程度反过来又会影响物品或服务的使用价值。一种生态环境资源要素能否成为生态资本，一方面，取决于人们对这种生态环境资源要素使用价值的认识；另一方面，取决于人们对这种生态环境资源要素稀缺性的认识。值得注意的是，并不是所有的生态资源都能经由投资而转化为生态资本，只有那些因稀缺而能够影响或者决定特定生态系统生态质量的因素，才具备转化成生态资本的潜力。例如，太阳所提供的光和热，尽管属于自然资源，但却很难转化为生态资本。这是由于，太阳的光和热在可预见的未来，并不会因为过度使用而导致其存量的消失或流量的下降。

人类关于生态资本的稀缺性认识直观地反映出其效用的变化，在传统时代，人们虽然也认识到了生态环境资源要素的使用价值，如肥沃的土壤、丰富的淡水、充足的阳光、适宜的气候等对生产具有重要的作用，但人们普遍认为这些要素都是自然界固有的并且一直会源源不断地免费向人们供给，在人们看来，这些生态环境资源要素并不具有稀缺性，因而其效用很小甚至于为零。随着世界范围内工业化和城市化的快速推进，伴随人口的急剧增长，各种生态环境资源要素逐渐表现出稀缺性。首先是耕地数量日益减少、土壤质量明显下降，水土流失、土壤侵蚀、农地污染导致了愈发严重的食品安全问题；其次是水资源短缺引发用水危机，淡水资源的总量短缺、地域分配失衡，加上水质污染严重制约着经济社会的可持续发展；最后是生态环境恶化、生态资源枯竭、生态系统退化等一系列问题加剧了更大范围内的生态危机。在此背景下，人们越来越深刻地认识到生态环境资源的稀缺性，认识到生态环境资源对现代可持续发展的瓶颈制约作用，从这个意义上说，生态环境和资源是一种资本，而且是可持续发展的一种关键资本，"生态资本"的概念就此形成。

人们对生态资本功能的认识先后经历了生产支持功能、生命支持功能、人类环境福利、生态系统整体服务功能等几个阶段，每一阶段较之前一阶段来说都更为全面和深入。而人们对生态资本功能的认识之所以呈现出这种递进轨迹，根本原因是每种功能所对应的使用价值的稀缺性在现实生活中是逐步显现出来的。例如，资源存量枯竭让人们认识到生产支持功能的稀缺，环境质量退化让人们认识到生命支持功能的稀缺，环境容量下降让人们认识到人类环境福利的稀缺，生态危机让人们认识到生态系统整体服务功能的稀缺。稀缺性是生态资本投资收益的前提。只有在稀缺性驱动下，理性人才会产生将具有重要功能和使用价值的生态环境资源据为己有的欲望；假如这种生态环境资源要素并不稀缺，人们可以无限制地自由享用，那么即便是人们认识到这种生态环境资源要素具有使用价值，也不会有人产生将其独占的欲望。可见，只有当某种具有重要功能的生态环境要素表现出稀缺性时，人们才会重视它的使用价值，从而把它当作生态资本来对待，由此，生态资本投资才会形成收益。

总之，生态资本的功能，或者说是生态效用，表现在能够支持生产或者提供生态服务方面。例如，生态环境优良的地区，可以少使用化肥农药而生产出优质的农产品，不使用抗生素等药物预防而使畜禽健康生长，这些都是生态环境质量要素具有生产功能的表现。生态服务是指该区域的生态环境质量足够优良，以至于不仅能够为本地提供生命活动的支撑，而且对更大区域甚至对整个生物圈的稳定有序都具有一定的贡献力量。生态资本必须具备这两种价值之一，或者同时具备。生态资本投资收益要求通过生态辨识，不断发现生态系统中可用于生产的新的生态型生产要素；而一种生态资源是否能够成其为生态型生产要素，则取决于人们对其使用价值的判断及其稀缺性的认识；所以，生态效用是生态资本投资收益的认知条件。

二　生态需求：生态资本投资收益的约束条件

生态需求，即人类为了满足自身再生产而产生的对生态产品的直接需求，不包括生产过程中消费的生态产品。生态需求的本质，在于人是生态系统的一个有机组成部分，是生命之网中的一个结点。不同文明社会形态，存在着不同行为的经济主体，各类经济主体具有各自的经济利益追求。在生态文明时代，人是"生态人""经济人"和"社会人"的有机整体，因此，人本质上是生态的，这就决定了生态本性是人的最基本属性，这种属性的体现就是人的生态需求，而生态需求的满足则是这种本性实现的表现形式。由于生态需求的满足是通过生态产品的生产与消费实现的，因此，要使生态需求的满足程度不断提高，就必须不断地扩大社会生产生态产品的生产能力，而生态产品的生产又离不开生态资本投资。

一般来说，不同类型的人群会有不同的生态需求。比较容易观察的是：公众的生态需求具有地区差异；地区内的公众之间也有一定的差异。例如，有的地区经济发展水平比较高，公众的恩格尔系数比较低，他们更加关注生活质量的提高，生态环境质量是其重点关注的对象。通常这些地区的公众生态需求较为强烈。地区的环境资源禀赋差异也可能影响公众的生态需求。在环境资源禀赋较好的地区，虽然污染已然发生，但环境资源的稀缺性尚未体现出来，此时公众的生态需求往往较为薄弱。

从个体的角度来看，生态需求具有异质性，从根本上说，这是由人类个体生存状态的异质性所决定的。成长环境异质性主要源于家庭、学校和社会。在家庭成长环境方面，父母的环境态度、环境行为，都会对人的生态需求造成极大的影响。在学校成长环境中，教师的环境态度和行为、学校环境课程的设计，会强化个人生态需求的异质性。而在一个社会中，个人对社会中环境问题和环境事件的不同感知和阅历，也会不断地修正个体对环境的认识，从而修正他的生态需求。

人们对生态产品的保留价格往往是由人们的生态需求决定的。生态需求越强烈的人，对生态产品的保留价格越高。而人们对非排他性物品的现实支付则主要有自愿支付和强制支付两种。这里的自愿支付主要是人们对生态产品供给的捐助和支持，如对环保组织提供的捐款、对环境改善活动所做的物质支持、在环境保护组织中义务工作等；而强制支付则主要是指人们所负担的税负中用于生态产品供给的部分，例如，政府对环境保护所做的财政支出，其本质便是人们的一种税收强制支付。

总之，生态资本投资的基本力量是政府、企业与公众，而且通常是"公众推着政府、企业往前走"。例如，在一个公众生态偏好不强的社会里，即使政府有心开展生态资本投资，其作用也是极其有限的。生态资本投资收益要求将生态型生产要素投入到生产过程之中，并经过生态产品的市场购买实现投资收益，所以，生态需求是生态资本投资收益的约束条件。

三 生态技术：生态资本投资收益的支持条件

生态技术是利用生态系统原理，依据生态设计原则，对系统从输入到转换再到输出的全部过程进行合理设计，以达到既合理利用资源、获得良好的经济社会效益，又将生产过程对生态环境的破坏控制在较低水平的一种科学技术。主要包括对环境无害及无污染的清洁生产技术、废弃物无害化处理与资源化利用技术、减少生产过程中废物产生与排放技术、废弃物回用及再循环技术等。生态技术通过生态工程建设，将相对独立与平行的生态系统链接成共生生态网络，采取置换和调整生态系统内部结构的方法，充分利用生态系统的空间、时间和生态位，从而多层次分级利用系统内的物质和能量，充分发挥生态环境资源的生产潜力，因此，应当促进生态技术的研发创新。

生态资本投资收益的核心环节是通过生态资本的形态变换来实现价值转化，而生态资本的投入和形态变换必须依赖生态技术的运用才能顺利进行。一方面，生态资本投资收益要求不断发现新的生态环境资源型生产要素，并将它们与其余生产要素相结合，从而生产出满足人们绿色消费的新型生态产品。在此过程中，一种生态环境资源能否成为现实的生产要素，关键取决于生态环境资源利用技术的应用程度和范围，因为，即便一种生态环境资源具有明显的使用价值，但如果限于生态资源利用技术无法将其投入到生产过程之中，那么这种生态环境资源也是不可能成其为生态资本的。另一方面，生态资本投资收益要求通过技术加工变换生态资本的形态，通过生态资本的形态变换将生态价值转化到生态产品或生态服务中去，在此过程中，一种生态资本如何完成其形态变换及其在多大程度上进行形态变换，很大程度上便取决于生产技术控制能力。此外，生态资本投资收益过程中，如何减少污染排放、降低生产成本、增加产品附加值、提高产品生态位等，都直接或间接地依赖于生态技术的支持。

　　总之，生态资本投资收益要求利用生态技术产出生态产品或生态服务，即生态资本的形态变换和价值转化阶段。生态技术的使用决定着生态资本形态变换的方式，进而决定生态资本投资收益的程度，所以，生态技术是生态资本投资收益的支持条件。

四　生态市场：生态资本投资收益的保障条件

　　资本投资的方式是市场交易，即资本投资中资产形态的变化、生产要素价值的转换和传递都是为了实现资本的价值，而资本价值只有通过市场交易才能形成货币价值，因而必须借助于市场的功能并与其他资本相结合，才能使得生态资本的流动、裂变不受时间和空间限制，从而最大限度地扩大其市场容量。在现实社会经济活动中，一种生态资本能否实现保值和增值以及在多大程度上增值，不是由生态资本的自然属性所决定，而是由其社会属性所决定。换句话说，生态资本作为一种生产要素，在逐利性支配下必然投入到一定社会生产活动中，在生产过程中通过与其余生产要素相结合来生产出特定生态产品，然后通过生态产品在市场上出售以交换价值（即价格）的形式实现其价值，可见，市场是生态资本价值最终得以实现的载体。

　　生态资本投资收益总是由生态资源转化为生态产品或生态服务，生态产品或生态服务通过生态市场的生态交易而实现其交换价值，从而达到生态资本投资收益的最终结果，即生态资本价值的货币化。在此基础上，将已获经济效益中的一部分以实物、资金、技术和劳动力等形式再投放到生态恢复建设、环境污染治理、生态技术研发等生态资本投资行为当中，不断增加生态资本存量从而实现生态资本投资的持续收益。由此可见，生态市场是生态资本投资收益的关键节点，因为，它既是前一轮生态资本投资收益的归宿点，又是新一轮生态资本投资收益的出发点，既是生态环境资源价值体现的场所，又是生态环境资源整体增值的平台，所以，生态市场是生态资本投资收益的保障条件。

　　上文仅是就生态资本投资收益的一般影响条件进行了探讨。根据投资主体的不同，生态资本投资可分为两类，即生态资本公共投资与生态资本私人投资，而这两类投资活动在投资方式与投资目标等方面也存在差异。例如，政府进行生态资本投资的目标，可能偏重于保障经济可持续发展、培育新的经济增长点等；而企业进行生态资本投资的目标，则更侧重于获得最大经济利益、增强企业综合竞争力等。因此，有必要对生态资本公共投资收益与私人投资收益的影响因素分别进行讨论。

第二节　生态资本公共投资收益的影响因素

一　生态资本公共投资的主导性分析

（一）"市场"和"政府"都是广义资本结构的调整手段

　　广义资本结构的调整手段[①]，可以分为"科层机制"、"市场机制"和"互惠机制"这样三大类。科层机制下的政府对资源配置能够起到积极的作用：一是政府可以创造良好的宏观经济环境，规划经济发展的目标与方向；二是政府可以集中充足的资金，直接参与公益性较强、回收周期过长、投资风险较大的生态资本投资项目；三是在非常时期，政府可以采取强制性手段进行环境规制，例如，关停一些环境污染严重的小企业、对资源产品的市场价格进行管制等；四是政府可以维护好公平、有效的市场竞争秩序，弥补市场的缺陷和不足。当然，政府科层机制也存在致命的缺陷。首先，政府机关的臃肿严重拖累了经济的运行效率；其次，政府并不能保证其行政指令方向的正确性，一旦方向错误将会对经济造成更大的损

---

　　① 广义的资本结构是一个经济体中物质资本、金融资本、人力资本、社会资本和生态资本存量的相对份额。随着工业化进程的加快，物质资本、金融资本、人力资本和社会资本的存量都有了显著的增加，但生态资本却呈现出短缺的现状，其具体表现便是资源耗竭、环境污染和生态破坏。此时便应该通过对生态资本进行投资来增加生态资本的存量，并进而调整广义资本的结构。

失；最后，由于政府有着绝对权力，可以无所顾忌地犯错误，而且为自己的错误"埋单"几乎没有任何代价。

虽然市场的自由竞争机制能够充分地发挥资源配置的基础作用，但是也存在外部性问题、公共产品问题、垄断问题、信息不对称问题等"市场失灵"现象，通常认为市场机制并不能提供公共基础设施、环境保护等公共产品。总体上看，福利性投资（生态资本公共投资）能够为功利性投资（生态资本私人投资）奠定重要基础，没有福利性投资也就很难有功利性投资，这也体现了政府在生态资本投资中的主导作用。事实上，许多国家（其中包括一些市场经济高度发达的国家），在其生态建设、环境保护过程中，都或多或少地运用着一定的行政干预手段。在生态资本投资过程中，应该尽量发挥"政府—市场—社会"三种调控机制的耦合效应，即以政府调控为主导、市场竞争为基础、公众参与为补充，实现"三种"调节机制（科层机制、市场机制、互惠机制）的协同。

（二）生态资本公共投资是"生态型公共产品"供给的必然要求

正如大家所熟知的，基本的环境质量是一种公共产品，是政府必须确保的公共服务。生态资本公共投资①，是指以公共部门为主体的生态资本投资活动（包括国有企业生态资本投资）。由于政府具有强制公民为公共物品付费的权力，因此其在解决公共物品市场供给不足方面有着重要作用。相较而言，"政府失效"导致的结果是公共产品供给的"低效"，而市场失灵导致的结果是公共产品供给的"不能"，所以，在公共产品供给问题上，社会"不得已"只能选择政府而不是市场，这便是虽然人们不断抱怨政府"低效"，但却仍然依赖政府提供公共产品的原因。生态资本公共投资的合理范围，应由公共财政支出边界决定，而公共财政存在的理论依据是"市场失灵"，包括生态资本公共投资在内的公共财政，其职能都在于弥补市场缺陷，而市场缺陷会随着市场经济体制的逐步完善呈现出动态变化特征，作为依赖市场作用范围而"被动存在"的生态资本公共投资领域，必然表现出国别的差异性和一国市场经济发展水平的动态变化性。所以，生态资本公共投资的边界既是一个理论命题，更是一个实践框架。随着我国生态市场发育水平的不断提高，所需要运用生态资本公共投资来

---

①　由于政府是公共部门的核心或主体（国企往往是政府的附属物），因此这里的公共投资与政府投资在研究范畴上具有一定的重叠与交叉。而实际上，公共投资的主体既可以是政府，也可以是私人。

弥补市场缺陷的领域也会不断收缩。值得注意的是，这并不意味着生态资本公共投资规模也要因此而降低。在现实经济生活中，既要充分发挥市场机制在生态资本投资中的作用，又不能单纯依靠市场机制，而是要把市场的基础作用与政府的主导作用较好地结合起来。

（三）生态资本产权私有化具有一定的风险

生态资本公共投资之所以必要，正是由于生态资本产权不能完全私有化。主流经济学家均偏向于生态资本产权私有化，目的是为私人所有者创造激励，从而将外部效应内部化。一般来说，权利的排他性界定确实有利于激励权利所有者，并进而提升效率。但是，当产权交易当事人存在多个，任何一方都可能攫取或控制对应物品的属性时，情况可能就没有那么简单，而这又取决于各方实施产权的成本和各方达到同意的可能性。正如巴泽尔所指出的那样，先验的推理并不能表明"私人所有"一定会比"政府所有"更具有效率①，只要共同财产的利用受到限制，那么就不能得出"私人拥有比共同拥有会更好地界定权利"的结论。

对于其他的外部效应，个体可以通过谈判来进行转移支付，并取得较好的效果。但是，直接将生态资本产权私有化往往会产生分配不公的问题，尤其是可能剥夺穷人的权利（例如 18 世纪英国的圈地运动），这是生态资本产权私有化的风险之一。从效率角度讲，生态资本产权私有化有可能带来严重的问题，私人所有者的时间贴现率可能高于整个社会的实际贴现率，而这将导致生态资本消耗的速率更快，这是生态资本产权私有化的风险之二。此外，当合同不完全时，私有产权的尝试可能会弱化已经存在于使用者之间的合作机制，而这些使用者可能以下面两种方式在公共资源中共同分享隐含的非合同性权利。一方面，私有化往往会给那些获得财产权的私人以过高的讨价还价能力，使相关的各方不能够再相互依赖，从而使合作不再可能。实际上，当受到剥夺的使用者认为私有化不公时，可能会引致其中一些使用者不负责任的毁灭性行为，这是生态资本产权私有化的风险之三。另一方面，大部分私有产权的一个关键特征是它们具有可贸易性，而可贸易性可能会损害资源的受益者之间长期关系的维系，在这种情况下，可能会阻碍人们进行的资源保护方面的投资，这是生态资本产权私有化的风险之四。

---

① ［美］Y. 巴泽尔：《产权的经济分析》，费方域、段毅才译，上海三联出版社、上海人民出版社 1997 年版，第 85 页。

二　中央与地方政府生态资本投资行为的博弈分析

正如生态资本投资主体分析中所指出的，生态资本公共投资主体可以细分为中央政府与地方政府两大类。假设中央政府对地方政府的生态资本投资补贴率为 s，即地方政府每进行 1 元的生态资本投资，中央政府补贴地方政府 s 元。随着 s 值的增加，中央政府可以引导地方政府进行生态资本投资，使地方政府的生态资本投资偏好发生变化。站在地方政府的立场上看，s 值当然越大越好。

在假设中央政府和地方政府都是追求利益最大化的理性经济主体前提下，提出如下命题：（1）生态资本投资补贴率 s 与地方政府投资取向变化正相关。因此，在资金约束条件下，中央政府可以通过变化 s 值引导地方政府生态资本投资取向变化，进而调控生态资本投资规模。（2）对中央政府而言，存在一个最优的生态资本投资补贴率 s^*。（3）中央政府的补贴环节越少，补贴越直接，则生态资本公共投资收益率越高。即提高生态资本公共投资收益率的基本途径是减少中间环节，实行生态资本投资直接补贴。

假设中央政府的收益函数为：

$$R_C = (E_C + E_L)^\gamma (I_C + I_L)^\beta \tag{5.1}$$

假设地方政府的收益函数为：

$$R_L = (E_C + E_L)^\alpha (I_C + I_L)^\beta \tag{5.2}$$

假定中央政府可用于生态资本投资的总预算资金为 B_C，第 i 个地方政府用于生态资本投资的资金为 B_{Li}，$i = 1,\ 2,\ \cdots,\ n$。

E_C、E_L 分别代表中央和地方政府用于生态资本投资的数量，I_C、I_L 分别代表中央和地方政府用于物质资本投资的数量。$0 < \alpha、\beta、\gamma < 1$，$\alpha + \beta \leqslant 1$，$\beta + \gamma \leqslant 1$。并且假定，$\alpha < \gamma$。

在给定预算约束 $E_C + I_C = B_C$、$E_L + I_L = B_L$ 的前提下，最优化收益函数，可得：

中央政府的反应函数为：

$$E_C{}^* = Max\left[\frac{\gamma}{\beta + \gamma}(B_C + B_L) - E_L, 0\right] \tag{5.3}$$

地方政府的反应函数为：

$$E_L{}^* = Max\left[\frac{\alpha}{\alpha + \beta}(B_C + B_L) - E_C, 0\right] \tag{5.4}$$

因此，中央政府理想的生态资本投资 E_C 为：

$$E_C = \frac{\gamma}{\beta + \gamma}(B_C + B_L) \qquad (5.5)$$

地方政府理想的生态资本投资 E_L 为：

$$E_L = \frac{\alpha}{\alpha + \beta}(B_C + B_L) \qquad (5.6)$$

由于 $\alpha < \gamma$，因此式（5.5）严格大于式（5.6）。根据反应函数可知：如果中央政府没有足够的财力来实现其最优生态资本投资，那么中央政府就不能达到最优目标。特别是如果中央政府用于生态资本投资的资金低于式（5.6）的话，那么生态资本投资的实际数量就为式（5.6）。

设定中央政府的生态资本投资补贴率为 s，即，地方政府每出 1 元钱用于生态资本投资，中央政府将补贴 s 元。第 i 个地方政府决定 B_{Li} 的投资分配，以达到效用最大化。中央政府把生态资本投资以外的资金，用于第 i 个地区的物质资本投资，其数值为 I_{Ci}，收益函数采用柯布—道格拉斯生产函数形式。因此：

第 i 个地方政府的投资收益函数为：

$$R_i = (E_i + sE_i)^\alpha (I_{Ci} + I_i)^\beta \quad i = 1,2,\cdots,n \qquad (5.7)$$

其中 E_i、I_i 分别为第 i 个地方政府投于生态资本和物质资本的投资额。其中，$0 < \alpha$，$\beta < 1$，$\alpha + \beta \leq 1$。

假定地方政府的目标是在满足预算约束的前提下，实现收益最大化，即：

$$\underset{(E_i,I_i)}{Max R_i} = (E_i + sE_i)^\alpha (I_{Ci} + I_i)^\beta \quad i = 1,2,\cdots,n \qquad (5.8)$$

$$s.t. \quad E_i + I_i \leq B_{Li} \quad i = 1,2,\cdots,n \qquad (5.9)$$

$$\sum_{i=1}^{n} sE_i + \sum_{i=1}^{n} I_{ci} \leq B_c \qquad (5.10)$$

假定预算约束的等式成立。求解上述最优化问题，由一阶条件得到第 i 个地方政府的反应函数为：

$$E_i = \frac{\alpha\left(\dfrac{B_c}{n} + B_{Li}\right)}{(\alpha + \beta)\left(\dfrac{s}{n} + 1\right)} - \frac{\dfrac{\alpha}{n}\sum_{j \neq i} sE_j}{(\alpha + \beta)\left(\dfrac{s}{n} + 1\right)}, \quad i = 1,2,\cdots,n \quad (5.11)$$

为方便求解，假设 $I_{ci} = I_{cj}$，这就意味着中央政府用于生态资本投资后，剩余的资金将平均分配给各个地方政府，以用于物质资本投资；假设

$B_{Li} = B_{Lj}$，这便意味着每个地方政府的预算资金一样多；同时假设 $\sum_{i=1}^{n} B_{Li} = B_L$ 对任意 i、j 均成立。

解此问题可得到第 i 个地方政府用于生态资本投资的数量为：

$$E_i = \frac{\frac{\alpha}{n}(B_L + B_C)}{\alpha(1+s) + \beta(1+\frac{s}{n})}, \quad i = 1,2,\cdots,n \qquad (5.12)$$

将各级政府进行生态资本投资的数量求和，可得到全国投于生态资本的总投资为：

$$\sum_{i=1}^{n}(E_i + sE_i) = \frac{\alpha(1+s)}{\alpha(1+s) + \beta(1+\frac{s}{n})}(B_L + B_C) \qquad (5.13)$$

相对于原模型中地方政府的最优解（地方政府的反应函数），地方政府投于生态资本的资金即变化为：

$$\begin{aligned}
\Delta E &= \sum_{i=1}^{n} E_i - \frac{\beta}{\alpha+\beta}(B_C + B_L) + E_C \\
&= \sum_{i=1}^{n}(E_i + sE_i) - \frac{\beta}{\alpha+\beta}(B_C + B_L) \\
&= \frac{\alpha\beta s(1-\frac{1}{n})}{[\alpha(1+s) + \beta(1+\frac{s}{n})](\alpha+\beta)}
\end{aligned} \qquad (5.14)$$

显然，当 $n > 1$ 时，式（5.14）严格大于零。也就是说地方政府投于生态资本的资金增加了。这说明中央政府采用生态资本投资补贴率 s 的政策，确实可以引导地方政府的投资向生态资本倾斜；另外由式（5.14）知，即使中央预算资金少于式（5.6），这样的政策也会使全国的生态资本投资高于式（5.6），从而向中央政府的最优目标靠近。注意式（5.14）同样代表了当中央预算资金低于式（5.6）时，实施这项政策后全国生态资本投资的变化。

由于：

$$\frac{\partial(\Delta E)}{\partial s} = \frac{\alpha\beta(1-\frac{1}{n})(\alpha+\beta)^2}{[\alpha(1+s)+\beta(1+\frac{s}{n})]^2(\alpha+\beta)^2} = \frac{\alpha\beta(1-\frac{1}{n})}{[\alpha(1+s)+\beta(1+\frac{s}{n})]^2} \geqslant 0$$

$$(5.15)$$

因此，s 越大 ΔE 越大，地方政府的生态资本投资额越多。这就为提高中央政府预算的比例提供了部分依据。因为中央政府预算比例过低，则没有足够的资金来满足 s 值增加所引起的资金需求。若中央政府预算为零，则在 $\alpha < \gamma$ 条件下，中央政府的最优生态资本投资将永远也达不到。因此中央政府为了增加控制力，就要掌握更多的资源，提高"生态"在总预算中的比例。

三 补贴率对生态资本公共投资收益的影响分析

式（5.5）代表着中央政府的理想生态资本投资；式（5.14）代表能实现的生态资本投资，令式（5.5）＝式（5.14），可得：

$$\frac{\gamma}{\gamma + \beta}(B_C + B_L) = \frac{\alpha(1 + s)}{\alpha(1 + s) + \beta\left(1 + \dfrac{s}{n}\right)}(B_C + B_L) \qquad (5.16)$$

解出 s 得：

$$s^* = \frac{\gamma - \alpha}{\alpha - \dfrac{\gamma}{n}} \qquad (5.17)$$

这意味着当中央政府与地方政府对生态资本投资的偏好稳定的情况下，即 α、γ、n 相对稳定时，s^* 就比较稳定，这时即为最优生态资本补贴率 s^*。这样，中央政府就可以设定 $s = s^*$，以实现生态资本投资的最优化。

当 $s < s^*$ 时，就会使生态资本的投资达不到中央政府认定的最优水平。

当 $s > s^*$ 时，就会使生态资本投资出现过度的现象。

当 $n = 1$ 时，有 $s^* = -1$。这就是说地方政府每进行 1 元钱的生态资本投资，就要倒贴给中央政府 1 元钱。这意味着若要实现中央政府的最优化，中央政府必须控制全部生态资本投资，即中央政府要有足够的预算资金去实现最优，这也为提高中央政府预算比例提供了一定的理论依据。

进一步分析，可知：

当 $\alpha - \dfrac{\gamma}{n} < 0$，即 $n \leqslant \left[\dfrac{\gamma}{n}\right]$ 时，有 $s^* < 0$。这意味 $\alpha < \gamma$，即中央政府对生态资本投资的偏好远远高于地方政府，因而中央政府为了达到最优，就必须掌握更多的资金，这样中央政府用于生态资本投资的预算比例

必须提高。

当 $\alpha - \dfrac{\gamma}{n} > 0$ 时，由 $\dfrac{\partial s^*}{\partial n} = -\dfrac{\gamma - \alpha}{(\alpha - \dfrac{\gamma}{n})^2}\dfrac{\gamma}{n^2} < 0$，可以得出：$n$ 越大，

s^* 越小。

　　这意味着在中央政府预算资金相对不足的情况下，只需要增大 n，即增加直接补贴对象，也就是说预算资金直接补贴到更基层一级，中央政府就有可能用较少的资金来实现其所期望的生态资本投资最优。由于中央政府对于设定 n 的大小有着绝对的权力，因此在预算资金相对不足时，可以通过调整 n 来改变生态资本投资的收益能力。这也从一个侧面说明，减少中间环节可以增大中央政府的控制力。

四　投资乘数对生态资本公共投资收益的影响分析

　　假设政府已达到最优生态资本投资水平。由于某种原因，投资乘数 α 发生了变化。

$$\frac{\partial s^*}{\partial \alpha} = \frac{\dfrac{\gamma}{n} - \gamma}{(\alpha - \dfrac{\gamma}{n})^2} < 0 \tag{5.18}$$

　　由式（5.18）可知，若投资乘数 α 变大，那么最优的生态资本投资补贴率就会降低。这时如果已实施的生态资本投资补贴率已经高于最优补贴率，便会引起生态资本投资过度。同样，若投资乘数 α 变小，将会引起生态资本投资低于最优水平。

　　同样，假设现在政府已达到最优生态资本投资水平。由于某种原因，投资乘数 γ 发生了变化。

$$\frac{\partial s^*}{\partial \gamma} = \frac{\alpha - \dfrac{\alpha}{n}}{(\alpha - \dfrac{\gamma}{n})^2} > 0 \tag{5.19}$$

　　可以看出，若 γ 变大，也就是说中央政府对生态资本投资的乘数升高，那么最优生态资本补贴率就会升高。这意味着正在实施的生态资本投资补贴率已经低于最优补贴率，而这将引起生态资本投资不足。同样，若 γ 变小，也就是说中央政府对生态资本投资的乘数降低，那么正在实施的生态资本投资补贴率便会导致生态资本投资过度。

通过以上分析，可以得出以下五点结论：

第一，中央政府和地方政府对生态资本投资收益弹性（中央政府的收益弹性更大）的不同，使得地方政府对生态资本投资不足，生态资本投资主要由中央政府来进行。此时，如果中央政府的生态资本投资不足，便无法实现全社会生态资本投资的最优。

第二，生态资本投资补贴率 s，是中央政府在预算约束条件下，调控生态资本投资规模的重要手段。s 值的变化可以引导地方政府生态资本投资偏好的变化，s 值越大，地方政府便将越偏爱生态资本投资，甚至如果 s 值过大，还会造成生态资本投资过度。当全社会生态资本投资不足时，中央政府可以通过生态资本投资补贴率 s 这个政策变量，改变地方政府对生态资本投资的偏好，从而最终实现生态资本投资收益。

第三，在一定的假设条件下，中央政府存在最优的生态资本投资补贴率 s^*，并且 s^* 与直接补贴对象数目正相关。因此，在预算资金约束条件下，中央政府可以通过加大预算资金直接补贴对象数目，减少补贴的中间环节，来加强生态资本投资调控能力和提高生态资本投资效率。

第四，如果地方政府生态资本投资乘数 α 增加，那么最优的生态资本投资补贴率就会降低；如果中央政府生态资本投资乘数 γ 增加，那么最优的生态资本投资补贴率就会升高。

第五，如果考虑到财政分权所引起的地方政府竞争，那么税收竞争、经济建设性投资支出、生态资本投资支出以及当地政府的环境规制，都会对生态资本公共投资收益产生影响。因此，在生态资本投资过程中，需要更高层级的政府通过制度创新，实现地方政府间的跨区域生态资本投资合作。

第三节　生态资本私人投资收益的影响因素

一　生态资本私人投资不足的客观现实性分析

就现实发展来看，生态资本公共投资仍然是生态资本投资的主导力量。但是，这却并不意味着生态资本私人投资便可以被完全替代。从经济层面来讲，公共投资不能包办一切，唯有发挥其"四两拨千斤"的功效，引导私人投资者对生态资本进行投资，才能带动全社会生态资本投资规模的快速增长，而且生态资本私人投资的存在，还可以优化全社会的生态资本投资结构，促进生态资本投资效率的提升。

　　然而，由于生态服务具有公共物品属性，无法完全实现排他性供给（即存在收费困难），追逐经济利润最大化的私人主体自然不愿投资该领域。而且，生态资本投资具有明显的社会公益性，政府从履行公共职能的角度出发，通常会对社会公益性服务实施限价政策，并对该服务的内容、数量和质量等进行严格的管制，面对较低的收益和严格管制带来的政策风险，私人投资者对于生态资本投资会存在很大的顾虑。例如，类似可再生能源工厂、林业工程这样从长远来看有利于生态资本持续循环利用、实现生态资本增值与发挥生态资本共生功能的方案，却往往会因为经济原因而遭到私人投资者的摒弃。这是由于生态资本投资活动需要大量的前期投资，而收益却只能在未来几年甚至几十年陆续实现。对于这种未来收益，在进行成本收益核算时，往往会引入一个经济学的观点——"贴现"，结果是未来的收益将被低估，人们会更加偏好当前收益。于是当人们做出经济"理性"选择时，就会出现现实中存在的生态资本投资不足现象。根据笔者调研显示[①]，52.6%的企业访谈对象认为生态资本投资对于企业收入没有影响；16.25%的企业访谈对象认为生态资本投资对企业收入具有负面影响。而且，生态资本投资也并不像事前预期的那样，能够显著提升企业的良好形象[②]。通常，生态资本投资被认为能够提高企业的知名度，从而能够为企业带来额外收益。但是实际调研发现，生态资本投资对于企业良好形象塑造的影响其实并不太大，有46.75%的企业访谈对象认为生态资本投资对于企业良好形象的塑造没有影响，35.62%的企业访谈对象认为影响不大；仅有15%的企业访谈对象认为影响较大。

---

　　①　依托国家自然科学基金项目"生态资本运营机制与管理模式研究"（项目编号：70873135），结合本书研究的需要，分别从政府、企业和社会公众的角度设计了调查问卷与访谈提纲（见附录），调查范围包括湖北（武汉、恩施）、内蒙古（呼和浩特、鄂尔多斯）、山东（济南、德州）、江苏（无锡、宜兴）4个省份共8个市州。

　　②　如同荣誉是人的第二生命一样，企业形象对于企业来说至关重要，通过生态资本投资提升企业形象，势必能够为企业带来投资收益。

二 生态偏好对生态资本私人投资收益的影响分析

社会公众、企业和政府是生态资本投资的三驾马车，而公众生态偏好是三驾马车的发动机和驱动力。公众的生态偏好本质上是经济发展和生活质量提高的产物。只有当人们物质享受产生的边际效用低于环境改善的效用时，生态偏好才会相应地产生①。在国外，生态化消费已经成为一种大众化的消费模式。在英国，目前对绿色食品的需求量大大超过了本国潜在的生产能力，每年进口量占该类食品消费总量的80%，德国则高达98%，这表明生态型产品有着巨大的市场潜力。在日本对家庭主妇的调查中，91.6%的消费者对绿色食品（有机农产品）感兴趣，觉得有安全性的占88.3%。2003年年初公布的一份市场调研报告表明，大约50%的法国人、80%的德国人在超市购物时，都愿意挑选环保商品。在美国，有83%的消费者声称他们关心大公司的环境记录；有84%的消费者在购买产品的时候会考虑公司环保方面的声誉。②

较之国外居民的生态偏好，国内社会公众的生态偏好仍处于一个较低的水平。笔者所在的研究团队，曾于2012年7月至9月间，先后在湖北（武汉、恩施）、内蒙古（呼和浩特、鄂尔多斯）、山东（济南、德州）、江苏（无锡、宜兴）等4个省份共8个市州开展了关于公众生态偏好的社会调查，对社会公众共发放问卷1100张，收回有效问卷1056张，回收率为96%；被调查者个人基本信息统计见表5-1。

① 也有不少学者认为环境质量的需求收入弹性大于1，即清洁环境及其保护是一种"奢侈品"。值得注意的是，随着北京及华东地区近期雾霾天气的增多，普通民众对环境污染空前关注，也在一定程度上提升了公众的生态偏好。

② 何志毅、于泳：《绿色营销发展现状及国内绿色营销的发展途径》，《北京大学学报》2004年第6期，第85—93页。

表 5 - 1　　　　　　　　　居民生态偏好调查的受访者基本信息

项目	类别	频数	百分比（%）	项目	类别	频数	百分比（%）
性别	男	542	51.33	年龄阶段	青春期	197	18.66
	女	514	48.67		成熟期	183	17.33
文化程度	初中及以下	232	21.97		壮实期	231	21.88
	高中、中专	403	38.16		稳健期	279	26.42
	大专、本科	317	30.02		调整期	146	13.83
	研究生	104	9.85		初老期	12	1.14
职业	国家机关干部	95	9.00		中老期	5	0.47
	企业管理人员	103	9.75		年老期	3	0.28
	专业技术人员	86	8.14	生活区域	城市	386	36.55
	单位普通员工	165	15.63		乡镇	356	33.71
	工人	147	13.92		农村	272	25.76
	个体经营者	38	3.60		其他	42	3.98
	农民	163	15.44	收入水平	2000 元以内	193	18.28
	学生	79	7.48		2000—4000 元	556	52.65
	军人/警察	34	3.22		4000—6000 元	143	13.54
	NGO、社会团体	88	8.33		6000—8000 元	87	8.24
	其他	58	5.49		8000 元以上	77	7.29

　　数据分析结果显示，公众对生态型产品认知程度并不高，稍微知道一点的人数达到44.32%，而不知道的人数比例也达到24.24%。较之普通产品，生态型产品的生产成本要更高一些，这就会加重消费者的经济负担。在我国，公众对生态型产品的购买偏好并不强烈，有63.64%的被调查者不愿为生态型产品多付费用；同时也有51.99%的被调查者在日常消费中几乎没有生态型产品的消费；有47.44%的被调查者没有购买过生态型产品（详见表5-2）。

表5-2   公众对生态型产品的认知情况

项目	对生态型产品的认知程度				第一次生态型产品的消费时间			
类别	不了解	知道一些	比较熟悉	很熟悉	1年内	1—3年间	3—5年间	5年以上
频数	256	468	247	85	492	306	191	67
比例（%）	24.24	44.32	23.39	8.05	46.59	28.98	18.09	6.34
项目	对生态型产品购买频次				生态型产品在日常消费中所占的比重			
类别	一周多次	半年3—5次	一年1—2次	很少几乎没有	30%	5%—30%	1%—5%	几乎没有
频数	38	128	389	501	0	139	368	549
比例（%）	3.60	12.12	36.84	47.44	0.00	13.16	34.85	51.99
项目	对现行生态型产品的满意程度				为购买生态型产品而多付费用的幅度			
类别	很不满意	不满意	满意	很满意	0%	0%—5%	5%—15%	15%以上
频数	91	594	289	82	654	347	27	0
比例（%）	8.62	56.25	27.37	7.77	63.64	33.71	2.65	0.00

三　贴现率对生态资本私人投资收益的影响分析

　　贴现率是指费用效益分析中用来作为基准的资金收益率。首先，在确定某一项目方案时必须考虑资金的机会成本，即因把一定数量的资金用于某一项目而失去的用于其他可供选择的项目方案的最大净收益。如果某一项目方案的净收益比率（净收益和费用的比率）低于其机会成本率，那就应该放弃这一项目方案。其次，在对不同项目方案进行比较时，其出发点应该是整个社会而非单个厂商的机会成本。也可以把贴现率理解为是社会将"未来"转化为"当前"的意愿，它与利息率的表现形式类似。相对于未来收益和成本而言，对于当前的收益和成本的偏好越大，则贴现率越高。对于任何大于零的贴现率，随着时间的延伸，它的贴现值将越来越小，达到一定年限后甚至可以忽略不计。更确切地说，贴现率越高则现值越小，而且随着时间的延伸，现值的下降将越来越快。

　　由于投资是一定投资主体为了获取预期不确定的收益而将现期的一定收入转化为资本的行为和过程。投资者是否投资取决于利息率与资本边际效率的比较。资本边际效率是指将未来收益折算成现值恰好等于新增的资本设备重置价值的贴现率。对于生态资本而言，贴现率部分地由物质资本的利润所决定，当竞争性固定资本比率不足时，生态资本将被转化，即在不同形式的资本间存在替代效应。因此，如果其他资本产品能产生相对较大的利润，那就意味着只有少数资本能以"生态资本"的形式存在。

可见，"理性人"行为策略会受到四个内部变量的影响，这四个变量分别是预期收益、预期成本、内在规范和贴现率。人们选择的策略会共同与外部世界产生结果，并影响到对收益和成本的预期。个人所具有的"内在规范"的类型，受到处于特定环境中其他人"共有规范"的影响。如果这一规范成为与他人共享的规范，那么采取被其他人认为是错误的行为，将会受到社会非议，从而会对他形成制约。贴现率受个人所处的自然和经济保障程度的影响，对未来收益的较低预期，将导致较高的未来收益贴现率。也就是说，如果其他人给予未来较高的贴现率，那么他也会这么做。此外，贴现率还会受到人们在比较未来与当前的相对重要性时所共有的一般规范的影响。

在经济发展的资源配置过程中，由于生态环境的产权、效用、消费、价值等方面的特殊属性，导致了生态资本投资的收益回报机制往往不够健全。在生态资本投资过程中，有很大一部分是对生态建设、环保设施或服务的支出，这也使政府理所当然地成为一个投资主体，因而生态资本的投资主体必然呈现出多元性的特征。投资主体的多元性也使得投资理念变得错综复杂，而且由于生态资本的形成有一个累积过程，不同的投资主体对生态资本形成所做的贡献难以确定和计量，从而为未来的投资收益分配不均埋下了隐患。在无法事先用完全契约来规定投资收益分配的情况下，有可能使各投资主体在利益分配问题上产生矛盾，使投资主体的一方或多方受损，即产生生态资本投资收益外溢，并进而导致生态资本私人投资收益权的不完全实现，如图 5-1 所示。

值得注意的是，一般意义上的资本价值随着时间的推移逐渐减少，以至于到某一时点，其资本价值会消失殆尽。如生产用的机器设备、汽车、轮船等均有一定的使用年限，随着使用时间的推移，机器设备、汽车、轮船等作为资本的价值递减，直到这些设备完全失去作为资本的价值而报废。生态资本作为一种特殊形式的资本复合体，具有非完全资本折旧特性。如土地资源，其经济价值与土地用途关系密切，随着时间的推移，土地用途由荒地变为农用地或建筑用地，其价值往往增加，而这便不符合一般资本随时间推移其经济价值递减的规律。对于生态资本中生态系统提供

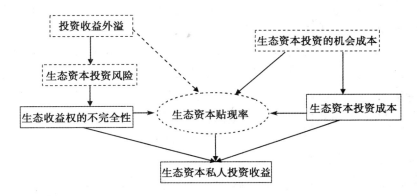

图 5 - 1　贴现率对生态资本私人投资收益的影响

的生物多样性、制造氧气、气候调节等功能和服务，只要人类对生态系统的开发和利用程度不超过其自我调节能力的极限，生态系统就可以自然修复并源源不断地提供以上各种功能和服务，其经济价值也不会随时间的推移而递减。

四　投资风险对生态资本私人投资收益的影响分析

任何投资都需要获得收益，对于私人投资者来讲，投资收益才是生态资本投资的主要动力。然而，仅从经济收益来看，生态资本投资还存在投资风险较高的问题，这种情况也限制了生态资本私人投资的快速发展。例如，可再生资源的再生利用，并不是现行市场下的最优选择，现行市场条件下源自再生利用的原料，常常不仅在性能上不占优势，而且在价格上也不占优势，以至于在现行市场条件下生态资本投资很难自发产生。

生态资本投资风险较高的一个表现，便是企业进行污染治理时的成本要高于不进行污染治理时的成本。其原因是我国目前还没有把环境容量作为严格监管的有限资源，对污染者和环境资源使用者制约能力较弱。这一点具体表现为企业和公众支付的排污费不仅远低于污染损害补偿费用，而且明显低于污染治理费，这就导致废弃物排放具有显著的外部性。如果不能将外部成本内部化，生态资本私人投资就很难获得经济收益。例如，1999 年，国家经贸委发布"禁白令"，明确未来将取缔一次性发泡塑料餐具，一大批企业敏锐地发现了其中蕴含的巨大商机，一头扎进了绿色环保餐具行业。然而到了 2001 年，原本测算年需求总量达 120 亿件、潜在销售额不低于 30 亿元的环保快餐具市场，竟然成了绿色餐具的"滑铁卢"。由于环保餐具价格较高，大量餐饮企业视国家禁令于不顾，仍然违规使用一次性发泡塑料餐具及后来上市的"环保"替代品———一次性 PP（Polypro-pylene，即聚丙烯）餐具。这就致使全国 170 家左右的绿色环保餐具生产企业，有 2/3 以上停（待）产，每天 3 班满负荷生产的企业基本没有，能够维持正常生产的企业不超过 20 家。由于大量小型饮食企业是在薄利中生存，因此其对成本的考虑要远远大于环保意识，只要国家的禁令有口子（而这几乎是肯定会有的），饮食企业就会舍"绿"就"白"。可见，能否降低政府政策风险，也是影响生态资本私人投资收益的一个重要因素。

值得注意的是，生态资本投资的收益并不能全部以使用价值的形式体现出来，还有相当一部分收益表现在非经济方面。投资收益的间接性与投资主体的多元性的并存，使建立明晰的生态资本产权结构十分困难，而这也加剧了生态资本投资风险。生态资本投资属于一种周期较长的投资，投资周期长本身就意味着不确定因素增多，使投资的市场风险加大。短期来看较好的投资项目，有可能经不起时间的考验。上海崇明岛东滩生态城投资项目的失败案例，便足以说明生态资本投资风险对于生态资本私人投资收益的巨大影响。上海崇明岛东滩生态城占地 84.68 平方公里，地块约占崇明的 15%，比纽约的曼哈顿还大。开发商是上海实业集团、爱尔兰最大的房地产公司 Treasury Holdings 以及长江实业集团，投资预算是 100 亿元人民币。根据原定设想，崇明岛东滩生态城将着力打造内循环、零排放、自供给的生态庄园，使用的全部是太阳能、风能以及生物能等没有任何污染的能源，然而，现实发展却并不顺利，该项目已基本处于停滞状态。究其原因，仍然是生态资本投资的风险较高，这主要体现在：（1）投入成本高达 100 亿元，企业难以承受；（2）建设成本过高，大概比普通住宅高 30%—50%，购房者难以承受；（3）东滩湿地是国家级自然保护区，从自然保护区的角度来说，并不适宜在东滩建设一座 50 万人的新城；（4）东滩生态城的定位原本就有一个不可回避的矛盾。所有的环境友好、资源节约型的生活方式，都应该是简朴的，而不应该是豪华奢侈的；（5）上海实业集团最终未能将东滩的农业用地转化为建设用地，"农转非"实现不了，崇明岛东滩生态城投资项目便难免被搁置下来。

第六章　生态资本投资收益的制度创新

前文已经分析了生态资本投资收益的形成机理和影响因素，本章将从制度与产权的视角，探讨生态资本投资收益的"分配"问题。本书认为，生态资本投资本质上是一种产权投资，这样，生态资本投资收益的分配，便取决于其投资收益权的界定。

第一节　生态资本投资收益的产权解释

一　生态资本投资的产权投资本质

产权是指使自己或他人受益或受损的权利[①]，是一种排他性权利。由于产权所有者攫取权利的机会和能力不同，产权归属是一个动态演进博弈，因此，产权不是指人与物之间的关系，而是指由物的存在及关于它们的使用，所引起的人与人之间相互认可的行为关系，是社会中每个人相对于稀缺资源使用时的经济地位和社会关系[②]。生态资本产权也是通过投资获取的，即谁投资谁就拥有生态资本产权。从这个意义上说，生态资本投资本质上是生态资本产权投资。

由于生态资本投资能够产生收益，因而引起了政府和企业的高度重视，并采用不同措施和途径参与生态资本投资过程，投资主体已经从单一化主体发展到多元化主体。大致而言，生态资本投资主体由国家、企业和个人（家庭）三方构成。在这三种不同的生态资本投资主体中，国家的投资数额巨大，在投资中占据主导地位；企业投资则方向性明确，主要根据企业自身的发展需要和特点进行环境治理、生态技术研发等方面的投资；

---

①　［美］德姆塞茨：《关于产权的理论》，《经济社会体制比较》1990 年第 6 期，第 50—58 页。

②　［美］R. 科斯等著，陈昕主编：《财产权利与制度变迁——产权学派与新制度学派论文集》，上海三联书店 1991 年版，第 204 页。

家庭和个人投资者则主要是进行绿色消费等活动。

按照"谁投资、谁受益"原则以及"投资人理性"假设，生态资本产权主体必然与生态资本投资主体相对应。因此，生态资本产权主体也相应地由国家、企业、个人这三方投资者共同组成，虽然这三种不同的投资主体所追求的投资目的有所区别，但从本质上讲，都是为了获得生态资本投资所带来的收益，而投资收益的取得应当以是否拥有产权为依据。也就是，生态资本的投资主体、生态资本产权主体和生态资本投资收益主体是相互对应且三位一体、缺一不可的，责、权、利共享，互相制约，互相促进。至于三者的利益如何分割，则应具体情况具体分析，主要考虑投资主体的投资成本及其对生态资本投资收益的贡献大小。

获取生态资本产权是各方投资者进行生态资本投资的基本条件，这一条件若不能得到基本满足，生态资本投资就难以有效实现。而最终能否对生态资本进行投资，最重要的便是各投资主体在投资收益分配上能否达成共识，这也是生态资本投资契约能否形成的基础，其中主要涉及生态资本产权的归属、收益分配状况、投资规模与收益期的确定等问题。

可见，生态资本产权是通过投资获取的，即谁投资，谁就拥有生态资本产权。因此，生态资本投资本质上是一种生态资本产权投资。而生态资本投资之所以具有较强的吸引力，便是因为投资所获得的产权能够为其带来收益。

二　收益权是生态资本产权的核心

（一）生态资本产权的权利内容

产权以所有权的存在为基础，包括所有、使用、处分及获取相应收益的权利，是基于所有权而产生的人与人之间的权利与义务关系①，人们对不同财产的各种产权包括财产的使用权、收益权和转让权。生态资本产权作为产权的一种，是基于生态资本所有权的一组权利束，其权利内容主要有：

1. 生态资本的使用权

生态资本的使用权是从所有权中派生并分离出来的一项权利，也可以认为是在法律规定范围内对所使用的生态资本的占有、使用、收益和有限

---

① 黄少安：《产权经济学导论》，经济科学出版社 2004 年版，第 135 页，第 13—19 页。

处置的权利。占有是行使使用权和收益权的基础和前提，收益则是使用权的结果，是通过对生态资本的占有使用而获得收益。

2. 生态资本的收益权

生态资本的收益权可分解为两个层次：一是生态资本所有权人的收益权；二是生态资本使用者的收益权。当生态资本归国家所有时，使用者使用生态资本，应该向政府交纳生态资本使用费，即用其生产出的经济财富中生态资本的份额来交换取得生态资本的排他性使用权。政府收取生态资本使用费，目的是用之来保护公民的生存发展权。使用者获得初始生态资本产权后，可通过使用生态资本来进行生态产品的生产和销售，并最终获取收益。也可以将生态资本产权进行转让而获得收益，这就形成了生态资本产权的二级市场，生态资本产权在二级市场上的转让，其实是生产要素的市场流通过程，并按照生产要素的市场规律来运行。

3. 生态资本的处分权

生态资本的处分权是生态资本所有权内容的核心和基本权能，包括事实处分和法律处分两类。生态资本使用者在生态资本产权初始配置中所获得的生态资本产权，则包含了部分的处分权，包括事实上的处分权和法律上的处分权，生态资本的转让权实质属于法律上的处分权。

（二）生态资本产权的基本特性

生态资本产权作为一种特殊的产权，具有以下基本特征：

1. 生态资本产权的不完全排他性

某种意义上说，生态资本产权是具有公有产权与私有产权的一种混合产权。根据产权的可分割性，任何产权，即使在所有权上具有公有产权性质，也有可能在其他权利上具有私有产权的性质。对于生态资本产权而言，当生态资本产权没有充分界定时，生态资本产权的排他性并不明显。但是，随着生态资本稀缺性的逐渐显现，生态资本产权的排他性也逐渐加强。从可支配性上来看，生态资本产权的拥有者和使用者，因其广泛的公共性而无法将属于自己的部分产权完全独立出来，所以，生态资本产权必然存在一定程度的非排他性，也可以将这种非排他性的生态资本产权称为是共有产权。

2. 生态资本产权的可交易性

同其他产权一样，可交易性是生态资本产权发生作用和实现其功能的内在条件与重要属性。生态资本产权的一些功能，如生态资本的收益分

配、降低交易成本、外部性内在化与激励约束等功能的实现，在很大程度
上均依赖于生态资本产权的交易。生态资本产权交易，是生态资本产权主
体在生态资本具有可交易性的前提下，对这种性质的一种运用，是生态资
本产权主体的一种经济性行为。值得注意的是，可交易性仅是为生态资本
产权交易提供了内在可能性，要实现生态资本产权的有效交易，还需要具
备一定的政治、经济与社会条件。

3. 生态资本产权的可分割性

生态资本产权的可分割性，是指对于特定生态资本产权的各项权能
（如生态资本的所有权、使用权、收益权等）而言，可以分属于不同的产
权主体。然而，生态资本产权并不是分得越细越好，它的可分割性是有限
度的。作为复杂的生态系统，生态资本既有私有部分，也有公有部分。像
花园、草地以及西方私人所拥有的森林、湖泊等，都属于私有产权。而对
于公有产权的生态资本（如空气、地下水、土地等）而言，这些公有资源
或者是属于集体所有，或者是属于国家公有，又或者是属于国际公有，如
大气层、公海、太空等。

4. 生态资本产权的行为性

生态资本产权的行为性，是指生态资本产权主体在各自的权利界区内
"能做什么及不能做什么"的性质。正是由于生态资本产权具有权能的内
容，才使其表现出一定的行为性。生态资本产权交易正是依靠生态资本产
权主体的行为驱动的，如果没有生态资本产权主体的行为，也就不可能实
现生态资本产权的收益。

（三）收益权是生态资本产权的核心

从产权的可交易性和合约性来看，生态资本产权是市场交易过程中生
态资本所有权及其派生的使用权、收益权和处分权等一系列权利的总称，
是制约人们行使这些权利的规则，本质上是人们的社会经济关系的反应，
这其中，收益权是生态资本产权的核心。

正如前文所述，资本其实就是期望在市场中获得回报的资源投资。从
经济学的角度看，资本是在以追求利润为目标的行动中被投资和动员的资
源，其本质属性在于它可通过投资而获得回报，即其能增加价值，是一种
生产性资源。同理，生态资本投资的初始动力也是由于投资收益的存在。
或者说，生态资本投资之所以会发生，其动机便是经济个体在追寻其预期
可获得的潜在收益，而生态资本投资的结果，必然也要相应地体现出对投

资收益的获取和分配。因此，生态资本投资必然会改变一定社会中不同利益主体之间的收益分配关系。

三 生态资本投资收益权的界定思路

（一）生态资本投资收益外溢的复杂性

生态资本投资收益外溢[①]是影响生态资本投资积极性的一个重要因素，而收益外溢产生的本质原因，便在于生态资本投资收益权的非排他性。由于生态资本投资收益的弥散性，使得投资收益向周边的外溢呈现出一种递减扩散趋势，而且，其外部经济性的大小是动态和不确定的，这就决定了生态资本私人投资的收益实现是相当复杂的。例如，通过对啤酒废水处理设施进行投资，将其废水处理至适度浓度，进而排放给一个水产养殖场，这样啤酒废水里含有的适度有机物，可以极大提升该水产养殖场的微生物浓度，为其养殖的水产品种提供丰富的饵料，进而使该水产养殖场在节省养殖成本的同时，因获得丰产而受益。进一步分析可以发现，苹果园主与附近养蜂业主或农场主之间也存在着类似的交互性利益关系。如果果园主对大面积荒山进行生态资本投资，从而形成能够产出有形经济产品的林果基地，果园主当然可以获得林果产品的投资收益。然而，具有一定规模的果园基地在生产有形产品的同时，也能够对其周边地区提供弥散式的生态服务价值；该果园通过涵养水源，调节周边小气候，可以使附近农场获得优越的农业生产条件，从而降低旱涝、病虫害等自然灾害损失，于是农场主就获得了果园提供的外部性经济收益。与此同时，该果园不仅通过创造良好的生态环境，而且更重要的是通过给蜜蜂提供花粉，来实现其对蜜蜂业主的经济外部性传递。同样，对于蜜蜂业主来说，利用蜜蜂对果树或农作物花粉的传粉作用，也能够促进果树或农作物的产量增加。与此相对应的是，果园主或农场主可以通过提供果树或农作物的花卉，来为蜜蜂酿蜜供给原料，进而将这种外部性收益传递给蜜蜂业主。

（二）生态资本投资收益权的定界成本

界定生态资本的产权是一项极其复杂的系统过程，不仅涉及生态资

---

① 生态资本投资收益外溢的根本危害，在于"生态租金"的耗散。这就好比盗窃行为（免费获享生态服务，也可以视为是一种盗窃行为），其本身对于社会整体而言并没有什么损害。盗窃会使财富分配有所改变，但一得一失，何害之有？只是因为有盗窃的行为，防盗者为了保护自己的财物，就会有所耗费。这些非生产性费用若没有盗窃行为是不会引起的，所以盗窃对整个社会是有害的。

本的产权界定成本问题，而且涉及生态资本的产权维护成本问题。产权的核心是排他性，即一种财产的所有者有权不让他人拥有和使用该财产，并有权独占该财产所产生的收益。财产所有者要防止他人在未经授权的情况下使用其财产，就必须付出相应的排他成本，而高额的排他成本则会降低财产的价值，这在界定生态资本投资收益权时要给予高度重视。

生态资本投资收益权的排他性，是指生态资本投资者有权不让他人拥有和使用该生态资本，并有权独占在投资该生态资本时所产生的收益，同时，生态资本投资者要承担该生态资本在投资过程中的所有成本。排他性是所有者自主权的前提条件，也是使产权得以发挥作用的激励机制所必需的前提条件①。但是，生态资本投资者要防止他人在未经授权的情况下使用该项生态资本，就要付出相应的成本②，即生态资本投资收益权的排他成本。在很大程度上，生态资本投资收益权排他成本的高低取决于制度的安排。这至少体现在两个方面：一方面，合理的初始产权界定，即初始状态下将特定的生态产品和生态服务赋予什么样的经济实体，将直接影响到交易成本的高低；另一方面，低成本的产权运行体制，即运转协调的产权运行机制将会使生态资本所有者以尽可能低的成本进行排他行为和被侵权后的维权行为。因此，应根据不同类型③的生态资本来分别确定其投资收益权的排他成本。

（三）生态资本投资收益权的"倒逼式"界定思路

事实上，公有产权并不一定会陷入"公用地悲剧"④。模糊产权，也有可能是最优的制度选择。当产权模糊时，由于外部性的存在，虽然很难进行市场交易，但此时可以实行"委托—代理"。目前，界定生态资本投资收益权比较可行的思路是从市场入手进行"倒逼"式界定。因为

---

① 如某人认购一块水域，他将获得这片水域的产权，而且他有权排斥他人从这片水域获益；排斥他人损害这片水域收益的行为。

② 例如，盗窃或抢占土地、未经授权抽取水资源或污染水体，在未经许可的情况下进入他人拥有产权的牧场放牧等，为了防止这些情况的出现，所有者要耗费成本于锁具、栅栏、土地权利登记等，这些成本就是排他成本。

③ 正如前文所述，生态资本的类型可以分为生态资源型资本、生态环境型资本和生态服务型资本。

④ 为解决公有地悲剧，一种思路是界定产权。这里的产权界定，其实是权益的再分配。另一种思路是政府干预，即交使用费，其前提是该使用费不能被转嫁。

生态资本存在于生态系统之中，存在方式极其复杂并处在不断的流动变化过程中，表现形式极其多样并因各自投资方式不同而缺乏稳定性和可测度性，多种因素决定了从源头上来"顺向"界定生态资本投资收益权过于复杂，或者是生态资本投资收益权的界定成本太高而使其在事实上并不可行。唯一可以肯定的是，生态资本经过投资后，最终都会以生态产品或生态服务的形式进入生态市场进行交易，所以，在生态市场这一"终端"，通过考察生态资本进入生态市场的载体，可以逆向推导界定生态资本的投资收益权。

在深入分析不同类型生态资本投资收益权的排他成本基础之上，根据生态产品或生态服务进入生态市场的形式和过程，可以从以下三个方面对生态资本投资收益权进行界定。（1）对于可以直接进入生态市场的生态产品，应该界定其明确的生态资本投资私有收益权，因为这类生态资本具有或接近于"私人物品"的性质，即具有排他性和竞争性。（2）对于可间接进入生态市场的生态服务，由于其本身不可能直接进行交易，在生态资本投资收益权初始界定时，不能直接赋予私有产权，但这类生态服务的价值体现在某种具体的服务流之中，在修正的产权制度中是可以界定为私有产权的[1]。（3）对于不可进入生态市场的生态资本，应界定为共有产权[2]，因为将这类生态资本界定为私有产权的排他成本过于高昂。对于纯公共产品类的生态资本而言，客观上也不应该界定其为私有产权，这里面至少包括两种情况：一种是由于价值过于巨大而无法被经济系统包纳的生态资本，这类生态资本一般对大范围的生态系统甚至全球生态系统具有重要意义，它的巨大价值是无法估量的，因为它对全球系统具有决定性影响，或者对

---

① 这类生态服务本身不能直接进入市场，因为在大部分情况下这类服务不具有"私人物品"的性质，或者是因为其在消费上无竞争性，如非拥挤情况下的景观价值；或者是因为无排他性，如水供应；或者二者兼而有之，如灾害防御、水质净化服务等。

② 需要说明的是，我们不能混淆"共有产权"和"无主财产"或"开放进入制"。长期以来，开放进入或无主财产被认为是环境恶化、资源枯竭的制度原因，无疑是正确的。但共有产权绝不等于无主财产和开放进入。实际上，任何形式的产权都以利益边界的界定为其特征，共有产权也不是"产权真空"，它也有相应的利益边界，并建立了内部组织规则，以防止"开放进入"或"免费搭车"现象的出现。从历史经验来看，共有产权是不能进入市场的生态资本价值得以实现的有效产权界定。几个世纪以来，欧洲的一些牧场和森林一直是作为共有产权来进行管理的，它完全能够维持单产的稳定和生态服务的持续提供。德国的一些林区和高地都是共有产权的最佳样板。

人类的生命支撑具有决定意义①；另一种是独立于经济系统之外的生态资本。如生态系统所承纳或孕育的人类特定历史、精神和文化习俗等。

第二节　生态资本投资收益的机制设计

一　机制设计与自然演化的制度观

机制设计与制度演进是两种不同的思维与观察方法。从机制设计的角度看来，制度是理性设计的，即存在一个潜在的最优制度，现行制度只要朝着那个方向改革，一个"皆大欢喜"的局面就会出现。然而，如果有一个最优的生态资本产权制度，那么需要由谁、通过什么途径和怎样实现它？人们——现行制度下生活的所有人——实现这种制度的动力何在？那些因为明显的缺陷而饱受诟病的产权制度居然能够长期存在下去，是因为人类的无知，还是因为尚有其他我们目前还未认识的原因？

无论是历史经验还是严格的博弈论分析，都表明正是交易当事人之间的博弈而非外部规定或赋予决定了特定的制度规则。那种出于理性设计、往往也从规范角度有意识选择的制度即便不能说是"一厢情愿"，至少这种制度的"生存"将面临较大的不确定性。制度和制度变迁的内生性，通常是一个自然淘汰和在竞争中优化的过程，那些在交易当事人之间具有较高"同意一致性"的规则，将最终胜出并容易"存活"下来。既然如此，动辄从所谓"应该的""公正的"等规范标准出发对现实制度状况进行批评，不仅意义有限，甚至不利于实际问题的认识和解决。

那么，制度究竟是理性设计、外部赋予的，还是自然演化、内在生成的？事实上，我们不能笼统地说制度是自然演化的结果还是人为设计的结果，自然演化和人为设计都是制度生成时起作用的因素。有的制度主要是由于自然演化的力量而生成，有的制度又主要是人为设计主导生成，因此本书认为可以按照制度生成时起作用的主要因素不同来划分不同的制度。按照制度生成时起作用的主要因素的不同，可以将制度划分为内在制度和

---

① 如地球生物圈的大气调节、物质循环、土壤形成等，这些生态服务是有价值的，正是这些服务支持着人类社会与经济系统。多数情况下，正是这种服务的存在而使其具有价值，但其价值是巨大的，对其进行产权界定没有任何实际意义，就像我们不能安排一种产权制度将太阳的产权划归于某个人一样。

外在制度。内在制度是在社会中通过一种渐进式反馈和调整的演化过程而发展起来的，其特有内容都将渐进地循着一条稳定的路径演变；外在制度是由一批代理人设计和确立并强加给社会的，它们被清晰地制定在法规和条例之中，并要由一个诸如政府那样的权威机构来正式执行。也可以简单地认为，内在制度就是由社会认可的非正式规则，外在制度就是国家规定的正式规则。完整的制度正是由内在制度、外在制度和执行机制构成。

从一定意义上说，机制，其实就是参与人彼此进行信息交换的通信系统，每个人都可以在这个机制中采取策略性的行动，即为了获得最大的预期效用或收益，参与人可以隐藏对自己不利的信息或者发送错误信息。机制好比是收集并处理所有这些信息的机器，而且还规定了信息博弈的行为规则，针对收集到的信息"实施"博弈的均衡解。不同机制的比较，实际上就是对信息博弈的不同均衡解的比较。也就是说，在不影响每个参与者追求个人利益的激励约束下，制度设计者可以设计出生态产品"反搭便车"的内生机制，把个人目标与社会目标予以"合成"，以调配并激励私人的力量为公众的目标所奋斗。

在绿色经济条件下，生态资本投资就其本质而言，不是一般的市场现象，而是一种制度现象。如前所述，生态资本最为重要的特征之一在于其使用权的可扩散性和收益权的不可排他性，作为公共品和免费品的那些生态资本更是不能给其所有人带来任何经济收益。因此，生态资本投资过程中的关键问题，便是健全一套促进生态资本投资行为的激励机制。

二　生态资本投资的激励机制设计

（一）生态资本投资的激励机制模型假设

假定企业进行生态资本投资所付出的成本为 a，企业进行生态资本投资所获得的收益[①]为 π[②]。π 由 a 和 θ 共同决定，取如下线性函数形式：$\pi = a + \theta$。其中，θ 是服从均值为零、方差为 σ_θ^2 的正态分布随机变量，代表外生的不确定性因素。因此，$E\pi = E(a + \theta) = a, var(\pi) = \sigma^2$，即企业的生态资本投资水平决定投资收益的均值，但不影响投资收益的方差。

假定政府是风险中性的，企业是风险规避的，政府和企业的收益分别

---

① 如节约生态资本、增加生态资本存量等企业行为所产生的生态、经济和社会方面的效用。

② 可用货币予以度量。

用 v 和 u 表示，政府给予企业的线性补贴合同为：$s(\pi) = \alpha + \beta\pi$。其中，$\alpha$ 是政府给予企业的固定补贴（与 π 无关），只要企业进行生态资本投资，政府就给予企业 α 补贴作为支持和鼓励[①]；β 是企业所分享到的收益份额，即每增加一个单位的 π，政府就给企业的补贴增加 β 单位（ $0 \leqslant \beta \leqslant 0$ ）。当 $\beta = 0$ 时，企业不承担任何风险；当 $\beta = 1$ 时，企业承担全部风险。

（二）生态资本投资的激励机制模型构建

根据上述假设，因为政府是中性的，给定 $s(\pi) = \alpha + \beta\pi$，所以政府的预期收益为：

$$Ev[\pi - s(\pi)] = E(\pi - \alpha - \beta\pi) = -\alpha +$$
$$E(1 - \beta)\pi = -\alpha + (1 + \beta)a \tag{6.1}$$

假设企业的收益函数具有不变绝对风险规避的特征，即 $u = -e^{-\rho w}$。其中，ρ 是对绝对风险规避的度量，w 是企业进行生态资本投资获得的实际货币收益；企业进行生态资本投资的成本 $c(a)$ 等价于货币成本，进一步简化得 $c(a) = \dfrac{ba^2}{2}$（ $b > 0$ ），式中的 b 越大，同样的生态资本投资水平 a 所需的投资成本也就越大。因此，企业进行生态资本投资的实际收益为：

$$w = s(\pi) - c(a) = \alpha + \beta(\alpha + \theta) - \frac{b}{2}a^2 \tag{6.2}$$

企业的确定性等价收益为：

$$Ew - \frac{1}{2}\rho\beta^2\sigma^2 = \alpha + \beta a = \frac{1}{2}\rho\beta^2\sigma^2 - \frac{b}{2}a^2 \tag{6.3}$$

式中，Ew 是企业的预期收益，$\dfrac{1}{2}\rho\beta^2\sigma^2$ 是企业的风险成本；当 $\beta = 0$ 时，企业的风险成本为零。企业的最大化预期收益函数为：

$$Eu = -E(e^{-\rho w}) = -e^{-\rho[Ew - \frac{1}{2}\rho Var(w)]} \tag{6.4}$$

设企业的保留收益水平为 $\bar{w}$，因此，如果确定性等价收益为 $\bar{w}$，企业将不接受补贴合同。由此便得到企业参与约束的条件为：

$$\alpha + \beta a - \frac{1}{2}\rho\beta^2\sigma^2 - \frac{b}{2}a^2 \geqslant \bar{w} \tag{6.5}$$

---

① 因为若没有，企业就不会进行生态资本投资。

（三）生态资本投资的激励机制模型求解及相关参数分析

1. 政府可以观测到企业生态资本投资水平 a 时的最优合同

在这种情况下，激励约束不发挥作用，任何生态资本投资水平 a 都可以通过满足参与约束 IR 的强制合同来实现。此时，政府的问题是选择 (α, β) 和 a 解下列最优化问题：

$$\max_{\alpha, \beta, a} E v = \left[-\alpha + (1-\beta)a \right] \tag{6.6}$$

$$s.t. \ (IR) \ \alpha + \beta a - \frac{1}{2}\rho\beta^2\sigma^2 - \frac{b}{2}a^2 \geqslant \bar{w} \tag{6.7}$$

在最优条件下，参与约束的等式成立（政府没有必要对企业支付更多的生态资本投资补贴），将参与约束通过固定项 α 代入目标函数，上述最优化问题可以表示为：

$$\max_{\alpha, \beta, a} \left[a - \frac{1}{2}\rho\beta^2\sigma^2 - \frac{b}{2}a^2 - \bar{w} \right] \tag{6.8}$$

由于 $\bar{w}$ 是给定的，式（6.8）就意味着政府实际上是在最大化总的确定性等价收益减去生态资本投资的成本。最优化的一阶条件是 $a^* = \dfrac{1}{b}$，$\beta^* = 0$，代入企业的参与约束可得：

$$\alpha^* = \bar{w} + \frac{b}{2}(a^*)^2 = \bar{w} + \frac{1}{2b} \tag{6.9}$$

如此一来，便可得到帕累托最优合同。

2. 政府不能观测到企业生态资本投资水平 a 时的最优合同

给定 (α, β)，企业的激励相容约束意味着 $a = \dfrac{\beta}{b}$，政府的问题是选择 (α, β) 解下列最优化问题：

$$\max_{\alpha, \beta, a} \left[-\alpha + (1-\beta)a \right] \tag{6.10}$$

$$s.t. \ (IR) \ \alpha + \beta a - \frac{1}{2}\rho\beta^2\sigma^2 - \frac{b}{2}a^2 \geqslant \bar{w} \tag{6.11}$$

$$(IC) \ a = \frac{\beta}{b} \tag{6.12}$$

将参与约束和激励相容约束 IC 代入目标函数，上述最优化问题可转化为：

$$\max_{\beta} \left[\frac{\beta}{b} - \frac{1}{2}\rho\beta^2\sigma^2 - \frac{b}{2}(\frac{\beta}{b})^2 - \bar{w} \right] \tag{6.13}$$

其一阶条件为：

$$\frac{1}{b} - \rho\beta\sigma^2 - \frac{\beta}{b} = 0 \tag{6.14}$$

可得：

$$\beta = \frac{1}{1 + b\rho\sigma^2} > 0 \tag{6.15}$$

当政府不能观测到企业生态资本投资水平时，就存在两类在对称条件下所不存在的代理成本：一类是由于帕累托最优风险分担不可能达到而出现的风险成本；一类是由企业的较低生态资本投资水平所导致的预期收益的净损失与投资成本的净节约之间的差额，这里简称为"激励成本"。

在政府是风险中性的前提下，如果企业生态资本投资水平是可观测的，政府就承担了全部风险，也就意味着企业的风险成本为零；当企业生态资本投资水平不可观测时，企业承担的风险成本可表示为：

$$\Delta RC = \frac{1}{2}\beta^2\rho\sigma^2 = \frac{\rho\sigma^2}{2(1 + b\rho\sigma^2)^2} > 0 \tag{6.16}$$

当企业生态资本投资水平可观测时，最优生态资本投资水平为 $a = \frac{1}{b}$；当企业生态资本投资水平不可观测时，政府可引导企业自动选择的最优生态资本投资水平为：

$$a = \frac{\beta}{b} = \frac{1}{b(1 + b\rho\sigma^2)} < \frac{1}{b} \tag{6.17}$$

即在对称信息条件下的最优生态资本投资水平严格小于对称信息条件下的生态资本投资水平。因为预期收益为 $E\pi = a$，政府预期收益的净损失为：

$$\Delta E\pi = \Delta a = a^* - a = \frac{1}{b} - \frac{1}{b(1 + b\rho\sigma^2)} = \frac{\rho\sigma^2}{1 + b\rho\sigma^2} > 0 \tag{6.18}$$

企业生态资本投资成本的节约可表示为：

$$\Delta C = C(a^*) - C(a) = \frac{1}{2b} - \frac{1}{2b(1 + b\rho\sigma^2)^2} = \frac{2\rho\sigma^2 + b(\rho\sigma^2)}{2(1 + b\rho\sigma^2)^2} \tag{6.19}$$

所以，激励成本为：

$$\Delta E\pi - \Delta C = \frac{b(\rho\sigma^2)^2}{2(1 + b\rho\sigma^2)^2} > 0 \tag{6.20}$$

此时，总代理成本为：

$$AC = \Delta RC + (\Delta E\pi - \Delta C) = \frac{\rho\sigma^2}{2(1 + b\rho\sigma^2)} > 0 \qquad (6.21)$$

当企业为风险中性时，代理成本为零，因为在 $\beta = 1$ 时可以达到帕累托最优风险分担和风险激励。更进一步，代理成本随企业风险规避的度量 ρ 和收益方差 σ^2 的上升而上升。

（四）生态资本投资激励机制设计的启示

上述生态资本投资激励机制设计分析的前提是政府为风险中性，而企业是风险规避的，即企业是厌恶风险的。对政府激励企业开展生态资本投资进行分析后，可以得出以下四点启示：

其一，如果政府不能观测到企业生态资本投资水平，则最优激励合同就要求企业承担一定风险，即 $\beta > 0$。换言之，在信息不对称的条件下，企业的生态资本投资行为选择，主要依赖于政府为激励企业进行生态资本投资所提供的补贴合同。假如 $\beta = 0$，企业就不承担任何风险，这也意味着政府与企业的补贴合同中仅有固定的补贴却没有激励因素，即企业生态资本投资水平的高低与政府提供的补贴无关，企业的生态资本投资行为选择也不会受到补贴合同的影响和诱导。

其二，由式（6.11）可知，在最优激励合同下，要求企业所能接受的固定补贴最低限度为：$\alpha = \bar{w} - \frac{\beta^2}{2b}(1 - b\rho\sigma_\theta^2)$。如果固定补贴达不到 $\bar{w} - \frac{\beta^2}{2b}(1 - b\rho\sigma_\theta^2)$，就意味着企业接受激励合同（进行生态资本投资）所得到的预期收益小于不接受激励合同所能得到的最大预期收益，这就与企业追求自身利益最大化的假设不符，企业也就不会进行生态资本投资。

其三，如果增加企业所能分享的收益份额 β，当 ρ 和 σ_θ^2 均小至 $1 - b\rho\sigma_\theta^2 > 0$ 时，由 $\alpha = \bar{w} - \frac{\beta^2}{2b}(1 - b\rho\sigma_\theta^2)$ 可知，政府应当减少支付给企业的固定补贴 α；当 $1 - b\rho\sigma_\theta^2 < 0$ 时，政府就应当增加支付给企业的固定补贴 α。

其四，由于代理成本随企业风险规避的度量 ρ 上升而上升，因此政府应设法降低企业生态资本投资的风险规避度量 $\overset{*}{\rho}$，这有利于政府降低生态资本投资的代理成本。

三 生态资本投资的多元主体协同机制设计

在生态资本投资过程中，政府、企业和公众（即科层机制、市场机制与互惠机制）的作用过程是相互耦合的，他们既是生态资本投资的"施力"主体，亦是"受力"客体。生态资本投资的"市场失灵""政府失效"和"社会缺失"，客观上要求创新生态资本投资的体制机制，既需要政府的宏观调控，也需要创造良好的外部环境，充分发挥市场机制的灵活作用，积极鼓励社会力量的参与，形成政府、市场和社会三种力量制衡的相互促进、相互协调局面。

从政府的角度来讲，如果将政府作为生态资本投资的第一个"受力分析"对象，那么其进行生态资本投资的根本动力便来源于经济发展带来的资源约束与环境压力，以及因生态危机而由社会公众给政府带来的"社会诉求"。因为政府的基本功能就是提供完善的社会公共服务和福利水平，[①]所以政府必须通过政策等手段对企业和公众进行调控和规范，其表现形式既可以是强制性的法律规范，也可以是对技术研发和企业税收优惠等激励支持。因此，政策的支持促进是生态资本投资驱动力的重要来源之一[②]。

从企业的角度来讲，其"受力"除了来自政府的政策调控外，自身对利润的趋向也是重要的动力来源。在市场经济条件下，企业的追求目标是最大化自身利益，在某种条件下这种利益可以表征为企业的"社会责任"[③]形象塑造。但归根结底，企业的核心目标是追求利润的增加，因此，经济利益是企业进行生态资本投资的重要动力，也是生态资本投资驱动力的重要来源之二，其作用过程主要通过价值流和资本流来实现。

从公众的角度来讲，其系统内的"受力"来源主要表现在三个方面：一是对于自身所处外部环境的意识和生态危机的警觉，并进而转化为对政府的诉求和对企业的意愿；二是来自政府的政策和制度规范，如强制性的规定、柔性的引导以及社会公众教育等；三是源于对企业"环境责任感"的认同，并进而转化为自身的行动和对其产品的认可。概括来说，不管社会公众的"受力"来源于何处，其最终都取决于社会公众自身的环境意识

---

① 夏学銮：《中国社区建设的理论架构探讨》，《北京大学学报》（哲学社会科学版）2002 年第 39 卷第 1 期，第 42—49 页。

② 例如，德国于 2000 年颁布实施《可再生能源优先法》之后，便大大强化了对可再生能源发电的鼓励政策。在政策的强力推动下，德国的风力发电从 1990 年开始起步，到 2005 年年底装机容量已达 1840 万千瓦，发电量占全国总发电量的 8.8%，并成为世界上最大的风力发电国。

③ 世界银行将"企业社会责任"定义为："企业与关键利益相关者的关系、价值观、遵纪守法以及尊重人、社区和环境有关的政策和实践的集合。它是企业为改善利益相关者的生活质量而贡献于可持续发展的一种承诺。"

和行动。因此，社会公众意识的提升是生态资本投资驱动力的重要来源之三，其作用过程主要通过信息流、资本流和价值流来实现。

综合而论，生态资本投资动力来源主要有政策的支持促进、经济利益的驱动及社会公众意识的提升，其作用机理主要是通过信息流、价值流和资本流来实现，进而影响"生态—经济—社会"复合系统的物质流和能量流，实现完善和重组人类社会经济活动的过程，如图6-1所示：

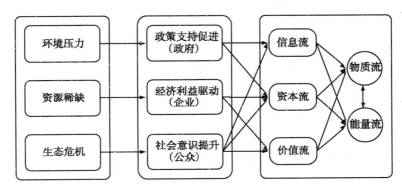

图6-1 生态资本投资驱动的作用机理

可见，要实现生态资本投资的多元主体协同，政府、企业及公众这三种力量的驱动和制约，是缺一不可的，需要政府管制（环境规制）、市场微观机制、社会监督参与机制的配合与制衡。目前，面对气候变化、能源安全和"绿色经济"国际竞争，加大生态资本投资，促进经济社会绿色转型，是可持续发展的必由之路[①]。生态资本投资过程会经历萌芽、起步、发展和成熟等多个阶段，从长远来看，生态资本投资进入发展和成熟阶段后，政府的职能是发挥宏观调控的作用，为生态资本投资保驾护航，企业应该是生态资本投资的直接主体，社会公众发挥监督和辅助作用。企业既是政府政策支持的受力对象，在满足社会公众消费需求的同时，也能起到引导社会需求绿色转型的作用。在相关政策支持和制度安排下，要实现"生态资源→生态资产→生态资本→生态产品"的顺利转换，必须充分发挥市场配置资源的基础性作用，引导企业进行生态化技术创新。

---

① 张坤民：《中国环境保护事业60年》，《中国人口·资源与环境》2010年第20卷第6期，第7—14页。

四　生态资本投资收益的"三位一体"创新机制设计

提升生态资本投资收益水平，能有效转变经济增长方式，保护生态环境资源，促进经济社会的可持续发展。可以借助生态文化创新、生态技术创新以及生态制度创新的"三位一体"创新机制（见图6-2）来促进生态资本投资收益的实现。

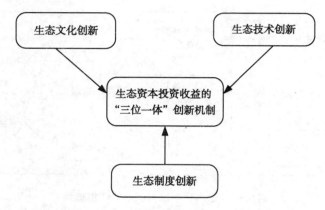

图6-2　生态资本投资收益的"三位一体"创新机制

（一）生态文化创新

提升生态资本投资收益水平，需要树立新的观念，必须注意维护生态系统平衡，以可持续经济发展的理念指导现行经济的发展，遵循绿色经济发展原则，保持经济社会稳步健康地发展。生态资本投资收益的生态观念创新，主要体现在人与自然的关系变更、消费观念的更新、环境权益观念的形成，以及价值观念和财富观的更新等多个方面。可以通过改变社会生态消费观念，提高生态消费意识，运用宣传教育等手段进行生态资本投资收益的生态文化创新管理，鼓励全员参与生态资本投资行为（正如附录C调查问卷第48题所提及的，本书认为，"可持续消费"也是一种生态资本投资行为）。

（二）生态技术创新

生态技术创新是符合可持续发展需要的一种生态型技术创新活动，是建立在绿色技术与绿色发明基础之上的。它不仅追求技术创新的工具效率，而且还把产业技术创新活动自觉地融入自然生态循环系统之中，既能改善生态环境、提高人类生活质量的社会效益，又能获得潜在的经济效

益。要实现传统发展模式的绿色转向，必须大力提倡生态化技术创新，使
生态化技术成为生态资本投资收益的支撑。生态资本投资收益的生态化技
术创新是指从市场需求出发，通过生产要素的新组合或科技成果的商品化
途径，将技术转化为生态、经济、社会等价值的动态过程，它以经济增长
为中心，同时追求自然生态平衡、社会生态和谐，最终实现人的全面发
展。从目前的情况来看，生态化技术创新的关键是要围绕我国生态环境保
护和经济协调发展的"双赢"技术来展开。

（三）生态制度创新

生态制度创新可以被看作是经济组织形式或经济管理方式革新和变化
的一个过程。有效组织是制度创新的关键，而有效组织是随着社会进步、
经济增长、各种矛盾斗争的产生与发展而变化的。例如，美国是一个高度
环保的国家，在其国内几乎很难找到对自然环境有高污染的产业——这些
产业都已经转移到了第三世界国家。显然，美国正是把这种外部性转嫁给
了其他不发达国家。但是，谁来制定约束这种行为的制度？谁来执行？显
然，至少在目前，我们仍然看不到这样一个超国家的权威机构。现实是，
即使科学的发展已经使人类在很大程度上可以制定出一个符合人与自然协
同发展规律的制度框架，但是，如果没有一个权威机构来强制执行这一制
度，这一制度仍然是一纸空文。由此看来，造成生态稀缺的根本原因在于
缺乏有效的制度约束，生态稀缺仅仅是制度稀缺的一种反映而已。因此，
创造一个有效的生态制度因素组合是十分重要的，这将使组织在经济活动
中交易成本降低，个人收益与社会收益之间的差异减少，从而激励组织和
个人充分利用和合理配置各种资源，进而提升生态资本使用效率。在下文
中，本研究便将尝试性地从生态制度创新的视角，探讨生态资本投资收益
的制度保障。

第三节　生态资本投资收益的制度保障

制度是行为主体在行动决策过程中应遵循的规则[1]，而社会则是由许
多相互间关系复杂的制度所构成。良好的制度对于社会而言，具备正向与
引导的作用。然而，制度并非先天存在或具备正向激励，其发展与演进被

---

[1]　［美］大卫·韦默：《制度设计》，上海财经大学出版社2004年版，第16页。

新制度经济学家称为制度变迁，制度创新则可以被视作制度变迁过程中的一个节点，具体而言，就是由制度创新者将法律、产业政策、组织条款以及社会习惯、道德等加以组合，以引导相关参与方的行为决策。生态资本投资在保护生态环境的同时，能够为社会提供生态产品和生态服务，具有公共品属性和正外部性。这就使得生态资本投资往往因缺乏激励而投资不足，正外部性活动由于无法获得补偿而难以持续，因此，便应当建立健全生态资本投资收益的制度保障。

一 生态资本价值核算制度

生态资本价值核算制度的关键是建立健全绿色核算制度。即针对当前缺乏对生态资本变动情况的全面核算，特别是缺乏对生态资本破坏和环境污染造成经济损失的核算而提出的一种核算制度。现行国民经济核算体系中的一大缺陷，就是缺乏对资源变动和环境污染情况的全面核算。在现行的国民经济核算体系中，人们难以对经济发展与环境变动的情况进行科学的、全面的估量，甚至会无视生态破坏和环境污染的现实，继续扩大生态赤字。

环境问题表面上是人类社会经济活动的副产品，实际上反映的是人与人、人与自然之间，经济利益和环境利益矛盾冲突的结果。世界各国已经在生态资本价值核算制度方面进行了大量探索，有一定代表性和特色的核算模式有：联合国综合环境与经济核算体系（SEEA）、世界银行的持续经济福利指标（ISEW）及在此基础上发展的真实进步指标（GPI）、世界银行的国民财富（NW）和真实储蓄率（GS）、欧洲环境的经济信息收集体系（SERIEE）、包括环境账户的国民核算矩阵（NAMEA）和包括环境账户的社会核算矩阵（SAMEA）、欧洲环境压力指数和欧洲综合经济与环境指数体系、环境和自然资源核算项目（ENRAP）等。

在我国现行的以GDP为主要政绩考核指标的激励下，各级地方政府都有强烈的动机优化本地的投资环境，加大招商引资力度。就企业而言，企业治理环境污染成本高低是企业投资区位选择要考虑的重要因素。为了吸引更多的资本流入，加快本地经济增长，很多地方政府，不仅土地低价转让给前来本地投资的企业，而且在环境政策的执行方面，竞相降低环境标准。地方政府之间环境规制竞争的结果，是以牺牲生态环境为代价换取本地经济增长。所以，财政支出竞争、税收竞争、招商引资竞争与环境规制竞争等紧密相关，共同影响生态资本。

应该说绿色 GDP 是对 GDP 的完善和发展。绿色 GDP 核算①强调生态资本在经济建设中的投入效益，自然资源环境既是经济活动的载体，又是生产要素，建设和保护自然资源环境也是发展生产力。尽管目前绿色 GDP 核算方法仍处于研究阶段，操作层面的问题没有解决，但将环境资源成本纳入国民经济核算体系是大势所趋②。实行绿色 GDP 核算，也许能对"行政区经济"、"诸侯经济"和现有的地方官员政绩考核机制所产生的弊端，进行某种程度的修正。"行政区经济"、"父母官"意识大大刺激地方政府只从本地利益出发，想方设法扩大本地经济规模，维护本地区利益。现实生产和生活中的环境污染案例表明，上游的"福星"往往是上游的"灾星"。因为很多生产行为在污染下游的同时，却为本地贡献了税收和就业机会，"利"在当地，"害"却转移给下游或周边地区。因绿色 GDP 核算体系中考虑到资源环境因素，生产过程中排放的有害物质对环境造成的负面影响需要从经济总量中扣除，不能只看到发展、繁荣的一面，还要看到对资源环境的消极影响的一面。以绿色 GDP 考核官员政绩，对"污染一任、造福一方""吃祖宗饭、断子孙路"的不可持续的短期行为可进行一定程度的抑制。

二　生态资本产权交易制度

生态资本投资收益是以生态资本的交易和相应产权安排为条件的。国内的生态资本产权安排是以政府主导的强制性制度变迁为空间的。只要政府许可或退出，并通过法律制度做安排，生态资本产权就会进入。强制性制度变迁能否启动和实现，取决于政府的意愿，而其是否有效率，则取决于强制性制度与诱致性制度的相容性。如前所述，生态资本的重要特征之一在于其使用权的可扩散性和收益权的不可排他性。因此，在生态资源管理方面，为适应绿色经济发展要求，关键是要健全一套促进创新的激励机

①　值得注意的是，为系统全面测度和衡量人类经济社会发展态势，仅仅依靠绿色 GDP 还是远远不够的，还需要类似反映收入分配状况的指标如基尼系数，反映效率状况的指标如全要素生产率，反映就业状况的指标如失业率，反映经济运行状况的指标如通胀率，以致反映人自身健康、教育、文化、娱乐状况的指标如人类发展指数乃至幸福指数等做进一步补充。

②　绿色 GDP 概念提出以后，虽然国内外学者纷纷对其开展研究和探索，但是到目前为止，尚未形成统一的、公认的、权威的绿色 GDP 定义和核算方法。

制，重点是依法保护生态资本投资者的收益权。

生态资本产权是生态资本投资者进行生态资本投资收益分配的依据，只有建立具有制度化、法律化的生态资本产权关系，才能保障生态资本投资者的利益，进而提高他们的投资积极性。生态资本产权的交易，是指生态资本产权在不同经济主体之间的让渡。交易价格的形成、相关信息的传递及交易活动的进行规则，共同构成了生态资本产权交易市场的运行机制。生态资本产权交易市场通过为交易双方提供一个平台，使生态资本产权交易主体因为受一定动机或外在压力的驱使，能够按一定的方式、一定的价格来促使生态资本产权交易的达成。在生态资本产权的交易关系中，必须遵从既定和合理的秩序。生态资本产权的排他性可以减少不确定性并增进秩序的稳定性，同时，由于排他性的存在，生态资本产权主体才能拿产权去进行交易，因此，排他性是生态资本产权可交易性的基础。生态资本产权可交易性是生态资本流动的具体表现形式，按照帕累托最优资源配置原理，只要生态资本创造收益的潜在空间存在，自由竞争和选择机制就必然会促使生态资本向更有效和更充分利用的市场转移，从而达到生态资本投资收益最大化状态。所以，生态资本产权交易制度的重要意义，便在于调整生态资本产权格局所既定的结构效率。也就是说在初始生态资本产权格局约束了生态资本的运行和效率的发挥时，只要交易成本低于原有产权格局造成的效率损失，则可以通过生态资本的交易进行调整。显然，生态资本产权的可交易性是提高生态资本配置效率的充分条件和实现生态资本产权功能的内在条件。

在生态资本投资过程中，应坚持"谁投资、谁受益"的原则，认定并协调个人、企业、国家之间的生态资本产权关系。由于生态资本产权归属并不唯一，产权的行使要受到投资各方的共同制约，生态资本载体和其非载体都无权单方面决定。对生态资本的处置、交换和收益分配，都需要各方共同解决。共同解决意味着交易和契约必须是平等的，一方不能对另一方进行强制。在市场经济条件下，平等交易和契约解决可能是唯一有效的办法，因此，必须建立生态资本产权认定与协调机制。认定生态资本产权并不在于划分生态资本产权权能，其关键在于确定个人、企业、国家分别行使生态资本产权的方式和侧重点。生态资本产权的协调一般只包括个人与企业之间的产权关系，只有当生态资本的天然载体发生国际流动时，才需要协调国家与企业、个人之间的产权关系。

三　生态资本权益补偿制度

生态资本权益补偿是对生态产品和生态服务支付补偿费用的一种制度安排。通过向生态资本投资者支付生态保护、生态修复、生态发展的直接成本和机会成本，激励投资者采用绿色、低碳化生产方式，以达到保护和改善生态环境、增强生态服务功能、提高综合效益的目的，最终实现生态效益、经济效益和社会效益的和谐统一。建立健全生态资本权益补偿制度，要求明确补偿的主体和对象，确定合理的补偿标准，通过恰当的补偿方式和途径，构建完整的生态资本权益补偿网络体系。例如，在生态工程建设初期，资金补偿是最为重要的补偿手段。在生态工程建设启动后，产业补偿和智力补偿将更为重要，这些补偿措施将关系到生态工程建设的持续性和长久性。生态工程建设补偿的实质是要解决生态工程建设区利益相关者的生存和发展问题，诱导他们积极从事生态工程建设。因此，补偿标准是否合适是影响生态资本投资收益的重要因素。

首先，应进行生态保护补偿。这是构建生态资本权益补偿制度的初级阶段，其宗旨是遏止破坏并保护生态环境；补偿目的是激励生产者转变传统生产方式，导入生态生产方式。补偿内容包括因环保转产而闲置停用的原有机具设施设备费用、因导入可持续生产而需添置的工具及费用、转产期间直接损失的收益等。补偿方式包括政策补偿、资金补偿、实物补偿、技术补偿等，其中资金补偿以一次性补偿为宜。补偿标准按生态保护的成本计算，包括为保护生态环境的直接投入成本、间接损失成本和机会成本。实践中，美国的保护性退耕政策补偿即属此类。

其次，应进行生态修复补偿。这是生态资本权益补偿制度的中级阶段，其宗旨是治理和修复生态环境；补偿目的是激励生态生产者积极治理环境污染、持续修复生态环境，通过大力发展绿色、循环、低碳型经济，推行清洁生产和标准化生产，使用安全投入品，实施水生态修复，达到净化水质、改良土壤、调节气候的目的。补偿标准按生态破坏的修复成本计算，主要是水生态修复成本、土壤改良及耕地复垦成本、污染废弃物处置成本等。实践中，日本的生态治理资助即属此类。

最后，还应进行生态发展补偿。这是生态资本权益补偿制度的高级阶段，其宗旨是创新和发展生态系统服务；补偿目的是体现生态服务价值、激励人们投资生态保护并使生态资本增值，通过实行生态产品认证制度、完善生态环境资源价值核算体系等措施，逐步培育起生态产品交易市场，最终实行生态服务付费制度。补偿主体为全体生态服务受益者，包括政府组织、经济组织及自然人，政府已不再是生态服务的唯一购买者。补偿内容包括生态产品价值补偿、生态环境功能价值补偿、文化旅游综合服务价值补偿。补偿方式包括生态产品公共补贴、生态服务市场交易、生态资源限额转让交易等。补偿标准按生态受益者的获利计算，即按生态产品或生态服务的市场交易价格乘以交易数量的方法计算。实践中，德国的生态认证计划即属此类。

四　生态资本投资保险制度

生态资本投资的风险，是由于对生态资本属性认识不够，利用和引导不到位，加之各种难以或无法预料、控制的外界环境变动因素的作用，而导致生态资本投资收益具有不确定性，或者说是，生态资本投资损失的发生具有一定的或然性。生态资本投资收益的不确定性，表现为实际收益低于预期收益的可能；生态资本投资损失发生的可能性，则表现为实际收益低于投资成本的可能。生态资本投资的收益并不是全部都能以使用价值的形式体现出来，还有相当一部分收益表现在非经济方面。尽管目前学术界对生态资本价值衡量的研究已经进入到理论建模和量化分析的阶段，但是至今尚未取得突破性的进展，没有找到令人信服和精确计算生态资本价值的方法。投资收益的间接性与投资主体的多元性的并存，使建立明晰的生态资本产权结构成为困难，更是加剧了投资风险。较之物质资本投资，生态资本投资往往具有更大的风险，包括投资周期时间长（这也意味着不确定因素的增多）、受自然因素影响较大等，而且这些风险存在于生态资本投资的全过程之中。

生态资本投资保险制度旨在通过募集社会资金来分解生态资本投资风险，它关系到当期生态资本和未来生态资本的基本权益能否得到有效的保障。生态资本投资是风险性、社会性和基础性投资活动，其发展涉及面宽，影响面大，一旦发生风险不但将可能影响到一国的经济增长与发展，甚至有可能影响到一国社会与政治的稳定。对于私人投资者来说，生态资本投资毕竟属于商业性投资，存在风险是必然的，因此必须通过完善商业风险化解制度来应对或解决。值得注意的是，生态资本投资保险并不是对整个投资目的和结果进行保险，即生态资本投资保险并不是投资险，而是财产险。这样，我国的《保险法》将适用于生态资本投资保险合同。

五 生态资本投资基金制度

基于生态资本投资的规模大、风险高、技术性强等特点，应当设立生态资本投资共同基金。由专业的信托投资公司以一定的方式，募集公众的资金，然后委托专业的经理人进行生态资本投资。当投资产生收益时，投资者可依据其所占的投资比例来分享基金的增长收益，而投资公司或基金公司则可以赚取基金的管理费用。这样就可以集中社会上可能用于生态资本投资的资金，满足公众可能出现的生态资本投资需求。生态资本投资共同基金制度中的基金托管人、基金的募集、基金份额的交易、基金份额的申购与赎回、基金的运作与信息披露、基金合同的终止与基金财产清算、基金份额持有人权利及其行使监督管理等制度均可参照《证券投资基金法》的规定进行。但是，对于基金管理人应当有一定的限制，即基金管理人必须保证将资金投资于生态资本。同时在基金的募集时，要明确基金的用途在于生态资本存量的维持与增加。

考虑到生态资本投资基金具有一定的公益性，投资的方式应当采用开放式基金的管理模式。当然政府也可以向共同基金投入一定的资金或设立专门的基金，以用于生态资本投资或生态技术研发等基础研究。鉴于政府对生态资本投资效率负有最终责任，因此由政府进行基金投入或者设立专门基金是"义不容辞"的。生态资本投资中那些风险性较大的技术创新及带有外化经济性的活动，已经突破了企业降低生产成本的局限，企业投资积极性并不高，因此也需要一定的社会资金予以资助或奖励。在实践过程中，一些地方已经建立了政府环境保护基金、污染源治理专项基金、环境保护基金会和非政府组织、环境保护团体等多种形式的环境保护基金和资金渠道，这些都将为生态资本投资基金制度的建立健全起到一定的铺垫作用。

第七章　生态资本投资收益的实证检验

第一节　生态资本投资收益形成的分类检验

由于生态资本投资能够产生价值，从而决定了其应当获得收益。与普通投资仅仅追求经济收益不同，追求"生态—经济—社会"综合收益是生态资本投资的终极目的。然而，在现实经济过程中，生态资本投资究竟能否获得收益，还有待进行统计数据的计量检验。

一　生态资本投资生态收益的形成检验

考虑到生态资本投资及其生态收益的可获得性，这里以我国地级城市为研究样本，生态资本投资水平由"城市环境基础设施建设完成投资额"占全市年度"财政总支出"比重来指代①，生态资本投资的生态收益以"城市工业污水处理达标率"来指代。

值得注意的是，"城市环境基础设施建设完成投资额"主体是政府财政支出，但不完全是财政支出，其中还包括少部分的财政预算外投资和少量的社会性投资。本研究将"全社会环境污染治理投资总额"占公共财政支出的比重作为控制变量（即生态资本私人投资水平），以剥离社会（特别是企业）生态资本投资对于生态收益可能存在的独立影响。

依据《中国城市统计年鉴2011》，截至2011年年底，全国共有332个地级行政区划单位（不包括港、澳、台地区），其中：282个地级市、17个地区、30个自治州、3个盟。由于个别城市（如拉萨等）的统计数据缺失或不完整，使得最后进入回归分析的城市数量为260个，占所有地级市的78%。各地级市的有关数据采集自《中国城市统计年鉴（2011）》，各

---

① 其中涉及两个统计概念的操作化界定均以《中国城市统计年鉴（2011）》为准。

变量指标均是指全市（即包括市辖区、县以及县级市）范围内的统计量。

（一）生态资本投资生态收益的变量描述

在 2010 年 260 个地级市样本量中，城市污水处理的平均达标率为 88.67%（标准差为 14.38），达标率水平最低的城市为 0.80%，而达标率最高的城市为 100%。研究样本的生态资本私人投资平均水平为 11.08%（标准差约为 9.51），其中最小值为 0.05%，最大值为 10.74%，显示出各个城市之间的巨大差异。在 2010 年财政年度，上述指标在 260 个地级市中分布差异非常明显，最小值为 0.01%，而最大值为 10.74%；平均值为 1.06%，但是标准差也高达 1.06。

考虑到城市的财政自给能力（财政自给度，即城市地方财政总收入占地方财政总支出的百分比）、城市的人口规模、经济总量、人均经济水平、经济发展速度、是否是省会城市等都作为控制变量纳入回归模型，从而尽可能估计出"城市生态资本公共投资水平"对于生态收益的净效应。在 2010 财政年度中，样本量城市财政的平均自给度为 48.64%，其中自给水平最低的城市的自给度为 7.41%，而自给程度最高的城市则为 123.27%。如果从财政依赖度的角度来解读，则可以认为这些城市 2010 年对于上级（省级和中央）政府的财政依赖的平均水平为 51.36%。其他控制变量如人口规模、GDP、人均 GDP 以及经济增长率等的统计性描述，详见表 7 - 1。

表 7 - 1　　　　　　　　　生态资本投资生态收益的变量描述

变量代码	变量涵义	N	最小值	最大值	平均值	标准差
y	污水处理达标率（%）	260	0.80	100.00	88.674	14.377
x_1	生态资本公共投资水平（%）	260	0.01	10.74	1.064	1.061
x_2	生态资本私人投资水平（%）	260	0.05	54.93	11.077	9.507
x_3	财政自给度（%）	260	7.41	123.27	48.643	21.739
x_4	人口规模（万人）	260	17.61	1130.40	385.198	223.539
x_5	GDP（万元）	260	519279	48202600	5946644.82	5781292.398
x_6	人均 GDP（元）	260	3421	96006	16669.86	13008.596
x_7	经济增长率（%）	260	6.1	29.9	14.229	2.818
$dummy$	是否省会城市（1 = 是）	260	0.00	1.00	0.058	0.234

（二）地级市生态资本投资与生态收益的齐方差回归

表7－2报告了4个用最小二乘法估计出来的齐方差回归模型。由模型Ⅰ可知，生态资本投资的生态收益与生态资本公共投资水平之间存在着显著的相关性。模型Ⅰ中生态资本公共投资水平的回归系数0.309说明，一个城市的生态资本公共投资占财政总支出的水平每提高1个百分点，生态资本投资的生态收益（即污水处理达标率）将会提高近0.31个百分点。

表7－2　　　　　　　　　　生态资本投资与生态收益的齐方差回归结果

变量代码	变量涵义	模型Ⅰ	模型Ⅱ	模型Ⅲ	模型Ⅳ
c	（常数）	85.251 ***	68.043 ***	69.302 ***	69.673 ***
x_4	人口规模（万人）	—	0.017 ***	0.017 ***	0.017 ***
x_6	人均 GDP（元）		0.00189	0.00178	0.00193 *
x_5	GDP（万元）	—	− 0.000000521 *	− 0.000000501 *	− 0.000000516 *
x_7	GDP 年增长率（%）		0.092	—	
x_3	财政自给度（%）		0.234 ***	0.253 ***	0.236 ***
x_1	生态资本公共投资水平	0.309 ***	0.106	0.106	0.106
$dummy$	是否省会城市	—	—	− 3.910	—
	F	11.243 ***	9.200 ***	8.097 ***	11.061 ***
	R	0.604	0.823	0.729	0.823
	$R\ Square$	0.542	0.779	0.784	0.779
	N	260	260	260	260

注：*** 表示在1%的水平上显著；** 表示在5%的水平上显著；* 表示在10%的水平上显著。

然而，在考虑人口规模、人均 GDP、GDP、GDP 增长率、财政自给度等其他控制变量之后，虽然回归模型（模型Ⅱ、模型Ⅲ、模型Ⅳ）分别通过了 F 检验，但是在模型Ⅰ中具有高度显著性的生态资本公共投资水平，在模型Ⅱ、模型Ⅲ、模型Ⅳ中反而呈现出了统计不显著的情况。比较模型Ⅰ与模型Ⅱ、模型Ⅲ、模型Ⅳ，我们至少可以认为生态资本公共投资水平对于生态资本投资的生态收益并不存在显著的净效应。统计学理论认为，如果在异方差性的条件下依然使用最小二乘法进行参数估计，就会造成参数的估计值不再具有最小方差的特性、参数的显著性检验失效、回归模型预测精度降低等不良后果。因此，有必要根据数据异方差性的客观条件重新构建统计模型，而不是简单地认为生态资本公共投资与生态收益之间不存在相关性。

（三）生态资本投资与生态收益的异方差回归

在传统计量模型中，对于异方差性最为常用的方法是通过各种技术性处理来剔除掉异方差性，尽管这些方法能够纠正由于异方差性的存在所导致的、在最小二乘估计法中所存在偏差的估计量，但事实上这些方法从根本上舍弃了变量与变量的方差之间非常有用的数据信息，从而也没有办法有效估计出自变量与因变量的离散程度之间可能存在的统计相关性。以本书中的生态资本公共投资水平与生态资本投资生态收益为例，目前的数据信息显示，这两个变量之间至少可能存在以下两个维度的关系（而不像回归模型Ⅱ、模型Ⅲ、模型Ⅳ显示的那样它们之间不存在显著的相关性）：首先，更多的生态资本投资可能会导致更高的生态收益，即生态资本公共投资与生态收益之间呈现正相关关系（假设一）；同时，生态资本公共投资水平越高的城市，其生态资本投资生态收益更有可能表现出较为收敛的趋势，而生态资本投资水平较低的城市，其投资收益更有可能呈现出离散的趋势（假设二）。

利用 Stata 13.0 软件，进行异方差最大似然估计，分析结果（模型Ⅴ）见表 7 - 3。

表 7 - 3　　　　　　生态资本投资与生态收益的异方差回归结果

变量代码	变量涵义	估计系数	标准差	Z 值	P 值
c	常数	0.728	2.767	26.310	0.000
x_4	人口规模（万人）	0.015	0.047	3.241	0.002
x_6	人均 GDP（元）	1.602	0.001	1.770	0.077
x_5	GDP（万元）	-0.000	0.000	-1.549	0.121
x_3	财政自给度（%）	0.171	0.047	3.662	0.000
x_1	生态资本公共投资水平（%）	0.116	0.051	2.228	0.022
$dummy$	是否省会城市	-0.174	0.645	-0.269	0.787

（四）生态资本投资生态收益检验的启示

比较模型Ⅳ与模型Ⅴ可以发现：（1）异方差模型显示生态资本公共投资及其生态收益存在着显著的正相关（P值为0.022），由此可以认为，在模型Ⅳ中该回归系数的显著性水平之所以较低，是因为方差齐性的假设假条没有得到满足而导致的参数显著性检验的失效。假设一得到了充分的验证，即更高的生态资本公共投资水平将会带来更高的投资收益。（2）生态资本投资水平与生态收益的方差（离散程度）之间存在着较强的负相关性，也就是说，较之生态资本公共投资水平较低的城市，生态资本投资水平较高城市的生态资本投资收益相对收敛，也就是说高投入的城市之间在投资收益上呈现出的差异性较小，从经济学的角度看，生态资本投资收益似乎也存在着某种意义上的规模效应。（3）城市的人口规模对生态资本投资收益有显著但是细微的正面影响，即当城市人口每增加1万人，生态资本投资收益会增加0.015个百分点，从计量结果来看这种影响效果非常有限。（4）城市经济总量对生态资本投资收益的影响在计量统计上是不显著的；但是人均经济水平却对生态资本投资收益有显著的效果，人均GDP每增加1万元，生态资本投资收益将会增加1.602个百分点。也就是说，城市的经济发展水平，而不是经济总量，对生态资本投资收益存在显著的影响。（5）财政自给度始终是显著影响生态资本投资收益的重要变量，从模型Ⅴ中可以发现，城市财政自给度每提高一个百分点可以导致生态资本投资收益提高0.171个百分点，这说明较之城市经济总量，城市财政能力对生态资本投资收益的影响更为显著。（6）模型Ⅱ、模型Ⅲ、模型Ⅳ显示，经济发展速度对生态资本投资收益也没有显著影响，"是否是省会城市"对生态资本投资收益的影响也不显著。可见，生态资本投资收益基本上跟城市政治、经济地位没有特定关系，其主要受制于城市的经济发展水平与财政能力。（7）生态资本私人投资水平对于生态资本投资收益没有显著的影响，这一点与研究的预期不太一致，但这可能说明生态资本投资收益较多地受到生态资本公共投资水平的影响；换言之，缺乏政府引导的生态资本私人投资行为可能难以取得显见的成效，而这也凸显了政府在生态资本投资中的主导作用。

二 生态资本投资经济收益的形成检验

由前文分析[①]可知，生态资本投资的经济收益有两条传递路径。一是生态资本投资增加生态资本存量，从而促进人们生活质量的提高和生产力水平的提高。二是生态资本投资能够提升生态资本效率。生态资本投资通过带动生态建设、环保投资以及相关产业的发展，对经济增长具有直接贡献。然而，有调查发现[②]，一个地方的环保投资占当地 GDP 的比例每升高 0.36%，当地官员的升迁机会便会下降 8.5%。对此，有 71% 的受访群众认为，那些只顾及经济增长而不管环境污染的地方官员应该被解职；91% 的地方官员却认为，这些地方官员应该继续留用。可见，公众与地方官员在环境问题上的看法大相径庭，而地方官员们之所以不愿进行生态资本投资，一个主要原因便在于，地方官员政绩完全是通过 GDP 来评判的。这就启示我们，有必要对目前的国民经济核算体系进行改造，尽管目前绿色 GDP 核算方法仍处于探索阶段，但将环境资源成本纳入国民经济核算体系已经是大势所趋。

事实上，绿色 GDP，而非 GDP，才是生态资本投资的经济收益，考虑到绿色 GDP 核算的广泛争议，下文中生态资本投资的经济收益将用居民消费水平来指代。居民消费水平是指居民在物质产品和劳务的消费过程中，对满足人们生存、发展和享受需要方面所达到的程度。它主要通过消费的物质产品和劳务的数量和质量来反映。反映居民消费水平的主要指标有：(1)平均实物消费量指标。主要有平均每人全年主要有消费品的消费量、平均每百户耐用消费品拥有量、人均居住面积、平均每人生活用水量、平均每人生活用电量等；(2)现代化生活设施的普及程度指标。主要有自来水普及率、煤气普及率、平均每百户主要家用电器拥有量、电话普及率等；(3)反映消费水平的消费结构指标。主要有居民生活消费支出中食品的比例、居民生活消费支出中文化生活服务支出比例、不同质量消费品的消费比例等；(4)平均消费量的价值指标。主要有平均每人消费基金、平均每人生活消费额、平均每人用于各项生活消费的支出等。

---

① 见本书第四章第一节。

② 中国经济网：《数据显示公众与地方官员在环境问题上看法大相径庭》（http://www.ce.cn/macro/more/201303/03/t20130303_ 24160878. shtml）。

表 7 – 4　　　　　　　　生态资本投资对居民消费水平的 *OLS* 回归结果

变量代码	变量涵义	估计系数	*T* 值
c	常数	8171.067	2.31 **
x	生态资本投资规模	– 63.877	– 0.22
F		0.05	
R-squared		0.0002	
Adj R-squared		– 0.004	
N		240	

注：*** 表示在1%的水平上显著；** 表示在5%的水平上显著；* 表示在10%的水平上显著。

可见，生态资本投资的经济收益，至少在居民消费水平上，未通过计量检验。由此，也可见生态资本投资的经济收益实现具有不确定性。当然，由于统计数据还存在口径不一、残缺不全等问题，生态资本投资及其收益的数据很难准确估算，本书简单地选取了一些"指代变量"，如这里便是用居民消费水平来指代生态资本投资的经济收益，这一点可能并不符合实际，这也使得本书的研究结果只是"一家之言"，有较强的主观性。

三　生态资本投资社会收益的形成检验

生态资本投资的社会收益范围包括改善人民的生活条件、就业的增加及由此产生的社会稳定和家庭和谐、减少环境纠纷、促进城市基础设施建设、保护珍贵的文化遗产等。当然，绿色就业并非绝对不对环境产生影响的就业，是指那些对环境的负面影响程度显著低于通常水平、能够改善整体环境质量就业。从环境功能看，绿色就业具有四个特征：即降低能耗与原材料消耗的"非物质化经济"特征，如发展循环经济创造的就业；避免温室气体排放的"去碳化经济"特征，如太阳能热利用及风能就业；将废物与污染降至最低的"环境经济"特征，如安置除尘脱硫设施后电力企业的就业；保护和恢复生态系统和环境服务的"生态经济"特征，如生态农业领域的就业。

鉴于研究数据的可得性，以及绿色就业的发展前景，这里以 2003—

2010 年我国大陆地区（不含港、澳、台）30 个[①]省、自治区和直辖市为研究样本，用各个省份的就业率水平来指代"生态资本投资的社会收益"。生态资本投资规模的数据包括：（1）各省份的环境污染治理投资总额（亿元）；（2）各省份的林业系统营林固定资产投资（亿元）。

本书中各个省份的就业率 = 当年各省就业人员数（万人）/年底人口数（万人），由于就业率是百分比，为避免计量结果中出现系数极低的问题，对生态资本投资取对数，就业率乘以 100，OLS 回归结果见表 7 – 5：

表 7 – 5　　　　　　　　生态资本投资对就业率的 OLS 回归结果

变量代码	变量涵义	估计系数	T 值
c	常数	36. 116	6. 61 ***
x	生态资本投资规模	1. 391	3. 06 ***
F		9. 36	
R		0. 73	
$R\ Square$		0. 68	
N		240	

注：*** 表示在 1% 的水平上显著；** 表示在 5% 的水平上显著；* 表示在 10% 的水平上显著。

进行生态资本投资对就业率的影响分析时，除了可以采用 *OLS* 回归，还可以采用分位数回归分析方法。从概率与数理统计角度来说，对一个连续随机变量 y，如果 y 小于等于 q_τ 的概率是 τ，则我们说 y 的 τ 分位值是 q_τ，或者说 q_τ 就称作 y 的第 τ 分位数。类似地，如果我们将被解释变量 y 表示为一系列解释变量 X 的线性表达式（又称为拟和值），并使得该表达式满足小于等于 q_τ 的概率是 τ，就称为分位数回归。分位数回归是对以古典条件均值模型为基础的最小二乘法的延伸，用多个分位函数来估计整体模型。

一般线性回归模型可设定如下：

$$\rho_x(t) = t(\tau - I(t < 0)), \tau \in (0,1) \tag{7.1}$$

在满足高斯 – 马尔可夫假设前提下，可表示如下：

$$E(y \mid x) = \alpha_0 + \alpha_1 x_1 + \alpha_2 x_2 + \cdots + \alpha_k x_k \tag{7.2}$$

---

① 考虑到研究方法对异常数据的敏感性，本书研究没有包括西藏自治区。

其中 u 为随机扰动项 $\alpha_0, \alpha_1, \alpha_2, \cdots, \alpha_k$ 为待估解释变量系数。这是均值回归（OLS）模型表达式，类似于均值回归模型，也可以定义分位数回归模型如下：

$$Q_y(\tau \mid x) = \alpha_0 + \alpha_1 x_1 + \alpha_2 x_2 + \cdots + \alpha_k x_k + Q_u(\tau) \tag{7.3}$$

对于分位数回归模型，则可采取线性规划法（LP）估计其最小加权绝对偏差，从而得到解释变量的回归系数，即：

$$\min E\rho_x(y - \alpha_0 - \alpha_1 x_1 - \alpha_2 x_2 - \cdots - \alpha_k x_k) \tag{7.4}$$

求解得：

$$\hat{Q}_y(\tau \mid x) = \hat{a}_0 + \hat{a}_1 x_1 + \hat{a}_2 x_2 + \cdots + \hat{a}_k x_k \tag{7.5}$$

其中：

$$\log(y_{i,T}/y_{i,0}) = \beta_0 + \beta_1 \ln(y_{i,0}) + \beta_2 \ln(I/GDP) +$$
$$\beta_3 \ln(n + g + \partial) + \beta_4 \ln(h) + \varepsilon_{i,0,T} \tag{7.6}$$

从参数的估计方法来看，一般线性回归模型的原理是使得被解释变量 y 与其拟合值之差（称作残差）的平方和最小，而分位数回归是使得这个残差的绝对值的一个表达式最小，这个表达式不可微，因此传统的求导方法不再适用，而是采用线性规划方法或单纯形算法。现在主流统计、计量与科学计算软件 SAS、Stata、EViews、Matlab 等都可以加载分位数回归软件包。

本研究运用 Stata 软件的 sqreg 命令[①]，进行生态资本投资对就业率影响的分位数回归分析，回归结果见表 7 - 6：

表 7 - 6　　　　　　　生态资本投资对就业率的分位数回归结果

分位数水平	变量代码	变量涵义	估计系数	标准差	T 值	P 值
10%	c	常数	36. 317	4. 313	8. 42	0. 000
	x	生态资本投资	0. 528	0. 327	1. 61	0. 108
25%	c	常数	30. 916	12. 255	2. 52	0. 012
	x	生态资本投资	1. 441	1. 082	1. 33	0. 184
50%	c	常数	25. 159	10. 513	2. 39	0. 017
	x	生态资本投资	2. 315	0. 897	2. 58	0. 011

---

① *Stata* 命令为：*sqreg y x，quantile*（0. 1 0. 25 0. 5 0. 75 0. 9）。

续表

分位数水平	变量代码	变量涵义	估计系数	标准差	T 值	P 值
75%	c	常数	36.875	6.619	5.57	0.000
	x	生态资本投资	1.745	0.509	3.42	0.001
90%	c	常数	55.491	16.604	3.34	0.001
	x	生态资本投资	0.534	1.321	0.40	0.686

分位数回归可以描述一些因素如何影响研究对象的中位数、1/4 分位数、3/4 分位数等，这些不同分位数代表了处于不同水平的研究对象。而不同分位数下的参数估计量往往也不同，这就代表同样的影响因素对处在不同水平的研究对象的作用大小不同。通过生态资本投资对就业率影响的 OLS 回归和分位数回归对比，可以看出 OLS 估计已经得出了生态资本投资与就业率存在正相关的关系，而分位数回归同时还能表示不同分位水平下两者之间的关系变化情况。

结合表 7 - 6 来看，在 10%、25%、50%、75% 和 90% 的分位数水平下，生态资本投资对就业率的提升作用各有不同，统计系数分别是：0.528、1.441、2.315、1.745 和 0.534，有一个先升后降的变化过程。其经济含义是，在生态资本投资能力特别强和特别弱的省份中，生态资本投资水平没有起到促进该省份就业率增加的作用，生态资本投资水平对省份就业率的促进效应，在计量结果方面更显著地体现在中等生态资本投资强度（50% 分位数）的省份中。原因可能在于，对于生态资本投资强度较低的省份，其自身的生态资本投资收益能力不足，生态资本投资通常不能显著提升当地的就业率水平。而对于生态资本投资强度较高的省份，其经济发展程度相应更高，当地的就业率状况可能不仅体现在"就业规模"上，同时还体现在"就业结构"或"就业质量"方面；这就有可能导致生态资本投资水平对省份就业率的影响，在计量结果上表现出弱显著性。而处于中等生态资本投资强度的省份，其自身虽具备一定的生态资本投资规模，但生态资本投资收益增加的潜力更大，这种情况下如果当地政府加大生态资本投资力度，便会提升当地的就业率水平。

第二节　生态资本投资对生态资本效率的影响分析

一　生态资本效率提升是生态资本投资的重要目标

如前文所述[1]，生态资本效率是生态资本满足人类需要的效率，是一种产出与投入的比值，可以视作是由每单位生态资本牺牲所获得的物质资本服务量，即：

$$生态资本效率 = \frac{所获得的物质资本服务}{所牺牲的生态资本服务} \qquad (7.7)$$

在"满的世界"状态中，任何物质资本的增加都意味着放弃生态资本及其服务。经济系统规模的不断扩大已经逼近甚至超过了生态系统的承载力，人类就不得不考虑如何以最少的生态资本消耗获取最多的物质资本服务，并将这种思想贯穿于经济系统生产和消费的整个过程。因此，生态资本效率概念的基本前提是：人与自然的物质交换获得对生态系统的影响必须限制在其承载力范围内。由于物质资本的获得必然要消耗生态资本，要想保证生态资本存量的非减性，便需要对生态资本进行投资。随着可供人类利用的生态资本存量日益减少，通过生态资本投资来补充生态资本存量的做法已经难以为继，生态资本效率日益成为经济增长的限制因素。其实，经济绿色转型的核心就是提升生态资本效率，其最终归宿正是高生态资本效率、低生态资本耗费的可持续经济发展模式。

二　基于 SBM 模型的生态资本效率测度

（一）基于 SBM 模型的生态资本效率测度方法

SBM 模型由 Tone（2001）提出，作为非径向非角度的数据包络分析方法（DEA），SBM 模型拥有 DEA 的一个最大优点——它依靠投入产出的数据得到相应的技术前沿以及各决策单元（DMU）相对于参照技术的效率测度，而不需要设定生产者的最优行为目标，也不需要对生产函数的形式做特殊的假定。传统的 DEA 模型大都属于径向和角度的测度，不能充分考虑到投入产出的松弛问题，测度的效率值也因此是不准确或者是有偏的。SBM 模型，不同于传统 CCR、BCC 模型，它把松弛变量直接放入目标

---

[1]　见本书第四章第一节。

函数中。这样，一方面解决了投入产出松弛的问题；另一方面也解决了非期望产出存在下的效率测度问题。同时，*SBM* 模型属于 *DEA* 模型中的非径向和非角度的测度方法，从而避免了径向和角度选择差异带来的偏差和影响。

SBM 模型的目标值数学表达式为：

$$\rho^* = \min\rho = \min \frac{1 - \left[\frac{1}{N}\sum_{n=1}^{N}\frac{s_n^x}{x_n^{k'}}\right]}{1 + \left[\frac{1}{M+I}\left(\sum_{m=1}^{M}\frac{s_m^y}{y_m^{k'}}\right) + \sum_{i=1}^{I}\frac{s_i^b}{b_i^{k'}}\right]} \tag{7.8}$$

约束条件：

$$s.t. \begin{cases} \sum_{k=1}^{K}z_k y_m^k - s_m^y = y_m^{k'}, m = 1, \cdots, M; \\ \sum_{k=1}^{K}z_k b_i^k + s_i^b = b_i^{k'}, i = 1, \cdots, I; \\ \sum_{k=1}^{K}z_k x_n^k + s_n^x = x_n^{k'}, n = 1, \cdots, N; \\ z_k \geqslant 0, s_m^y \geqslant 0, s_i^b \geqslant 0, s_n^x \geqslant 0, k = 1, \cdots, K; \end{cases} \tag{7.9}$$

其中，式（7.8）是一个包含非合意产出的 *SBM* 方向性距离函数模型，目标函数 ρ^* 分子、分母测度的分别是各省份生态资本实际投入、产出与生产前沿面的平均距离，即生态资本投入无效率和生态资本产出无效率程度。

（二）　生态资本效率测度指标和数据的选择

生态资本是一种特殊的新型资本，兼具"生态"和"资本"的双重特征，在资本形态上具有新颖性，在存在方式上具有广泛性，在实物类别上具有复杂性。本书将生态资本分为生态资源型资本、生态环境型资本和生态服务型资本三种类型，而生态资本效率是生态资本满足人类需要的效率，因此在选择生态资本投入产出指标时应以此为标准进行。反映生态资本投入、产出的指标很多，在选取指标时，应选取一组具有典型代表、能全面反映这一综合性目标各个方面的指标体系。

　　通过参考其他学者①②③的研究和考虑数据的可得性，本书选取 2003—2010 年各省能源消费总量（万吨标准煤）、各省供水总量（亿立方米）、各地建设用地面积（万公顷）为生态资本效率测度的投入指标，选取各省地区生产总值（亿元）为生态资本效率测度的合意产出指标，选取各省环境信访来信数量（封）为生态资本效率测度的非合意产出指标。为了客观衡量我国各省份生态资本效率的基本情况，并兼顾数据的可得性、可比性及科学性，样本数据均来源于相关年份的《中国统计年鉴》、《中国环境统计年鉴》、《中国能源统计年鉴》、《中国国土资源年鉴》、《中国水资源公报》，经计算整理而得 2003—2010 年我国内地（不含港、澳、台地区）30 个省、自治区和直辖市的面板数据集。考虑到西藏自治区特殊政治经济地位和资源禀赋条件，及研究方法对异常数据的敏感性，本书研究没有包括西藏自治区。

　　（三）生态资本效率测度的结果分析

　　借助 DEA-Solver pro 软件，运用 SBM 模型对面板数据集进行处理，参照我国东部、中部、西部④的划分标准，2003—2010 年各省份生态资本效率计算结果如表 7－7 所示：

表 7－7　　　　　　　　我国 2003—2010 年各省份生态资本效率测度结果

年份／省份	2003	2004	2005	2006	2007	2008	2009	2010
北京	0.335	0.395	0.422	0.474	0.564	0.632	0.745	1.000
天津	0.214	0.232	0.284	0.319	0.356	0.454	0.505	1.000
河北	0.113	0.125	0.169	0.248	0.244	0.262	0.421	0.282

---

　　① 王兵、吴延瑞：《中国区域环境效率与环境全要素生产率增长》，《经济研究》2010 年第 5 期，第 95—109 页。

　　② 胡宗义、刘静、刘亦文：《中国省际能源效率差异及其影响因素分析》，《中国人口·资源与环境》2011 年第 21 卷第 7 期，第 33—39 页。

　　③ 李静：《中国区域环境效率的差异与影响因素研究》，《南方经济》2009 年第 12 期，第 24—35 页。

　　④ 这里按照我国东、中、西部三大区域的划分对样本进行归类，其中东部地区有 11 个，分别是北京、天津、河北、辽宁、上海、江苏、浙江、福建、山东、广东和海南；中部地区有 8 个，分别是山西、吉林、黑龙江、安徽、江西、河南、湖北、湖南；西部地区的省级行政区有 11 个（未含西藏），分别是四川、重庆、贵州、云南、陕西、甘肃、青海、宁夏、新疆、广西、内蒙古。

年份 省份	2003	2004	2005	2006	2007	2008	2009	2010
辽宁	0.119	0.126	0.167	0.167	0.195	0.237	0.253	0.311
上海	0.309	0.360	0.420	0.486	0.589	0.664	0.768	1.000
江苏	0.192	0.198	0.217	0.235	0.275	0.335	0.368	0.436
浙江	0.220	0.238	0.261	0.285	0.324	0.361	0.403	0.493
福建	0.194	0.203	0.214	0.238	0.275	0.309	0.328	0.386
山东	0.159	0.185	0.226	0.251	0.314	0.574	0.736	1.000
广东	0.222	0.240	0.263	0.285	0.354	1.000	0.394	0.443
海南	0.152	0.176	0.178	0.202	0.328	0.426	0.472	0.245
东部均值	0.203	0.225	0.257	0.290	0.347	0.478	0.490	0.600
山西	0.101	0.101	0.111	0.148	0.200	0.417	0.486	0.498
吉林	0.092	0.104	0.128	0.141	0.171	0.206	0.509	0.614
黑龙江	0.107	0.118	0.128	0.216	0.161	0.169	0.190	0.278
安徽	0.125	0.132	0.142	0.154	0.175	0.199	0.230	0.258
江西	0.143	0.144	0.157	0.183	0.201	0.229	0.232	0.271
河南	0.237	0.340	0.361	1.000	0.240	0.243	0.277	0.622
湖北	0.111	0.117	0.129	0.140	0.163	0.191	0.213	0.266
湖南	0.140	0.137	0.147	0.173	0.266	0.218	0.251	0.427
中部均值	0.132	0.149	0.163	0.270	0.197	0.234	0.298	0.404
内蒙古	0.078	0.082	0.089	0.107	0.146	0.329	0.399	0.364
广西	0.120	0.127	0.131	0.149	0.155	0.174	0.200	0.234
重庆	0.126	0.132	0.140	0.150	0.170	0.204	0.224	0.252
四川	0.108	0.114	0.130	0.147	0.177	0.216	0.223	0.623
贵州	0.060	0.065	0.079	0.119	0.190	0.281	1.000	0.239
云南	0.107	0.129	0.104	0.127	0.151	0.184	0.180	0.234
陕西	0.123	0.137	0.154	0.162	0.187	0.225	0.244	0.305
甘肃	0.062	0.073	0.077	0.101	0.124	0.192	0.256	0.177
青海	0.277	0.072	0.066	0.070	0.084	0.105	0.113	0.130

续表

年份 省份	2003	2004	2005	2006	2007	2008	2009	2010
宁夏	0.042	0.046	0.048	0.054	0.066	0.087	0.101	0.123
新疆	0.069	0.072	0.075	0.086	0.108	0.165	0.128	0.241
西部均值	0.107	0.095	0.099	0.115	0.142	0.197	0.279	0.266
全国均值	0.149	0.157	0.174	0.221	0.232	0.310	0.362	0.425

　　为更直观地展示生态资本效率变化趋势，借助 *Stata* 软件绘制我国 2003—2010 年各省份生态资本效率变化趋势如图 7-1 所示：

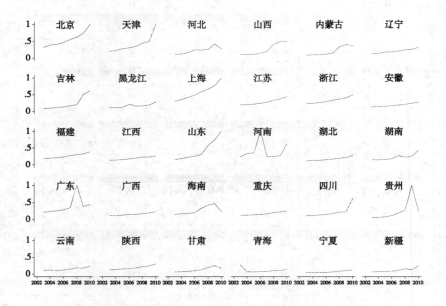

图 7-1　我国 2003—2010 年各省份生态资本效率变化趋势

　　由图 7-1 可知，我国 2003—2010 年生态资本效率的省际差异较为明显；除河南、广东、贵州的生态资本效率出现过较大的波折外，其余省份的生态资本效率变化趋势较为平缓；总体上看，各省份的生态资本效率变化呈上升趋势。

　　东部、中部、西部三大区域与全国历年的生态资本效率均值变化如图 7-2 所示：

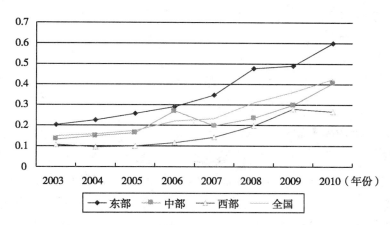

图 7 - 2 我国东、中、西部三大区域的生态资本效率变化趋势

从东、中、西部三大区域来看，2003—2010 年间，我国生态资本效率保持着平稳的上升趋势，但整体水平依旧偏低（全国平均生态资本效率水平仍然在 0.5 以下），且区域生态资本效率存在明显差异。与很多文献的结论一致，东部地区生态资本效率较高，且一直高于全国平均水平；西部地区生态资本效率较低，而中部地区省份的生态资本效率处于中间位置；三大区域生态资本效率自东向西呈现出明显的"梯度递减"趋势；较之 2003 年，2010 年的区域间生态资本效率差异在波动中不断扩大，但东部和中西部地区的差异变化有很大区别，区域间生态资本效率的"收敛"趋势并不明朗，反倒呈现出了较强的分化趋势，出现了所谓的"俱乐部收敛"现象，即部分地区生态资本效率趋向于高水平均衡，另一部分地区则趋向于低水平均衡。

三 生态资本投资对生态资本效率影响的 *Tobit* 回归分析

生态资本效率是衡量经济绿色转型的重要指标，从一定意义上讲，经济绿色转型的本质便是逐步提高生态资本效率，而生态资本投资无疑是生态资本效率提升的重要因素之一。为进一步探讨生态资本投资对生态资本效率的影响，本书在通过采用 SBM 模型测度出各省份 2003—2010 年生态资本效率的基础上，以生态资本效率值作为因变量，以生态资本投资作为自变量建立面板回归模型。因为 SBM 模型测度出的生态资本效率介于 0 和 1 之间，即数据被截断，如果直接采用最小二乘法进行估计，会给参数估计结果带来严重的有偏和不一致。为解决这类问题，本书采用 Tobit 提出的截断回归方法进行分析，同时结合面板数据特性，建立如下的 Tobit 回归模型：

$$y_{it} = \begin{cases} \alpha_{it} + \beta^T x_{it} + e_{it}, & if \ \alpha_{it} + \beta^T x_{it} + e_{it} > 0; \\ 0; \\ if \ \alpha_{it} + \beta^T x_{it} + e_{it} \leqslant 0; \end{cases} \quad (7.10)$$

其中，被解释变量 x_{1t} 为第 i 个省份第 t 年的生态资本效率。解释变量 x_{1t} = （建设项目"三同时"环保投资 x_{1t}，城市环境基础设施建设投资 x_{2t}，污染源治理投资 x_{3t}，自然保护区面积 x_{4t}，当年造林面积 x_{5t}），α_{it} 为未知参数，$e_{it} — N(0, \sigma^2)$。此模型为面板数据的截断回归模型，解释变量 α_{it} 取实际观测值，被解释变量 α_{it} 以受限制的方式取值：当 α_{it} 取实际的观测值；当 α_{it} 时，观测值均截取为 0。α_{it} 为第 i 个省份第 t 年的固定效应，为未知的确定常数。

生态资本投资面板数据的描述性统计如表 7-8 所示：

表 7-8　　　　我国东、中、西部三大区域的生态资本投资描述统计

变量代码	变量涵义	东部地区		中部地区		西部地区	
		均值	标准差	均值	标准差	均值	标准差
x_{1t}	建设项目"三同时"环保投资	47.84	56.54	20.46	18.11	14.88	13.13
x_{2t}	城市环境基础设施建设投资	105.88	142.65	43.89	26.34	30.56	30.28
x_{3t}	污染源治理投资	20.53	16.65	13.26	10.69	8.55	6.32
x_{4t}	自然保护区面积	101.00	116.48	147.65	148.16	711.43	774.22
x_{5t}	当年造林面积	80150.98	110790.10	165845.70	115566.90	272915.30	206745.10

可见，建设项目"三同时"环保投资、城市环境基础设施建设投资、污染源治理投资的额度由东部到西部呈现递减态势；而自然保护区面积、当年造林面积则由东部到西部呈现递增态势。

由于这里选择了 5 个解释变量来指代生态资本投资，而这些变量有可能因存在多重共线性而造成模型解释误差甚或得出截然相反的结论。因此，在进行 Tobit 回归分析之前，先用方差膨胀因子法检验解释变量之间是否存在多重共线性。经检验解释变量的 VIF 值都小于 1.5，变量之间共

线性程度较低，在可以接受的范围之内。接下来使用 Stata 软件进行 Tobit 回归，结果如表 7 - 9 所示：

表 7 - 9　　　　　　生态资本投资对生态资本效率影响的 **Tobit** 分析结果

变量代码	变量涵义	东部地区	中部地区	西部地区
x_{1t}	建设项目"三同时"环保投资	0.067 *** (0.025)	0.035 (0.026)	0.060 *** (0.019)
x_{2t}	城市环境基础设施建设投资	0.106 *** (0.032)	0.083 ** (0.040)	- 0.031 (0.020)
x_{3t}	污染源治理投资	- 0.072 *** (0.021)	0.027 (0.025)	0.016 (0.009)
x_{4t}	自然保护区面积	0.005 (0.021)	0.007 (0.019)	- 0.002 (0.017)
x_{5t}	当年造林面积	- 0.075 *** (0.023)	0.014 (0.030)	0.025 (0.018)
α_{it}	常数项	0.638 *** (0.190)	- 0.421 (0.270)	- 0.200 (0.188)
样本容量 N		88	64	88
*Wald chi*2		56.92	30.26	21.30
*Prob > Chi*2		0.0000	0.0000	0.0007

注：括号内表示标准差的绝对值；*** 表示在 1% 的显著性水平下显著；** 表示在 5% 的显著性水平下显著。

分区域的 Tobit 回归结果表明，生态资本投资对生态资本效率的影响呈现出较大的区域差异。西部地区只有建设项目"三同时"环保投资对生态资本效率的影响通过了检验，且系数为正；中部地区只有城市环境基础设施建设投资对生态资本效率的影响通过了检验，系数也为正值；而在东部地区，只有自然保护区面积对生态资本效率的影响未通过检验。然而，有趣的是，在东部地区，污染源治理投资和当年造林面积对生态资本效率的影响虽然通过了检验，但其符号却为负。究其原因，可能是由于污染源治理投资属于"被动型"生态资本投资，即只有污染源越多，污染源治理投资才可能越多；而东部地区当年造林面积对生态资本效率呈现出负影响，其作用机制可能是由于近年来东部地区伴随工业化、城镇化的发展，当年造林面积开始呈萎缩态势，因此才会在数据上表现出东部地区当年造林面积越大，生态资本效率反倒越低的结果。

四　生态资本投资对生态资本效率的影响结果

生态资本是经济社会发展和提高人民生活水平的重要物质基础，能否促进生态资本投资、提升生态资本效率，直接关系到我国经济绿色转型的进程。本书运用 *SBM* 模型对我国 2003—2010 年各省份生态资本效率进行了测度，并结合 *Tobit* 模型分区域探讨了生态资本投资对生态资本效率的影响。研究结果显示：（1）经济发展水平与生态资本效率高度相关，经济发达地区生态资本效率比较高；（2）较之 2003 年，2010 年的区域间生态资本效率差距总体在扩大，特别是东部地区与中西部地区的差距一直没有缩小的趋势，三大区域间的差距对全国各省份生态资本效率总体差距的影响越来越大；（3）2003—2010 年中西部地区生态资本效率的均值几乎全部处在全国平均水平以下，说明中西部地区经济的快速增长仍以生态资本消耗为代价，但中西部地区生态资本效率整体呈跨期波动上升趋势，说明粗放式的经济增长模式正在向集约型转变。（4）东部地区的生态资本投资对于生态资本效率提升具有促进作用，而中西部地区生态资本投资的作用并不显著。

基于以上研究结论，为进一步提升我国生态资本效率，促进经济绿色转型，并发挥生态资本投资对生态资本效率的促进作用，本书得出三点政策启示：

第一，应高度重视生态资本效率这个衡量经济绿色转型的重要指标。经济发展水平的提高某种程度上是工业化的演进和服务业的发展，这些会导致城市化的进一步提高，从而导致生态资本消耗强度的上升。促进经济绿色转型，必须改变现行的以 GDP 为主要指标的单一的投入产出核算体系，采用能够反映生态资本损耗的生态资本效率作为辅助评价指标。

第二，不同的生态资本投资方式对于经济绿色转型的作用机制具有层次差异性。根据生态资本存在形式的不同，生态资本投资可以分为三种方式：生态资源型资本投资方式、生态环境型资本投资方式和生态服务型资本投资方式。较之生态服务型资本投资方式，生态资源型资本投资方式与生态环境型资本投资方式对于经济绿色转型的促进作用更加明显，但这丝毫不会减弱生态服务型资本在满足人们精神文化需求层面的重要意义，其政策启示是应该认识到生态资本投资方式对于促进经济绿色转型的层次差异性，并引导和强化我国各省份树立生态资本投资的全局观。

第三，实施差异化的区域生态资本投资战略。经济绿色转型旨在使经济增长和生态资本效率之间形成相互促进的良性循环，而且生态资本投资完全有可能成为生态资本效率提升的来源。然而，数据结果显示，生态资本投资对生态资本效率提升的作用，只是在东部地区较为显著，这就启示我们既要考虑东部、中部和西部地区经济社会发展的需要，也要综合考虑生态资本在区域间的合理配置，制定差别化的生态资本投资战略，促进生态资本存量与绿色经济协调发展。

第三节　生态资本投资收益外溢的空间计量分析

本节之所以放弃传统的计量分析方法，而选择空间计量经济模型，主要是基于生态资本投资收益外溢的考虑。地方政府的生态资本投资不仅会促进本辖区生态资本存量的增加，也会提高相邻辖区的环境质量，即生态资本投资收益具有溢出效应（spillover effect）。空间计量经济模型对这种空间外溢的处理要优于传统的 OLS，借助空间地理加权回归模型，考察生态资本投资的空间分布和决定因素，以及各区域生态资本投资规模对其投资收益的差异化影响。

一　生态资本投资收益的区域外溢

地球生物圈与区域性生态系统的存在和发展，为人类社会发展提供了一系列生态服务功能。生态服务和产生这些服务功能的生态资本，对于保障人类生命系统的维持至关重要，它们为人类提供了直接或间接的利益和生态产品，并因此成为整个地球经济价值的重要组成部分。但是，生态系统的服务功能却具有空间流转性，即生态系统的某些服务功能可能会通过一定途径和媒介在空间上发生位移，转到系统之外，在具备适当条件的外部地区产生相应的功能。很多重要的生态系统服务功能都具有空间转移的特点。

因此，生态资本投资收益不仅涉及地域内部的人地关系，还牵涉到地域外部的地域关系。我们既要考虑该地域与其相关联的同级地域之间的相互作用而形成的相关地域关系，还要考虑该地域与更高级别地域之间的相互作用而形成的背景地域关系。与此同时，还要重视人地关系问题与地域关系问题之间的转换，即冲突、问题的转嫁与协调或利益的转移。由此看来，某地域的生态环境及其建设问题不仅是本地域的人地冲突所形成，也与相关地域和背景地域有关。前者表现为本地域的生态环境问题，后者表现为其他地域的生态环境问题。某地域的生态环境建设，不仅可以协调本地域的人地关系，而且可以协调其他地域的人地关系。

生态系统的服务功能具有空间流转性，即生态系统的某些服务功能可能会通过一定途径和媒介在空间上发生位移，转到系统之外，在具备适当条件的外部地区产生相应的功能。很多重要的生态系统服务功能都具有空间转移的特点（见表7-10）。由于生态资本具有两种特性，即资源的特性和生态的特性（例如森林，除了是一种生物资源外，它的存在还影响着周围的气候和其下游水流的质量），因此，生态资本投资收益的确认通常远远超过了地理属性的范围。因此，生态资本的核算更多地适合于在宏观区域进行，这也是宏观区域的生态资本研究先于微观领域的一个客观原因。

表7-10　　　　　　　　　　生态系统服务功能流转特征

生态服务功能	传递介质	路径特征	传递范围（km）	衰减情况
气候调节	大气	面状	$10—10^3$	逐渐衰减
水供应	大气、河流	面状、线状	$10—10^2$	损失较少
侵蚀控制	河流、大气	线状、面状	$10—10^2$	逐渐衰减
传粉	大气、河流、昆虫	不规则	$10^{-2}—10^2$	逐渐衰减
养分循环	大气、河流、土壤	不规则	$10^{-2}—10^2$	逐渐衰减
食物生产	人类	线状	$10—10^3$	损失较少

资料来源：李双成、郑度：《环境与生态系统资本收益评估的区域范式》，《地理科学》2002年第3期。

二　空间相关性检验原理

根据空间统计和空间计量经济学原理方法，因变量是否存在集聚现象或空间自相关性可以采用空间统计分析 Moran 指数法来检验。如果存在空间自相关性或集聚现象，则需要建立空间计量经济模型，进行存在地区经济增长集聚现象或空间相关性的空间计量检验和估计。

Moran's I 定义见式（7.11）：

$$I = \frac{\sum_{i=1}^{n}\sum_{j=1}^{n}W_{ij}(Y_i - \bar{Y})(Y_j - \bar{Y})}{S^2\sum_{i=1}^{n}\sum_{j=1}^{n}W_{ij}} \tag{7.11}$$

式（7.11）中，$S^2 = \frac{1}{n}\sum_{i=1}^{n}(Y_i - \bar{Y})$，$\bar{Y} = \frac{1}{n}\sum_{i=1}^{n}Y_i$，$Y_i$ 表示地区的观测值，n 为地区总数，为了定义空间对象的相互邻接关系，W_{ij} 是二进制形式表示的邻接空间权重值矩阵，矩阵中的每一个元素都是采用距离标准或者邻接标准确定，邻接标准见式（7.12）：

$$W_{ij} = \begin{cases} 1, & \text{当区域} i \text{和区域} j \text{相邻；} \\ 0, & \text{当区域} i \text{和区域} j \text{不相邻；} \end{cases} \tag{7.12}$$

Moran's I 的实质是各地区观测值的乘积和，它的取值范围是 $-1 \leq I \leq 1$。该指数表示若各地区间经济行为相关程度，I 的数值应当较大则各地区间经济行为空间正相关；较小则负相关。

三　空间地理加权回归模型构建

当采用横截面数据构建计量经济模型时，由于这种数据的复杂性、自相关性和变异性存在于空间上，使得在不同区域之间解释变量对被解释变量的影响可能是不同的，于是区域之间的经济行为在空间上存在异质性差异这样的假定可能更加符合现实。空间差异性指区域在空间上缺乏平均性和统一性，例如，我国东、中、西部经济区域的各省份的经济发展就存在较大差异。对于空间差异性，只要将空间单元的特性考虑进去，大多可以用经典经济计量学方法解决。但是如果空间差异性与空间相关共同存在时，不再适合采用经典经济计量学方法来解决问题，这时如果要区分空间相关与空间差异性可能是非常困难的，因此问题的分析可能变得十分复杂化。解决这种问题的有效方法之一是采用空间变系数回归模型（Spatial Varying Coefficient Regression Model）中的地理加权回归模型（Geographical Weighted Regression，GWR）。本书便将采用这种模型探究与分析对全国各省份生态资本投资及其所产生的区域间经济差异效应。

（一）GWR 基本模型

扩展了传统回归框架的 GWR 模型，参数估计容许局部而不是全局的，位置 i 的函数是扩展后的地理加权回归模型的参数，扩展后的模型如下：

$$y_i = \beta_0(u_i, v_i) + \sum_k \beta_k(u_i, v_i)X_{ik} + \varepsilon_i \quad i = 1, 2, \cdots, n \tag{7.13}$$

式（7.13）中，$\beta_k(u_i,v_i)$ 是连续函数 $\beta_k(u,v)$ 在 i 点的值，其中 (u_i,v_i) 为第 i 个样本点的空间坐标。若 $\beta_k(u,v)$ 在空间保持不变，则 GWR 模型就变为全局模型。因此 GWR 模型为存在的空间变化关系提供了一种可度量的估计方法。

因为在每个回归点 GWR 模型中的参数是不同的，因此不能用最小二乘法（OLS）来估计模型参数。相比那些离位置 i 远一些的数据，接近位置 i 的观察数据对 $\beta_k(u,v)$ 的估计将有更多的影响。回归点 i 的参数估计向量表示如下，见式（7.14）：

$$\hat{\beta}(u_i,v_i) = (XW(u_i,v_i)X)^{-1}XW(u_i,v_i)Y \qquad (7.14)$$

式（7.14）中，$W(u_i,v_i)$ 是 $n \cdot n$ 的加权矩阵，关于观测值所在位置 j 与回归点 i 的位置之间距离的函数是该矩阵对角线上的元素，是为了权衡位于不同空间位置 $j(j = 1,2,\cdots,n)$ 的观测值对于回归点 i 的参数估计的影响程度，该加权矩阵的非对角元素为 0。

（二）加权矩阵函数的选择

选择一个决定加权矩阵 W_i 的标准对于估计 GWR 方程中的参数来说是很重要的。空间分析中认为远离回归点 i 的观测值对回归点 i 处的参数估计影响较小，反之距离回归点 i 较近的观测值对回归点 i 处的参数估计影响较大。所以在进行回归点 i 处的参数估计时，必须更多地关注离 i 较近的地区，也就是予以较近观测值的影响优先考虑权。通常选择 Gauss 函数作为权函数，其形式见式（7.15）：

$$W_{ij} = exp(-\lambda d_{ij}^2) \qquad (7.15)$$

式（7.15）中，λ 是带宽，d_{ij} 表示回归点 i 和位置 j 中心的距离。W_{ij} 随 d_{ij} 的增大而减小，是关于 d_{ij} 的连续单调递减函数，并且当 d_{ij} =0 时，W_{ij} =1。

（三）距离衰减参数 λ 的确定

权函数式（7.15）中的非负的距离衰减参数 λ 描述的是权重与距离之间函数关系，不同的权重 W_{ij} 由不同的带宽 λ 产生。对于给定的 d_{ij}，若 λ 越小，位于位置 j 的观测值的权重就越大，若距离参数 λ 越大，则位于位置 j 的观测值的权重就越小。从另一个角度来看，对于给定的距离参数 λ，随着点距离 i 越近，影响权重逐渐趋近于 1，随着点距离 i 很远，影响权重会逐渐减小到 0。在估计回归点 i 的参数时，能够保持了空间数据的连续性，同时又有效排除距离 i 点位置较远的观测值。

Brunsdon 等在选择一个最合适的 λ 时，采用了交叉实证估计的方法。

首先，计算加权矩阵 W_i，估计距离参数 λ 值。若 λ 的值过大，会使得权重在参数估计中失去了作用，因为除回归点外其他观测值点的权重将接近于零。因此一般会选择较小的 λ 值，而不宜取太大的 λ 值，然后 W_i（$i = 1,2,\cdots,n$）加权矩阵根据公式（7.15）计算得到，最后将通过加权最小二乘法来进行估计 λ 的参数估计值 $\hat{\lambda}_i$。

其次，计算 CV 值。Y_i 的估计值 $Y_{\neq i}(\hat{\lambda})$ 可以通过地理加权回归（GWR）模型中代入 λ 的估计值 $\hat{\lambda}_i$ 得到，接着通过式（7.16）计算得到 CV 值：

$$CV_j = \sum_{i=1}^{n} [\, Y_i - Y_{\neq i}(\hat{\lambda})\,]^2 \quad (j = 1,2,\cdots,m) \quad\quad (7.16)$$

$Y_{\neq i}(\hat{\lambda})$ 表示 Y_i 的估计值，是位于回归点 i 的实际观测值不参与估算过程得到的。在迭代的过程中 $Y_{\neq i}(\hat{\lambda})$ 只需要计算位于回归点 i 附近位置的实际观测数据，不计算它本身的观测数据，省略了与实际观测数据 x_{ik} 有关的计算。

最后，通过 CV 值确定 λ 值。重新选择一个较小的 λ 值，重复上述计算过程，然后得到 m 个不同的 CV 值，最后通过根据最小的 CV 值来确定最适合的 λ 值，即 CV 对应的 λ 值，见式（7.17）：

$$CV = min(CV_1, CV_2, \cdots, CV_m) \quad\quad (7.17)$$

四　生态资本投资收益的外溢性检验

（一）生态资本投资收益的空间相关性检验

所观测的变量是否具有空间相关性是进行空间面板回归的前提，因此在实证回归之前，应当利用 Moran's I 检验观测变量的空间相关性与聚集现象。改革开放以来我国区域经济发展的不平衡，使得省域生态资本投资普遍存在异质性特征，因而假设区域经济行为在空间上具有异质性更符合现实。研究数据源自 2003—2010 年我国内地（不含港、澳、台地区）30个[①]省、自治区和直辖市的面板数据集。"生态资本投资"的数据包括：（1）各省份的环境污染治理投资总额（亿元）；（2）各省份的林业系统营

---

① 本研究所构建的面板数据集包括我国大陆地区 30 个省份（不含西藏），由于本书在进行空间地理加权回归分析时，所引入的是"各省份间的公路营运里程数"，考虑到研究方法对异常数据的敏感性，故剔除掉了海南省，即进入数据样本的只有 29 个省份（不含西藏、海南）。

林固定资产投资（亿元）。"生态资本投资收益"用"省域人均 GDP"来指代。样本数据均源自相关年份的《中国统计年鉴》和《中国环境统计年鉴》，研究中采用 GeoDa 软件①对自变量和因变量进行空间计量分析。

通过考察 2003—2010 年生态资本投资和生态资本投资收益两个变量的全局空间相关性，表 7 – 11 列出了相应的 Moran's I 检验结果，表中 W_{R1}、W_{R2}、W_{R3} 分别代表一阶、二阶和三阶标准化的 $Rook$ 相邻矩阵。

表 7 – 11　　　　　　　　省级空间尺度上生态资本投资的 Moran's I 检验

年份	Moran's I（P. Value)		
	W_{R1}	W_{R2}	W_{R3}
2003	0. 3580 *（0. 005)	0. 0524（0. 131)	− 0. 0345（0. 529)
2010	0. 4812 *（0. 001)	0. 1371（0. 014)	− 0. 0446（0. 450)

　　注：表中括号外的数字为 Moran's I 统计量值；括号内的数字为伪显著性水平；＊表示各变量在 1% 的水平下拒绝原假设。

从表 7 – 11 可以看出，基于一阶相邻矩阵的生态资本投资的 Moran's I 统计量值都很显著，故能够拒绝原假设，认为各变量的截面数据均具有显著正空间相关性。这说明生态资本投资在空间上集聚分布，空间上邻近的地区具有相似的生态资本投资收益，这也就意味着生态资本投资收益区域外溢的存在。基于二阶、三阶相邻的 Moran's I 统计量值明显减小，而且显著性水平也降低了，意味着省区之间的溢出效应随距离衰减，区域外溢的作用范围是有限的。生态资本投资收益的空间相关性检验说明，有必要考虑空间因素，下文将应用空间地理加权回归计量模型，来估计我国各省份生态资本投资对经济增长影响的差异性。

（二）生态资本投资收益的地理加权回归分析

为了进一步探索不同经济区域内部各省份生态资本投资与经济增长间的地域因素影响差异，本书选取 2010 年省域人均 GDP 和人均生态资本投资规模（各省份生态资本投资的统计情况滞后 2 年）来进行空间影响因素分析。引入我国大陆地区 29 个省份（不含西藏、海南）相互之间的公路

---

①　或许 GIS 软件在处理空间统计数据时更为专业，但因其昂贵的使用价格，使得 R 软件、GeoDa 软件等免费软件在实证研究中更为普及。

营运里程①，作为衡量各省之间距离的指标。

　　一般在线性回归模型中把实证研究区域看作一个整体，其结果是描述研究区域整体趋势的平均水平或一种拟合，这种思路存在的问题是掩盖了许多复杂的但有意义值得研究的地理、经济、社会现象。在本书的实证中需要探究分析所研究的区域内部的发展变化情况，研究区域内部各省份空间关系的变化图景通过地理加权回归方法这种区域空间分析方法展示出来，为我们进一步研究复杂的空间变化提供了非常有意义的线索，因此地理加权回归方法必将成为空间计量分析的重要分析工具之一。

　　我国省级生态资本投资存在较为显著的空间相关性与聚集现象，即邻接辖区的生态资本投资增加，也会引致本辖区的生态资本投资增加；而如果邻接辖区的生态资本投资减少，则本辖区的生态资本投资也会减少。与发达地区相比，大多数欠发达地区在生态资本投资方面缺乏人才、技术和资金的支持，导致生态资本投资不足。同时，经济的贫困使得落后地区掠夺性地开发自然资源，导致自然资源的耗竭和生态环境的破坏。生态资本投资需要花费大量的资金，但是经济的贫困导致资金的严重短缺，落后地区根本无力对生态资本进行投资。即便有一部分资金和能力来保护环境，为摆脱贫困，不少欠发达地区的首要目标是发展经济，对于生态建设和环境治理是否真的能够促进经济增长，还心存顾虑。

　　通过上述初步分析可以看出，我国省域生态资本投资及其收益，会受到地理空间因素的影响，因此不能用一般线性回归模型把其作为一个整体来看待，而应该用地理加权回归方法为进一步研究复杂的空间变化。传统的 OLS 只是对参数进行"平均"或"全局"估计，不能反映参数在不同空间的空间非稳定性；GWR 是一种简单、有效的技术，可以反映参数在不同空间的空间非稳定性。利用 R 软件和 GeoDa 软件，得到的各省份的 GWR 系数估计结果，见表 7 - 12。

表 7 - 12　　　　　　　地理加权回归模型参数估计结果

地区	截距项	*TE*	*AVE*
北　京	0.9146	1.0999	0.1303

---

　　① 公路营运里程是指各省会城市或直辖市之间的最短的公路营运里程，数据源自《中国高速公路及各等级公路网地图册（2010）》。

续表

地区	截距项	TE	AVE
天　津	0.8802	1.1027	0.1321
河　北	0.9299	1.0963	0.1311
山　西	0.9893	1.0880	0.1290
内蒙古	1.0064	1.0858	0.1285
辽　宁	0.9035	1.1031	0.1293
吉　林	0.9085	1.1034	0.1286
黑龙江	0.9081	1.1025	0.1294
上　海	0.5306	1.1309	0.1462
江　苏	0.6029	1.1244	0.1434
浙　江	0.5086	1.1325	0.1467
安　徽	0.6141	1.1200	0.1447
福　建	0.3634	1.1429	0.1526
江　西	0.4950	1.1255	0.1513
山　东	0.8287	1.1042	0.1359
河　南	0.8501	1.1008	0.1343
湖　北	0.6465	1.1080	0.1478
湖　南	0.5821	1.1135	0.1501
广　东	0.4661	1.1255	0.1531
广　西	0.6058	1.1017	0.1519
重　庆	0.8901	1.0593	0.1496
四　川	1.0060	1.0570	0.1401
贵　州	0.7177	1.0813	0.1528
云　南	0.8962	1.0780	0.1349
陕　西	0.9735	1.0823	0.1311
甘　肃	1.0925	1.0651	0.1290
青　海	1.0928	1.0648	0.1285
宁　夏	1.1052	1.0668	0.1294
新　疆	1.1166	1.0658	0.1257

　　可见，我国各省份现阶段存在较大生态资本投资规模差距；各省份生态资本投资规模扩大对经济增长均具有积极重要的作用，东部区域各省份生态资本投资规模的扩大对经济增长的促进作用略高于其他省份。在我国财政分权和基于国内生产总值（GDP）的政绩考核体制下，竞争性地方政府之间往往表现出公共政策的空间相关性和"标杆竞争"（yardstick competition），其目的在于争夺流动性资源，而不是解决本辖区的环境问题。同时，邻近辖区污染控制的程度对本辖区污染控制决策具有显著影响，不同辖区之间污染控制决策呈现出明显的策略性趋势。

　　分析地区间的差异可以发现，不同地区人均生态资本投资规模对人均GDP增长率的促进作用略有差异，最高的是福建省，人均生态资本投资规模对人均GDP的贡献率达到了1.1429，浙江、上海紧随其后，人均生态资本投资规模对人均GDP正效应比较大的地方还有广东、江苏、江西、吉林、湖南、辽宁。不同地区的对人均GDP增长率的促进作用有差异性，最高的是广东省，对人均GDP增长率的贡献率达到0.1531，贵州、福建、广西、江西、湖南紧随其后，正效应较大的地方还有上海、江苏、浙江、安徽。考虑省份间地理距离因素的模型，能够更好地刻画生态资本投资收益的区域外溢效应，注重生态资本投资规模的扩大，可以带动相邻地区同样注重生态资本投资，相邻省份间的较强相互影响力能够促进地区经济增长。因此应充分认识生态资本投资对于我国经济增长的重要性，着力改变目前我国生态资本投资不足的问题，从而推动和优化经济发展。

研究结论与政策建议

第一节　研究结论

本书以生态资本投资收益为研究主题，是依托国家自然科学基金项目"生态资本运营机制与管理模式研究"（项目编号：70873135）所进行的延续与拓展研究。本书采用了文献梳理与社会调查相结合、理论演绎与案例比较相结合，以及博弈分析、产权分析等多种研究方法，以生态资本及其投资收益的概念界定为逻辑起点，以生态资本理论、价值投资理论、生态产品生产理论为理论基础，以生态资本投资的实践探索为现实基础，旨在通过生态资本投资的价值分析，探讨生态资本投资收益的形成机理、影响因素和制度创新，并结合我国统计数据进行生态资本投资收益的实证检验，以期科学定位生态资本投资的价值取向，规范生态资本投资方式和投资强度，为推进绿色繁荣、建设美丽中国提供理论依据和决策参考。本研究得出的主要结论包括：

一　生态资本短缺要求对生态资本进行投资

依据广义资本禀赋结构理论，资本禀赋结构是一个经济体中物质资本、金融资本、人力资本、社会资本和生态资本存量的相对份额，而经济转型应遵循广义资本禀赋的比较优势原则。由于各资本存量都是动态变化的，即其既可能因消耗而减少，也可能通过投资与积累而增加。随着工业化进程的加快，物质资本、金融资本、人力资本和社会资本的存量都有了显著的增加，但生态资本却呈现出短缺的现状，其具体表现便是资源耗竭、环境污染和生态破坏。生态资本短缺其实是指生态资本的需求量超过了某一时期可以得到的生态资本供给量。生态资本的供给，可以视作是生态资本增量的形成，主要包括生态资本的自然积累与生态资本的人为投资这样两种方式。在本书中，生态资本投资是指通过一系列有目的、有计划的生态恢复建设、环境污染治理、生态技术研发等活动，对特定范围内的生态资源进行一定的投入（货币或实物），并经过与生态资本投资客体的有机结合，使生态资源质量及数量指标均有所改善，并且这种改善最终反映在生态资本存量增加上的投资行为。就我国的实际而言，生态资本已经处于一种相对短缺的状态，此时经济绿色转型的目标便是要减少生态资本的消耗，同时通过生态资本投资来增加生态资本的有效供给。

二 投资收益是生态资本投资的重要激励

生态资本投资的主体包括生态资本公共投资主体和生态资本私人投资主体两大类，生态资本投资的客体可分为生态资源型资本、生态环境型资本和生态服务型资本这样三种类型，生态资本投资的方式主要有建设式生态资本投资（如生态恢复建设）、替代式生态资本投资（如环境污染治理、生态技术研发）、获偿式生态资本投资（如为了获得生态补偿而进行的环境保护）、储蓄式生态资本投资（如自然保护区建设）和调动式生态资本投资（如南水北调工程）这样五种。尽管我国的生态资本投资已经取得了一定的成绩，在实践探索中尚还存在一些问题，主要体现在：生态资本投资主体的认知偏差、生态资本持续投资的动力不足，由于生态资本市场的不完善性，缺乏对生态资本投资主体的激励与约束作用。因此，生态资本投资收益的实现，便成为激励生态资本投资的关键问题。

三 投资价值是生态资本投资收益的本质与源泉

当人类把生态资源转化为经济系统中的经济资源或物质财富，以不断满足社会发展的需要时，生态资本便具有了价值。具有"生态—经济—社会"综合价值的生态资本，因其能给人类带来巨大的收益，而成为人类活动的追求目标。这样，人对生态资本的需求关系，通过生产关系的中介，就转化为人与人之间因对生态资本的需求而发生的收益关系。正是由于生态资本投资所产生的价值，才决定了生态资本投资能够产生收益。生态资本投资的价值转化是一个连续的动态过程，其中，生态资源的资产化是其价值创造过程，生态资产的资本化是其价值增值过程，生态资本的产品化是其价值转换过程，生态产品的市场化是其价值实现过程。

四　生态资本投资收益是生态、经济和社会的综合收益

当今人类赖以生存的"生态—经济—社会"系统是一个复合的整体。社会是经济的上层建筑；经济是社会的基础，又是社会联系自然的中介；生态则是整个"生态—经济—社会"复合系统的基础。据此，生态资本投资应遵循生态价值、经济价值和社会价值的综合价值取向，而这也体现了生态资本投资生态收益、经济收益与社会收益的统一性。对于生态资本投资收益来说，不能仅仅从经济角度进行衡量，还须考虑生态资本投资的生态收益与社会收益。在生态资本投资收益的影响条件方面，本书认为，生态效用是生态资本投资收益的认知条件，生态需求是生态资本投资收益的约束条件，生态技术是生态资本投资收益的支持条件，生态市场是生态资本投资收益的保障条件。

五　收益权是生态资本产权投资的核心

生态资本产权是通过投资获取的，即谁投资，谁就拥有生态资本产权。因此，生态资本投资本质上是一种生态资本产权投资。而生态资本投资之所以在实践中具有吸引力，便是因为生态资本投资所获得的产权能够为投资者带来收益，因此，收益权是生态资本产权投资的核心。生态资本投资收益制度变迁，是政府、企业、公众三方面相互博弈，从一个均衡转到另外一个均衡的过程。生态资本的投资主体、生态资本产权主体和生态资本投资收益主体是相互对应且"三位一体"、缺一不可的，责、权、利共享，互相制约、互相促进。生态资本投资收益的制度保障包括生态资本价值核算、生态资本产权交易、生态资本权益补偿、生态资本投资保险及生态资本投资基金等制度。

六　生态资本投资需要政府、市场、社会三种力量的协同

企业、公众、政府的行为直接影响到生态环境，生态环境问题的解决需要三者行为的协同。从生态资本投资的"市场失灵"、"政府失效"和"社会缺失"现象，可见无论是市场机制、政府管制，还是社会监督，都存在一定的局限性。只有正视三者在生态资本投资过程中的地位和作用，扬长避短，才能形成一种解决经济与生态冲突、增强生态资本投资可持续性的激励机制，各方力量的积极参与以及制衡机制的构建是实现生态资本

投资目标的根本保障。

第二节　政策建议

基于前文理论分析与实证研究的结论，结合我国生态资本投资的现状及实践过程中存在的问题，特提出如下政策建议：

一　完善生态资本公共投资的绩效考核

首先，要改变目前关于中央与地方政府事权划分的笼统规定，按照信息优先和成本最小化的原则，明确界定和划分中央政府与地方政府的职能和权力行使的界限。对体现国家整体利益、需在全国范围内统筹安排的生态资本投资项目，应由中央政府主导，经费投入由中央政府负责；对跨地区的生态资本投资项目，也应由中央政府负责，并做好协调工作；对地区性的生态资本投资项目，则主要由地方政府负责，中央应根据生态资本投资项目的外部性大小，通过转移支付制度来增加对地方的财政支持力度。

其次，要全面引入"绿色 GDP"绩效评价指标体系。长期以来，出于对"以经济建设为中心"的片面理解，地方 GDP 增长率成为地方政府绩效评价的最重要指标。这一指标的实现情况决定了地方政府及其官员政治收益的大小，实际上形成了"经济目标为主导的压力型体制"。在这样的评价指标和体制下，地方政府出于自身利益的考虑，在生态保护与经济增长的两难选择中，必然倾向于经济增长，从而导致经济增长和生态保护之间的关系失衡。"绿色 GDP"是一个国家或地区在考虑了自然资源（主要包括土地、森林、矿产、水体）与环境因素（包括生态环境、自然环境、人文环境等）影响之后经济活动的最终成果，即将经济活动中所付出的资源耗减成本和环境降级成本从 GDP 中予以扣除。从"绿色 GDP"出发，改革现有政府绩效评估指标体系对地方 GDP 增长过于偏重的局面，将经济活动所耗费的自然资源成本和环境保护成本作为政府绩效评估的重要指标，对于促进地方政府在生态资本投资过程中采取同中央政府合作的策略，具有积极作用。

最后，应当不断完善环境保护问责制。事实上，早在 2006 年 2 月，监察部和原国家环保总局就出台了首个环境问责制度——《环境保护违法违纪行为处分暂行规定》：国家行政机关及其工作人员，有拒不执行国家有关环境保护法律法规和政策等行为的，将受到警告、记过乃至降级、撤职等处分。但问责执行的情况却并不尽如人意，有流于形式①的趋势。为了改变这种状况，应当改变以往环境责任集体负责、实际上无人负责的不良状况，同时，仿照财经领域里的离任审计制度，建立离任官员环境责任跟踪制度，对离任官员在任期间所造成的环境责任进行跟踪追究。可喜的是，2015 年 8 月，中共中央办公厅、国务院办公厅印发了《党政领导干部生态环境损害责任追究办法（试行）》、规范了生态环境损害的追责主体、责任情形、追责形式、追责程序，标志着我国生态问责已进入制度化建设阶段。

二　健全生态资本权益补偿的财税政策

从人类生产活动的技术特性和生态环境本身的承载能力来说，良好的自然生态环境已经成为生产的条件，并具有明显的二重性特征。从生活的角度看它是目标，从生产的角度看，它已经变成生产要素。这就要求我们减少对自然资源的消耗，并对被过度使用的生态环境进行修复补偿。

生态资本权益补偿财政政策的健全，就是要以实现基本公共服务均等化为目标，完善中央和地方财政转移支付制度，重点增加对限制开发和禁止开发区域的财政转移支付。在税收政策方面，一是调整资源税费政策，扩大资源税征税范围，提高征收标准，所征税金用于资源所在地生态恢复和帮助当地居民脱贫致富。二是发挥消费税在环境保护中的作用。充分认识消费税的调节消费结构的功能，约束过度消耗生态资本和损害环境的产业和企业发展，形成有利于节约生态资本的生产模式和消费模式。三是在2015 年 6 月《中华人民共和国环境保护税法（征求意见稿）》的基础上，尽快征收环境税，并通过财政转移支付给"限制和禁止开发区域"用于环境综合治理、生态恢复与建设，建立纵向与横向相结合的区域生态资本投资补偿机制。四是实行多种形式的税收优惠。采取加速折旧、税收支出等多种优惠形式，大力发展循环经济和绿色经济，建设资源节约型、环境友好型、生态文明型社会。

目前，我国已经开始在青海三江源、南水北调中线水源地等地进行了

---

① 潘岳：《环保指标与官员政绩考核》，《中国环境报》2008 年 4 月 26 日，第 1 版。

中央生态补偿试点，也在《退耕还林条例》、《水污染防治法》等法律规范中，对相关领域的生态补偿做了具体明确的规定。但是，当前我国的生态补偿机制还存在补偿范围不明确、补偿标准不科学、补偿模式比较单一、资金来源缺乏、政策法规体系建设滞后等问题。对此，应加快生态补偿立法进度，尽快出台专门的《生态补偿条例》，对上述问题做出明确、具体的规定。特别是在生态补偿的资金来源问题上，要引导商业银行资金和社会资本投向生态环保领域和生态功能区项目建设，以解决生态补偿过于依赖国家转移支付而导致资金缺乏的问题。

三　增强公众的生态偏好和环保责任感

首先，通过建立系统的生态教育体系，促进公众生态偏好的培养。通过教育手段，使人与自然和谐的价值观深入人心；使公民普遍具有较高的环境意识，在生产和生活的各个领域都能自觉维护生态环境；使节能减排的先进技术广为接受和掌握。完善的生态教育体系具有广泛的层次性，既涵盖环境知识的范畴，也应涵盖环境经验的范畴。生态教育主要通过早期家庭教育和学校教育实现。在充分反映父母环境文化素养和生态偏好的家庭环境中，他们的一举一动都将成为子女竭力仿效的对象。与个性化的家庭教育不同，子女在学校接受的是一种经过预先设计、内容统一的集体教育。所以较之于家庭教育，学校教育更能大规模地培育环境友好的思维习惯。

其次，促进环境信息公开和环境公众参与，从而增强公众的环保责任感。环境信息的充分披露将使公众充分了解企业的环境行为和政府的环境决策，借用公众舆论和公众监督，对环境污染和生态破坏的制造者施加压力。我国政府为推进环境信息公开已做了诸多努力，如每年公布环境公报、每月公布大江大河水质状况，以及 $PM_{2.5}$ 及空气质量指数的监测公开等。然而，现实中仍然缺少公众与政府部门间的信息互动。公众个人要求政府和企业提供环境方面的相关资料，相当困难。公众向谁要？谁会给？谁应该给？公众的知情权仍有赖于环境信息的法治化和透明化。环境公众参与主要包括公众参与监督和公众参与实务两方面内容：一是公众对生态环境法规、政策及计划的制订和执行（包括生态环境状况变化和损害行为）的建设、批评、举报、诉讼等监督性介入行为；二是公众对生态环境保护和建设的赞助捐献、义务劳动以及志愿者和企业的自愿行动等。在生态资本投资过程中，要通过环境信息公开化，保障公众环境知情权与监督权，充分发挥公众对政府生态环境政策和企业的生态资本投资行为的监督作用。例如，日本北九州市政府环保局每年都要将废弃物循环利用的数量、收取的垃圾费用等相关情况向公众公开①，以获取公众的支持与理解。

最后，大力发展生态环保产业，引导公众绿色消费。生态环保产业在生态资本投资收益过程中发挥着重要作用。与传统产业相比较，环保产业不仅自身具有良好的生态、经济与社会效益，而且分布和渗透到了经济活动的多个部门，这对建立产业之间的横向联系，加强各产业之间的物质、能量与信息交流，都具有很强的现实意义。大力发展生态环保产业，应坚持以提高再生资源回收利用率和保护环境为目的，通过循环型企业、静脉生态园区和城市建设，加快废弃资源回收利用的产业化、市场化、规模化进程。同时，通过绿色消费教育，引导公众积极参与绿色消费运动，政府也应当通过绿色采购等消费行为来影响企业和公众。

四　实现生态资本投资收益的合理共享

一般而言，利益相关者在生态资本投资收益分配过程中极易造成矛盾和冲突，并引发一系列的负面效应。因此，必须协调政府、企业、社会公众等各种权利主体，本着"利益均沾、责任共担、风险共承"的理念和原则，实现生态资本投资收益的合理共享。

首先，完善资源性产品定价机制，建立健全污染物排放配额交易市场。我国自然资源及环境资源长期处于廉价使用甚至无偿使用的状态中，价格难以反映资源的稀缺程度，扭曲了资源配置，是资源可持续利用的巨大障碍。要实现生态资本投资收益的合理共享，政府应当在确保最大程度地发挥市场在资源配置中的基础性作用的同时，通过指导性价格政策，完善资源价格和环境价格的形成机制，充分发挥价格的杠杆作用。此外，也要积极采取措施完善排污权交易市场各项职能，如为市场主体提供交易信息，减少由于信息不对称所造成的交易成本，调节不合理的生态资本定价制度，创造生态资本交易条件。可喜的是，2015 年 9 月中美两国再度发表《气候变化联合声明》，中国已承诺在 2017 年启动全国碳排放交易体系。

其次，充分发挥政府环境规制和市场中介组织的作用。要实现生态资

---

① 杨雪峰：《循环经济运行机制研究》，商务印书馆 2008 年版，第 396 页。

本投资收益的合理共享，便必须充分发挥政府环境规制的作用，既要完善相关法律法规和政府规制措施，也要加强道德规范建设，化解市场上的各种利益冲突，减少外部性和搭便车行为。能够对排污权交易发挥作用的中介组织主要包含会计师事务所、审计师事务所等，也有专门从事排污权交易的经济机构。中介组织一般要与政府部门分开，这样有利于其公正客观地监督各市场主体，有助于维护排污权交易的公平和公正。

最后，还要减少生态资本投资对特定部门和群体的冲击。总体来看，生态资本投资会带来很大的好处。但是，正像自由贸易也会对一些部门产生冲击一样，生态资本投资也不可避免地会给一些部门、地区和群体产生冲击，通过政策组合设计，可以将这些影响降到最低。第一，对受环境政策影响较大的地区，一方面可以通过财政转移支付制度进行补偿；另一方面要在地区间公平地分配污染排放指标，且地区间要建立起排放权交易机制。第二，那些高污染的企业可能会受到较大冲击，尤其是一些仍然受到价格管制而无法将资源、能源成本转嫁给消费者的行业，如电力、石油等行业。第三，照顾困难群体。水、电、油、气等资源性产品价格上涨会影响低收入群体。可以通过相应的补贴政策来消除这种影响。对高排放和高污染企业的失业人群，国家应建立免费培训和再就业制度。

五 探索生态资本投资差别化激励政策

前文实证分析①结果显示，生态资本投资对生态资本效率的提升作用，只是在东部地区较为显著，这就启示我们既要考虑东部、中部和西部地区经济社会发展的需要，也要综合考虑生态资本在区域间的合理配置，在不同地区和行业实施有差别的生态资本投资激励政策，鼓励有条件的地区采取更加积极的环境保护措施。

我国幅员辽阔，有东、中、西、东北四大板块，四类主体功能区域，十几个重要城市群和产业带，300 多个生态功能区，十大水系，数以百计的能源、矿产、粮食、经济作物基地。不同地区经济发展水平、资源禀赋、环境容量和生态状况都有很大差异，制定生态资本投资激励政策时必须充分考虑这些因素。2010 年国务院发布了《全国主体功能区规划》，根据不同区域的资源环境承载能力、现有开发强度和发展潜力，统筹谋划人

---

① 详见本书第七章第二节。

口分布、经济布局、国土利用和城镇化格局，将国土空间划分为优化开发、重点开发、限制开发、禁止开发四类，确定了不同区域的主体功能定位，并据此明确开发方向，完善开发政策，控制开发强度，规范开发秩序，促进形成人口、经济、资源环境相协调的国土空间开发新格局。总体而言，西部地区要坚持生态优先，加强水能、矿产等资源能源开发活动的环境监管，保护和提高其生态服务功能，构筑国家生态安全屏障；东北地区要加强森林等生态系统保护，开展三江平原、松嫩平原湿地修复，强化黑土地水土流失和荒漠化综合治理，加强东北平原农产品产地土壤环境保护；中部地区要有效维护区域资源环境承载能力，提高城乡环境基础设施建设水平，维持环境质量总体稳定；东部地区要大幅度削减污染物排放总量，加快推进经济发展方式转变，化解资源环境瓶颈制约。

同时，还应把生态资本投资列入各级财政年度预算并逐步增加投入，适时增加生态资本投资能力建设经费安排，加大对中西部地区生态资本投资的支持力度。围绕推进环境基本公共服务均等化和改善环境质量状况，完善一般性转移支付制度，加大对国家重点生态功能区、中西部地区和民族自治地方生态资本投资的转移支付力度。鼓励符合条件的地方融资平台拓宽生态资本投资渠道，从而增加社会对生态资本的投资力度。

第三节　后续研究展望

自然资源与生态环境对人类经济社会发展的约束越来越明显，而对生态资本进行投资，也就显得必要而紧迫。生态资本投资是一项复杂的系统工程，涉及经济、社会与文化等方面的深层次变革。生态资本投资收益的理论研究与实践探索，还是一个比较新颖的课题。生态资本投资收益的后续深化研究，其选题至少有以下四点：

一　生态资本投资的绩效评价研究

建立生态资本投资绩效评价模型，设置反映生态资本投资本质特征的综合评价指标体系，用以衡量区域及产业生态资本投资的效率，这将对我国生态资本投资实践提供评价标准与管理范式，有利于提高区域生态资本存量的非减性，丰富资本投资绩效管理理论，为有关部门的政策制定提供理论依据和决策参考。在后续研究中，对特定区域、特定产业生态资本投资的绩效评价研究将是重要方面。生态资本投资的绩效评价研究可以从以下四个方面进行：（1）生态资本投资绩效评价应坚持的基本原则，如科学性与客观性、系统性与层次性、可行性与可操作性、完备性与简明性、稳定性与动态性、定性与定量相结合原则等；（2）生态资本投资的绩效评价方法，生态资本投资绩效评价涉及生态、经济以及社会等多个层面，它是一个综合性的，全方面、多层次的评价对象，因而在方法选取上应该根据生态资本投资的特殊性以及各种方法的优劣来正确选取，如探索成本—收益分析法、DEA 分析法、模糊分析法、层次分析法、综合分析法等在生态资本投资绩效评价中的运用；（3）生态资本投资绩效评价指标体系构建，如生态资本投资绩效评价指标设置的原则、生态资本投资绩效评价指标的筛选、生态资本投资绩效评价指标权重的确定等；（4）生态资本投资绩效管理，如生态资本投资绩效管理的意义与作用、生态资本投资绩效管理的影响因素、生态资本投资绩效管理模式，以及提高生态资本投资绩效的对策建议等。

二　生态资本投资的风险控制研究

生态资本投资所面临的风险及其风险源是不确定的，因此，风险识别与评估是进行生态资本投资风险控制的前提。生态资本投资风险控制研究可以从以下五个方面进行：（1）生态资本投资风险的识别，如生态资本投资风险的成因、形成机理、发生规律，以及生态资本投资风险的识别技术与识别工具、生态资本投资风险度量、生态资本投资风险认知、影响生态资本投资风险识别的因素等；（2）生态资本投资风险的类型，如宏观风险与微观风险，微观风险主要包含技术风险、管理风险、经营风险等，而宏观风险主要包含市场风险、政策风险、社会风险以及经济风险等；（3）生态资本投资风险评估，如生态资本投资风险评估的意义与作用、生态资本投资风险的评估方法、生态资本投资风险的评估指标、生态资本投资风险预测等；（4）生态资本投资最低安全标准，如生态资本投资安全标准体系、安全指标设计、安全预警阈值、安全预警模型等；（5）生态资本投资风险管理体系，如生态资本投资风险管理目标、生态资本投资风险管理基本程序、生态资本投资风险管理理的基本内容、生态资本投资风险管理过程等。

三　区域性生态资本投资收益研究

生态资本投资收益研究的趋势，是结合特定区域和具体产业，探索总结各自领域中生态资本投资收益的实现路径。有必要在对某区域生态环境现状进行分析的基础上，探讨区域生态资本投资收益率问题，包括区域生态资本与生态资本投资状况、区域生态资本投资收益率指标的设定与权数修正等，结合重点区域案例与综合典型案例分析，比较生态资本投资收益的区际差异，提出区域生态资本投资收益的微观思路与宏观政策，并综合提出我国在未来进行区域生态资本投资的构想与方略。从目前的理论研究与实践探索来看，生态资本私人投资尚处于萌芽和起步阶段，因此，区域性的生态资本私人投资收益实现问题，也是进一步深化研究的努力方向，可以从以下四个方面进行：（1）生态资本私人投资的组织机制，如生态资本私人投资的组织主体、权限和责任；（2）生态资本私人投资的决策机制，如分散决策机制、协调决策机制和集中决策机制等在生态资本私人投资决策中的运用；（3）生态资本私人投资收益支持系统，如生态资本私人投资的管理对象、管理手段、管理体制，生态资本私人投资收益的信息和监督等支持系统；（4）生态创新与生态资本私人投资收益的关系，如从二者的内在联系上，探寻保持或提高生态资本存量，以及提高生态资本私人投资收益所需要的生态创新支持系统等。

四　生态资本投资收益分配问题研究

随着绿色经济时代的到来，生态资本逐渐成为稀缺的生产要素，并正在成为促进经济发展的重要动力，此时，研究生态资本投资收益分配问题，便成为深化研究的努力方向。生态资本投资收益分配问题研究可以从以下三个方面进行：（1）生态资本投资收益分配与区域生态补偿。改革开放以来，我国各地区之间存在较大的区域差异，已经严重影响到经济社会发展的质量。可以结合我国西部大开发的时代背景，探讨生态资本投资与区域生态补偿的关系。（2）生态资本参与企业剩余分配。企业是要素所有者为实现要素收益分享而结成的契约集合体，从这一意义来看，各要素所有者应当平等分享"合作剩余"，生态资本作为生态生产要素也理应参与收益分配，或者说是，生态资本所有者也应当被赋予一定的剩余收益索取权。（3）境外生态资本投资的收益分配。在经济全球化背景下，境外生态资本投资方式应运而生，例如，我国便正在逐步实施农业"走出去"战略，已经在非洲、东南亚等地区建立了海外农场，针对此类问题，可以从生态资本投资收益分配的视角开展研究。

参考文献

［1］毕秀水：《自然资本代际配置研究——可持续发展的产权制度设计》，《中国工业经济》2004 年第 8 期。

［2］蔡林海：《低碳经济：绿色革命与全球创新竞争大格局》，经济科学出版社 2009 年版。

［3］蔡永海、张召：《低碳经济引领经济的生态化转向》，《中国国情国力》2010 年第 2 期。

［4］蔡中华、刘为：《可持续发展视角下的自然资本投资模型》，《和谐发展与系统工程——中国系统工程学会第十五届年会论文集》，2008 年。

［5］曹洪军：《资本运营新论》，经济管理出版社 2004 年版。

［6］曹克瑜：《GDP 指标衡量经济发展的局限性》，《中国社会科学学院学报》2004 年第 4 期。

［7］常修泽：《再论建立环境产权制度》，《中国经济时报》2007 年 7 月 24 日。

［8］陈佳贵、黄群慧、钟宏斌：《中国地区工业化进程的综合评价与特征分析》，《经济研究》2006 年第 6 期。

［9］陈静生、蔡运龙、王学军：《人类——环境系统及其可持续性》，商务印书馆 2003 年版。

［10］陈尚、杜国英、夏涛：《山东近海生态资本评估》，海洋出版社 2012 年版。

［11］陈劭锋：《可持续发展管理的理论与实证研究：中国环境演变驱动力分析》，中国科学技术大学博士学位论文，2009 年。

［12］陈熙江、胡庭兴：《生态资本计量探讨》，《林业财务会计》2004 年第 9 期。

［13］陈学明：《生态文明论》，重庆出版社 2008 年版。

［14］陈艳莹、原毅军：《基于自然资本的经济增长可持续条件研究》，《当代经济科学》2003 年第 4 期。

［15］陈中原：《绿色时尚——21 世纪文明起航》，江苏人民出版社 2002 年版。

［16］陈仲新、张新时：《中国生态系统效益价值》，《科学通报》2000 年第 1 期。

［17］陈祖海：《西部生态补偿机制研究》，民族出版社 2008 年版。

［18］成金华：《自然资本及其定价模型》，《中国地质大学学报（社会科学版）》2005 年第 5 卷第 5 期。

［19］程启智：《问责制、最优预防与健康和安全管制的经济分析》，《中国工业经济》2005 年第 1 期。

［20］戴波：《生态资产与可持续发展》，人民出版社 2007 年版。

［21］戴星翼、俞厚未、董梅：《生态服务的价值实现》，科学出版社 2005 年版。

［22］邓玲、何卫东：《生态资本经营与环境导向的企业管理》，《软科学》2000 年第 1 期。

［23］董捷：《论自然资本投入与农业可持续发展》，《农业技术经济》2003 年第 1 期。

［24］董颖：《企业生态创新的机理研究》，浙江大学博士学位论文，2011 年。

［25］窦闻、史培军、陈云浩、李京：《生态资产评估静态部分平衡模型的分析与改进》，《自然资源学报》2003 年第 18 卷第 5 期。

［26］范金、周忠民、包振强：《生态资本研究综述》，《预测》2000 年第 5 期。

［27］范金：《可持续发展下的最优经济增长》，经济管理出版社 2002 年版。

［28］方化雷：《中国经济增长与环境污染之间的关系——环境库兹涅茨假说的产权制度变迁解释与实证分析》，山东大学博士学位论文，2011 年。

［29］方恺、Heijungs Reinout：《自然资本核算的生态足迹三维模型研究进展》，《地理科学进展》2012 年第 12 期。

［30］福斯特：《生态危机与资本主义》，上海译文出版社 2006 年版。

［31］傅桦、吴雁华、曲利娟：《生态学原理与应用》，中国环境科学出版社 2008 年版。

［32］高辉清：《效率与代际公平：循环经济的经济学分析与政策选择》，浙江大学出版社 2008 年版。

［33］巩固：《对自然资本主义与可持续发展关系的几点疑问》，《中州学刊》2007 年第 11 期。

［34］郭炎涛：《我国绿色公共投资理论与实证研究》，北京林业大学博士学位论文，2010 年。

［35］国家统计局"循环经济评价指标体系"课题组：《"循环经济评价指标体系"研究》，《统计研究》2006 年第 9 期。

［36］郝瑞彬：《建立公众参与环保法律促进机制》，《中国环境报》2004 年 3 月 4 日第 3 版。

［37］何帆：《资源环境约束下经济增长模式的转型研究》，西北大学博士学位论文，2009 年。

［38］何宜庆、张竹君：《鄱阳湖地区生态资本运营目标及发展模式研究》，《鄱阳湖学刊》2011 年第 5 期。

［39］侯凤岐：《生态资源价值补偿机制研究》，西北大学博士学位论文，2008 年。

［40］胡姗：《生态资本的理论发展》，邓楠主编：《可持续发展：人类关怀未来》，黑龙江教育出版社 1998 年版。

［41］胡亦琴：《农地资本化经营与政府规制研究》，《农业经济问题》2006 年第 1 期。

［42］胡熠、黎元生：《论生态资本经营与生态服务补偿机制构建》，《福建师范大学学报（哲学社会科学版）》2010 年第 4 期。

［43］胡志伟、刘勇：《低碳经济视角下的省域竞争研究》，《中国工业经济》2010 年第 4 期。

［44］黄爱民、张二勋：《环境资本运营——环境保护的新举措》，《聊城大学学报》2006 年第 2 期。

［45］黄铭：《生态资本理论研究——以可持续发展为视角》，合肥工业大学硕士学位论文，2005 年。

［46］黄少安：《产权经济学导论》，山东人民出版社 1997 年版。

［47］黄婷婷：《民间组织参与生态保护障碍在哪?》，《中国环境报》

2010 年 6 月 2 日第 8 版。

　　［48］黄小平：《论环境资源产业化》，《中国人口·资源与环境》1998 年第 8 卷第 3 期。

　　［49］黄兴文、陈百明：《中国生态资产区划的理论与应用》，《生态学报》1999 年第 19 卷第 5 期。

　　［50］黄志斌、王晓华：《产业生态化的经济学分析与对策探讨》，《华东经济管理》2004 年第 14 卷第 3 期。

　　［51］姬振海：《生态文明论》，人民出版社 2007 年版。

　　［52］季昆森：《良好的生态环境是重要资本》，《中国环境报》2010 年 12 月 10 日第 2 版。

　　［53］姜春云：《人与自然关系六问——关于实现发展与环境双赢问题的探讨》，《求是》2010 年第 6 期。

　　［54］姜文来、杨瑞珍：《资源资产论》，科学出版社 2003 年版。

　　［55］姜晓婷：《生态和谐与制度和谐：和谐社会建设的两大要义》，《武汉理工大学学报（社会科学版）》2008 年第 21 卷第 2 期。

　　［56］蒋京议：《保护生态环境的制度机制》，《中国经济时报》2004 年 9 月 9 日第 3 版。

　　［57］康慕谊、董世魁、秦艳红：《西部生态建设与生态补偿——目标、行动、问题、对策》，中国环境科学出版社 2005 年版。

　　［58］蓝红：《环境产权经济学》，中国人民大学出版社 2005 年版。

　　［59］冷文娟：《论生态资本的有效投入》，《南通职业大学学报》2010 年第 1 期。

　　［60］李钢、马研、姚磊磊：《中国工业环境管制强度与提升路线》，《中国工业经济》2010 年第 3 期。

　　［61］李虹：《中国生态脆弱区的生态贫困与生态资本研究》，西南财经大学博士学位论文，2011 年。

　　［62］李慧：《公共产品供给过程中的市场机制》，南开大学博士学位论文，2010 年。

　　［63］李慧明、王军锋、左晓利、朱红伟等：《内外均衡、一体循环——循环经济的经济学思考》，天津人民出版社 2007 年版。

　　［64］李利军：《环境生产要素管理研究》，天津大学博士学位论文，2009 年。

［65］李林：《生态资源可持续利用的制度分析》，四川大学博士学位论文，2006 年。

［66］李曼：《试论生态化创新中的社会公共政策的作用》，《财政研究》2008 年第 5 期。

［67］李双成、郑度：《环境与生态系统资本收益评估的区域范式》，《地理科学》2002 年第 3 期。

［68］李团民：《基于生态资本权益的生态补偿基本内涵研究》，《林业经济》2010 年第 4 期。

［69］李玉文、徐中民、王勇等：《环境库兹涅茨曲线研究进展》，《中国人口·资源与环境》2005 年第 15 卷第 5 期。

［70］李云燕：《循环经济运行机制研究——市场机制与政府行为》，科学出版社 2008 年版。

［71］廖福霖：《生态文明建设与构建和谐社会》，《福建师范大学学报》2006 年第 2 期。

［72］廖卫东：《生态领域产权市场制度研究》，经济管理出版社 2004 年版。

［73］林毅夫：《中国的奇迹：发展战略与经济改革》，上海三联出版社 1996 年版。

［74］刘灿等：《我国自然资源产权制度构建研究》，西南财经大学出版社 2009 年版。

［75］刘方笑、朱锡平：《论我国生态产权制度的市场化改革》，《经济体制改革》2007 年第 5 期。

［76］刘环玉、宋岭：《我国资源价格改革的几个问题》，《经济纵横》2007 年第 5 期。

［77］刘平养：《自然资本的替代性研究》，复旦大学博士学位论文，2008 年。

［78］刘普：《中国水资源市场化制度研究》，武汉大学博士学位论文，2010 年。

［79］刘世锦：《增长模式转型：我们需要转变什么》，《经济学动态》，2005 年第 10 期。

［80］刘思华、刘泉：《绿色经济导论》，同心出版社 2004 年版。

［81］刘思华：《对可持续发展经济的理论思考》，《经济研究》1997

年第 3 期。

[82] 刘思华：《刘思华文集》，湖北人民出版社 2003 年版。

[83] 刘思华：《绿色经济论——经济发展理论变革与中国经济再造》，中国财政经济出版社 2001 年版。

[84] 刘思华：《生态马克思主义经济学原理》，人民出版社 2006 年版。

[85] 柳树滋：《海南：生态省建设纪实》，《当代广西》2006 年第 4 期。

[86] 卢忠宝：《环境约束下中国经济可持续增长研究》，华中科技大学博士学位论文，2010 年。

[87] 陆大道：《中国可持续发展总纲（第 20 卷）——中国循环经济与可持续发展》，科学出版社 2007 年版。

[88] 逯元堂：《中国财政环境保护预算支出政策优化研究》，财政部财政科学研究所博士学位论文，2011 年。

[89] 罗丽艳：《自然资源的代偿价值论》，《学术研究》2005 年第 2 期。

[90] 罗守贵、曾尊固：《可持续发展研究述评》，《南京大学学报（哲学人文社科版）》2002 年第 2 期。

[91] 马涛：《中国对外贸易中的生态要素流分析——从生态经济学视角看贸易与环境问题》，复旦大学出版社 2007 年版。

[92] 穆治琨：《增进生态资本：可持续发展的基本要求》，《科技导报》2004 年第 1 期。

[93] 倪瑞华：《马克思对资本的生态批判》，《社会科学辑刊》2009 年第 2 期。

[94] 聂华林、高新才、杨建国：《发展生态经济学导论》，中国社会科学出版社 2006 年版。

[95] 牛新国、杨易生：《生态资本化与资本生态化》，《经济论坛》2003 年第 3 期。

[96] 牛铮超：《生态资本战略是实现经济发展方式转变的有效模式》，《生产力研究》2012 年第 7 期。

[97] 欧阳志云、王如松、赵景柱：《生态系统服务功能及其生态经济价值评价》，《应用生态学报》1999 年第 10 卷第 5 期。

［98］潘岳：《环保指标与官员政绩考核》，《中国环境报》2008 年 4 月 26 日第 1 版。

［99］齐建国、尤完、杨涛：《现代循环经济理论与运行机制》，新华出版社 2006 年版。

［100］钱水苗、沈玮：《自然资本投资对可持续发展的环境资源法制建设的启示》，《中州学刊》2007 年第 11 期。

［101］钱易、唐孝炎：《环境保护与可持续发展》，高等教育出版社 2002 年版。

［102］强卫：《转变发展方式　推动绿色发展》，《求是》2010 年第 1 期。

［103］秦绪娜：《经济环境协调发展与地方政府行为研究——以日照为个案》，浙江大学博士学位论文，2011 年。

［104］邱耕田：《生态生产初论》，《求索》1995 年第 2 期。

［105］佘群芝：《环境库兹涅茨曲线的理论批评综论》，《中南财经政法大学学报》2008 年第 1 期。

［106］沈丽、张攀、朱庆华：《基于生态劳动价值论的资源性产品价值研究》，《中国人口·资源与环境》2010 年第 20 卷第 11 期。

［107］沈楼燕：《制度创新对资源节约和环境保护的影响研究——剖析我国矿山开发中尾矿库管理制度问题》，武汉大学博士学位论文，2011 年。

［108］沈满洪、蒋国俊、许云华等：《绿色制度创新论》，中国环境科学出版社 2005 年版。

［109］石敏俊、马国霞等：《中国经济增长的资源环境代价：关于绿色国民储蓄的实证分析》，科学出版社 2009 年版。

［110］石上流：《认识自然资本的价值》，《国外科技动态》1999 年第 6 期。

［111］史仕新、刘鸿渊：《人力资本、生态资本及技术进步的经济增长模型》，《财经科学》2004 年第 5 期。

［112］苏明、刘军民、张洁：《促进环境保护的公共财政政策研究》，《财政研究》2008 年第 7 期。

［113］孙书存、包维楷：《恢复生态学》，化学工业出版社 2005 年版。

［114］田东芳、程宝良：《生态资本与经济增长模型研究》，《环境科

学与管理》2009 年第 6 期。

[115] 田国双:《国有森工企业资本运营相关理论及分析》,东北林业大学博士学位论文,2006 年。

[116] 田江海:《绿色经济与绿色投资》,中国市场出版社 2010 年版。

[117] 王凤、阴丹:《公众环境行为改变与环境政策影响——一个实证研究》,《经济管理》2010 年第 12 期。

[118] 王凤:《公众参与环保行为机理研究》,中国环境科学出版社 2008 年版。

[119] 王贵明:《产业生态学与产业经济——构建循环经济之基石》,南京大学出版社 2009 年版。

[120] 王海滨:《生态资本及其运营的理论与实践——以北京市密云县为例》,中国农业大学博士学位论文,2005 年。

[121] 王健民、王如松:《中国生态资产概论》,江苏科学技术出版社 2001 年版。

[122] 王金南、曹东:《中国环境经济核算研究报告 2004》,中国环境科学出版社 2009 年版。

[123] 王军锋:《循环经济与物质经济代谢分析》,中国环境科学出版社 2008 年版。

[124] 王来喜:《资源转换论》,中国经济出版社 2006 年版。

[125] 王磊、李慧明:《减物质化的研究综述与思考》,《中国地质大学学报(社会科学版)》2010 年第 1 期。

[126] 王莉:《西部环境产业投融资制度创新研究》,西北大学博士学位论文,2010 年。

[127] 王世汶:《2009 中国环境投资回顾》,《环境经济》2010 年第 3 期。

[128] 王万山:《可持续发展理论与资本观的变革》,《中国人口·资源与环境》2003 年第 13 卷第 3 期。

[129] 温晓春:《资本、生态与自由:安德烈·高兹生态马克思主义思想研究》,复旦大学博士学位论文,2010 年。

[130] 翁志勇、张雅丽:《自然资本"异化"的解决:自然资本条件——选择论》,《生态经济》2005 年第 1 期。

[131] 吴述松:《自然资源租金、公共环境服务与经济可持续发展》,

厦门大学博士学位论文，2009 年。

　　［132］武晓明、罗剑朝、邓颖：《关于生态资本投资的几点思考》，《陕西农业科学》2005 年第 3 期。

　　［133］武晓明：《西部地区生态资本价值评估与积累途径研究》，西北农林科技大学硕士学位论文，2005 年。

　　［134］夏光：《"绿色经济"新解》，《环境保护》2010 年第 7 期。

　　［135］夏艳清：《中国环境与经济增长的定量分析》，东北财经大学博士学位论文，2010 年。

　　［136］项雅娟、陆雍森：《生态服务功能与自然资本的研究进展》，《软科学》2004 年第 18 卷第 6 期。

　　［137］肖葱：《私人直接投资环境服务领域的路径和实现机制研究》，四川大学博士学位论文，2009 年。

　　［138］谢高地、曹淑艳：《发展转型的生态经济化和经济生态化过程》，《资源科学》2010 年第 32 卷第 4 期。

　　［139］谢慧明：《生态经济化制度研究》，浙江大学博士学位论文，2012 年。

　　［140］谢家雍：《生态哲学三元三角模型初探》，人民出版社 2008 年版。

　　［141］谢识予：《经济博弈论》，复旦大学出版社 2007 年版。

　　［142］徐志刚等：《成本效益、政策机制与生态恢复建设的可持续发展》，《中国软科学》2010 年第 2 期。

　　［143］徐志虎：《城市生态化及其管理研究》，同济大学博士学位论文，2010 年。

　　［144］许为义：《环境资本项目融资商业资本化运作论》，复旦大学博士学位论文，2004 年。

　　［145］薛冰：《区域循环经济发展机制研究》，兰州大学博士学位论文，2009 年。

　　［146］薛澜、董秀海：《基于委托代理模型的环境治理公众参与研究》，《中国人口·资源与环境》2010 年第 20 卷第 10 期。

　　［147］闫国东、康建成、谢小进等：《中国公众环境意识的变化趋势》，《中国人口·资源与环境》2010 年第 20 卷第 10 期。

　　［148］严立冬、陈光炬、刘加林、邓远建：《生态资本构成要素解

析——基于生态经济学文献的综述》，《中南财经政法大学学报》2010 年第 5 期。

[149] 严立冬、邓远建、屈志光：《绿色农业生态资本积累机制与政策研究》，《中国农业科学》2011 年第 44 卷第 5 期。

[150] 严立冬、邓远建、屈志光：《论生态视角下的低碳农业发展》，《中国人口·资源与环境》2010 年第 20 卷第 12 期。

[151] 严立冬、刘加林、陈光炬：《生态资本运营价值问题研究》，《中国人口·资源与环境》2011 年第 21 卷第 1 期。

[152] 严立冬、屈志光、黄鹂：《经济绿色转型视域下的生态资本效率研究》，《中国人口·资源与环境》2013 年第 23 卷第 4 期。

[153] 严立冬、谭波、刘加林：《生态资本化：生态资源的价值实现》，《中南财经政法大学学报》2009 年第 2 期。

[154] 阎兆万：《产业与环境——基于可持续发展的产业环保化研究》，经济科学出版社 2007 年版。

[155] 杨充霖、文先明：《自然资本的起因、含义及问题》，《求索》2006 年第 4 期。

[156] 杨筠：《生态建设与区域经济发展研究》，四川大学博士学位论文，2005 年。

[157] 杨云彦、陈浩：《人口、资源与环境经济学（第二版）》，湖北人民出版社 2011 年版。

[158] 杨志、张欣潮、贾利军：《生态资本与低碳经济》，中国财政经济出版社 2011 年版。

[159] 叶辉：《浙江生态省建设大见成效》，《光明日报》2010 年 6 月 28 日第 1 版。

[160] 叶丽娟：《环保投资对区域经济增长影响的差异研究——基于全国 31 个省市面板数据的分析》，暨南大学硕士学位论文，2011 年。

[161] 殷卉：《自然资本的美国看法》，《中国工商》2001 年第 3 期。

[162] 尹鸿翔：《质疑自然资本投资制度的环境保护属性》，《中州学刊》2007 年第 11 期。

[163] 尹希果、陈刚、付翔：《环保投资运行效率的评价与实证研究》，《当代财经》2005 年第 7 期。

[164] 游德才：《区域一体化对经济环境协调发展的作用机制研究》，

上海社会科学院博士论文，2008 年。

［165］袁广达：《绿色投资、绿色资本及其价值》，《现代经济探索》2009 年第 11 期，第 13—16 页。

［166］张兵生：《绿色经济学探索》，中国环境科学出版社 2005 年版。

［167］张坤民：《中国环境保护事业 60 年》，《中国人口·资源与环境》2010 年第 20 卷第 6 期。

［168］张维迎：《博弈论与信息经济学》，上海人民出版社 1996 年版。

［169］张中华：《投资学》，高等教育出版社 2006 年版。

［170］中国科学院可持续发展战略研究组：《2010 中国可持续发展战略报告——绿色发展与创新》，科学出版社 2010 年版。

［171］中国社会科学院环境与发展研究中心：《中国环境与发展评论》（第二卷）（下），社会科学文献出版社 2004 年版。

［172］中国生态补偿机制与政策研究课题组：《中国生态补偿机制与政策研究》，科学出版社 2007 年版。

［173］仲冰：《“资源—资产—资本”视角下我国矿产资源价值实现路径研究》，中国地质大学（北京）博士学位论文，2011 年。

［174］周曙东：《“两型社会”建设中企业环境行为及其激励机理研究》，中南大学博士学位论文，2011 年。

［175］朱洪革、蒋敏元：《国外自然资本研究综述》，《外国经济与管理》2006 年第 28 卷第 2 期。

［176］朱洪革：《森林自然资本管理问题研究》，东北林业大学博士学位论文，2006 年。

［177］朱清：《居民环境偏好研究》，中国地质大学（武汉）博士学位论文，2010 年。

［178］朱学义、张亚杰：《论中国矿产资源的资本化改革》，《资源科学》2008 年第 1 期。

［179］诸大建：《绿色经济新理念及中国开展绿色经济研究的思考》，《中国人口·资源与环境》2012 年第 22 卷第 5 期。

［180］诸大建：《生态文明与绿色发展》，上海人民出版社 2008 年版。

［181］［奥］庞巴维克：《资本实证论》，陈端译，商务印书馆 1983 年版。

［182］［德］厄恩斯特·冯·魏茨察克、［美］艾默里·B. 洛文斯、

［美］L. 亨特·洛文斯：《四倍跃进》，北京大学环境工程研究所、北大绿色科技公司译，中华工商联合出版社 2001 年版。

［183］［美］Y. 巴泽尔：《产权的经济分析》，费方域、段毅才译，上海三联出版社 1997 年版。

［184］［美］埃莉诺·奥斯特罗姆：《制度激励与可持续发展：基础设施政策透视》，毛寿龙译，上海三联书店 2000 年版。

［185］［美］戴维·罗默：《高级宏观经济学》，王根蓓译，上海财经大学出版社 2009 年版。

［186］［美］奥尔利欧·佩奇：《世界的未来——关于未来问题一百页》，中国对外翻译出版公司 1985 年版。

［187］［美］保罗·霍肯：《自然资本论》，上海科学普及出版社 2000 年版。

［188］［美］保罗·萨缪尔森、威廉·诺德豪斯：《经济学（第 18 版）》，萧琛等译，人民邮电出版社 2008 年版。

［189］［美］大卫·韦默：《制度设计》，上海财经大学出版社 2004 年版。

［190］［美］戴利：《超越增长：可持续发展的经济学》，上海译文出版社 2001 年版。

［191］［美］滋维·博迪、亚历克斯·凯恩、艾伦·马库斯：《投资学》，朱宝宪等译，北京机械工业出版社 2000 年版。

［192］［英］希克斯：《价值与资本：对经济理论某些基本原理的探讨》，薛蕃康译，商务印书馆 1982 年版。

［193］Barrett, Economic Growth and Environment Preservation. *Journal of Environment Economics and Management*, 1992, no. 23, pp. 289—300.

［194］Berkes & Folke, Identifying Critical Natural Capital: Conclusion about Critical Natural Capital. *Ecological Economics*, 1994, no. 44, pp. 277—292.

［195］Carraro C. Siniscalco D. , *New Directions in the Economics Theory of the Environment*. Cambridge University Press, 1997.

［196］Costanza R. The Value of the World's Ecosystem Services and Natural Capital. *Nature*. 1997, 5, pp. 253—260.

［197］Daly H E, Capital Controversies: Ancient and Modern. *American*

Economic Review, 1974, vol. 64, no. 2, pp. 307—316.

[198] Daly H E, *Operating Sustainable Development by Investing in Natural Capital.* Investing in natural capital. Island Press, 1994, pp. 23—37.

[199] Daly H E, *Ecological Economics: Principles and Applications.* Island Press, 2004.

[200] De Groot, R, Van der Perk, J, Chiesura, A, Van Vliet, A Importance and Threat as Determining Factors Criticality of Natural Capital. *Ecological Economics*, 2003, no. 33, pp. 187—204.

[201] Dimond P A., National Debt in a Neoclassical Growth Model. *American Economic Review*, 1965, vol. 55, no. 6, pp. 1126—1150.

[202] Gorder H S., Economic Theory of a Common Property Resource: the Fishery. *Journal of Political Economy*, 1954, no. 63, pp. 116—124.

[203] Grossman, G. M., Krueger, A. B., *Environmental Impact of a North American Free Trade Agreement*, NBER Working Paper, 1991, No. 3914.

[204] Hawken P, *Natural Capitalism: Creating the Next Industrial Revolution.* Back Bay Books, 1999.

[205] Hotelling H., The Economics of Exhaustible Resources. *Journal of Political Economy*, 1931, vol. 39, no. 2, pp. 137—175.

[206] Howarth R B., Intertemporal Equilibrium and Exhaustible Resource: an Overlapping Generals Approach, *Ecological Economics*, 1991, no. 4, pp. 237—252.

[207] Jeffrey D, *Common Wealth: Economics for a Crowded Planet.* Penguin Books Ltd, 2009.

[208] John Bellamy Foster, *The Ecological Revolution: Making Peace with the Planet.* Monthly Review Press, 2009.

[209] J. R. Hicks, *Capital and growth*, London: Oxford University press, 1965.

[210] Krauthraemer J A. Optimal Growth, Resource Amenities and the Preservation of Natural Environments. *Review of Economics*, 1985, vol. lll, pp. 153—170.

[211] Krutilla, Conservation Reconsidered, *Environmental Resources and Applied welfare Economics: Essays in Honor of John V. Krutilla*, Washington,

DC: Resources for the Future, 1988, no. 24, pp. 263—273.

[212] Maeler K G. , *Environmental Economics: a Theoretical Inquiry*. Jones Hopkins University Press for the future, 1974.

[213] Olson L J. , Environmental Preservation with Production. *Journal of Environmental Economics and Management*, 1990.

[214] P. A. Victor, Indicators of Sustainable Development: Some Lessons from Capital Theory. *Ecological Economics*, 1991. 3, pp. 191—213.

[215] Panayotou, T. , *Empirical Tests and Policy Analysis of Environmental Degradation at Different Stages of Economic Development*, International Labor Office, Technology and Employment Program, Working Paper, 1993, p. 238.

[216] Rohert Costanza, Rudolf de Croot. , The value of the World's Ecosystem Services and Natural Capital, *Nature*, 1997, no. 12, p. 132.

[217] Rubio S J, Goetz D. *New Directions in the Economics Theory of the Environment*. Cambridge University Press, 1997.

[218] Samuelson P A. , An Exact Consumption-loan Model of Interest with or without the Social Contrivance of Money. *Journal of Political Economy*, 1968, vol. 66, no. 6, pp. 467—482.

[219] Scott A D. , The fishery: the Objectives of Sole Ownership. *Journal of Political Economy*, 1955, no. 63, pp. 116—124.

[220] Smith V L. , Economics of production from natural resource, *American Economic Review*, 1968, vol. 58, pp. 409—431.

[221] UNEP, *Green Growth, Resources and Resilience: Environmental Sustainability in Asia and the Pacific*, United Nations and Asian Development Bank Publication, 2012.

[222] World bank, *Monitoring Environmental Progress: a Report on Work in Progress*, Washington D. C, 1995.

附录一 《生态资本投资收益研究》访谈提纲（政府卷）

编号_____

"生态资本投资收益研究"访谈提纲（政府卷）

您好：

本问卷是依托国家自然科学基金项目"生态资本运营机制与管理模式研究"（项目编号：70873135）设计的，请您深入思考、配合答题。感谢您长期以来对我国生态环境问题的关注！衷心谢谢您的支持！

中南财经政法大学可持续发展经济研究所

联系电话：

2012 年 7 月

调查地点：
调查员：
调查时间：

1. 在处理经济发展与环境保护的矛盾时，您如何看待生态利益与经济利益的关系？倾向于怎么选择？为什么？

2. 您觉得生态资源与环境可以资本化吗？您怎样理解"生态资本"和"生态资本投资"，它们的含义分别是什么？

3. 您认为有必要开展生态资本投资吗？可行性如何？在现实中存在哪些障碍？

4. 您认为应该怎样正确处理我国行政区划、经济集聚区划、主体功能区划的关系？您觉得将生态资本投资放在哪个区域层面进行比较合适？其理由是什么？

5. 您认为政府、企业、NGO 组织和社会公众分别能在生态资本投资中发挥什么作用？应该怎样协调他们之间的关系？

6. 您认为应怎样正确处理物质财富与自然财富的关系？怎样通过生态资本投资来积累自然财富存量？

7. 您认为生态资源向生态资产、生态资本顺利转换，进而实现生态价值的充要条件是什么？生态产权制度、生态市场、资源型产品价格体系、生态技术等因素在生态资本转换过程中各自发挥什么作用？

8. 您认为生态补偿的内涵是什么？本地已执行哪些生态补偿手段和措施？结合本地情况，未来生态补偿的政策应如何调整？

9. 您认为如果地方政府积极开展生态资本投资，其根本动力和初衷是什么？如何通过政策引导，充分调动市场主体、NGO 组织和社会公众进行生态资本投资的积极性？

10. 您认为维持生态资本存量非减性的关键措施包括哪些？如何通过立法激励生态资本投资行为？

11. 作为政府工作人员，请结合本地情况与多年工作经验，您认为应该如何建立生态文化、生态技术、生态制度"三位一体"的生态资本投资收益创新机制，以推动经济社会绿色发展？

12. 您对生态资本投资的意见或建议是什么？

附录二 《生态资本投资收益研究》访谈提纲（企业卷）

编号_____

"生态资本投资收益研究" 访谈提纲（企业卷）

您好：

　　本问卷是依托国家自然科学基金项目"生态资本运营机制与管理模式研究"（项目编号：70873135）设计的，请您深入思考、配合答题。我们所进行的调查是课题研究所需要的材料，您所提供的宝贵信息仅用于学术研究，我们承诺决不泄露贵公司的商业信息。谢谢合作！

中南财经政法大学可持续发展经济研究所

联系电话：

2012 年 7 月

调查地点：

调查员：

调查时间：

　　1. 您认为当前生态问题的根源是什么？企业在生产经营过程中是否感觉到生态环境方面的压力？

　　2. 面临经济社会发展的资源环境约束，您认为企业应如何处理经济利益与社会利益的关系？企业应承担什么样的社会责任？可以通过哪些途径来承担这些责任？

　　3. 您认为企业可以通过什么措施和手段来控制生态环境方面的成本？

是否能做到"经济更绿化、环保更赚钱"?

4. 您认为生态资源与环境可以资本化吗？能像物质资本一样，通过"生态资本投资"使其保值、增值吗？企业进行生态资本投资是否能够促进企业良好形象的塑造，并进而增加企业收入？

5. 您认为政府、企业和社会力量在保值、增值生态资本过程中各自起着什么作用？如果企业进行生态资本投资，最迫切需要解决的问题是什么？

6. 贵公司对生态环保产业有投资意向吗？您认为应如何处理好产业生态化改造和生态产业化发展的关系？

7. 您认为应该从哪些方面努力，以进一步完善生态资本产权制度和健全生态资本市场体系？

8. 您认为如果企业致力于提供生态型产品，对树立企业形象、增加企业收入有何影响？是否有助于引导社会向绿色消费模式转变？

9. 您认为技术创新和制度创新有助于改善生态环境状况吗？您对开征环境税的态度是什么样的？其理由是什么？

10. 您认为生态建设（保护）者是否应获得经济上的补偿？开展生态补偿要解决的关键问题是什么？

11. 如果企业进行生态资本投资，您认为其根本动力是什么？是为了节约资源能源和保护环境，还是为了节约生产成本？

12. 为了保持生态资本存量的非减性，您认为政府有必要出台激励生态资本投资的补贴政策吗？

13. 您对企业进行生态资本投资的意见或建议是什么？

附录三 《生态资本投资收益研究》调查问卷（公众卷）

编号_____

"生态资本投资收益研究" 调查问卷

您好：

本问卷是依托国家自然科学基金项目"生态资本运营机制与管理模式研究"（项目编号：70873135）设计的，请您深入思考、配合答题。您的回答无所谓对错，只要符合您的真实情况就可以了，您的如实回答和耐心合作，将为政府制定生态资本投资政策提供参考，请您根据实际情况填写，凡涉及个人隐私的资料，我们将依法为您保密。

真诚感谢您对本次调查的支持！

中南财经政法大学可持续发展经济研究所

联系电话：

2012 年 7 月

调查地点：

调查员：

调查时间：

第一部分 被调查者个人基本信息

1. 您的性别是什么？（　　　）

A. 男　　　　　　　　　B. 女

2. 您所处的年龄段是什么？（　　　）

A. 青春期（14—28 岁）　　B. 成熟期（29—40 岁）

C. 壮实期（41—48 岁）　　　D. 稳健期（49—55 岁）

E. 调整期（56—65 岁）　　　F. 初老期（67—72 岁）

G. 中老期（73—84 岁）　　　H. 年老期（85 岁以后）

3. 您的受教育程度是什么？（　　　）

A. 初中及以下　　　　　　　B. 高中、中专

C. 大专、本科　　　　　　　D. 研究生

4. 您的生活区域在哪里？（　　　）

A. 城市　　　　　　　　　　B. 乡镇

C. 农村　　　　　　　　　　D. 其他（请说明）＿＿＿＿＿

5. 您目前的职业是什么？（　　　）

A. 国家机关干部　　　　　　B. 企业管理人员

C. 专业技术人员　　　　　　D. 单位普通员工

E. 工人　　　　　　　　　　F. 个体经营者

G. 农民　　　　　　　　　　H. 学生

I. 军人/警察　　　　　　　　J. 非政府组织、社会团体

K. 其他（请说明）＿＿＿＿＿

6. 您的月收入处于什么水平？（　　　）

A. 2000 元以内　　　　　　　B. 2000—4000 元

C. 4000—6000 元　　　　　　D. 6000—8000 元

E. 8000 元以上

第二部分　被调查者生态环境保护意识

7. 您对您所处的生活环境满意吗？（　　　）

A. 不满意　　　　　　　　　B. 基本满意

C. 满意　　　　　　　　　　D. 很满意

8. 您对目前我国以下各方面状况的满意程度如何？（请排序）（　　　）

A. 政府的环保政策、法规及执法力度　B. 政府环保人员的专业素质

C. 媒体的环保宣传工作　　　　　　　D. 民间环保组织的发展

E. 公众的环保意识　　　　　　　　　F. 对环保现状的总体感受

9. 近年来全国频现雾霾，空气污染严重，对于大气环境逐渐恶化，您的态度是？（　　　）

A. 十分关注，自己发现一些污染源头后向有关部门举报

B. 对恶化表示不满，关心政府环保政策

C. 不满政府监管不够，自己对此无所作为

D. 空气差就差了，不关心，个人也做不了什么

10. 您认为目前我国人民的环保意识和实际行动差距有多大？（   ）

A. 都可以做到环保节约

B. 大多数人并不能在实际生活的方方面面做到真正的节约与环保

C. 大多数人会真的做到节约环保

D. 不了解

11. 您对经济发展与环境保护的态度是什么？（   ）

A. 先搞好经济再搞好环保　　　　　B. 先搞好环保再搞好经济

C. 两方面同时搞好

12. 您对依据环保理念而生产设计的生态型产品有什么看法？（   ）

A. 确实可以起到环保作用　　　　　B. 仅仅觉得很新奇

C. 没接触过　　　　　　　　　　　D. 完全是商业化的设计

13. 您第一次消费生态型产品的时间是在？

A. 1 年之内　　　　　　　　　　　B. 1—3 年之间

C. 3—5 年之间　　　　　　　　　　D. 5 年以上

14. 您对生态型产品的购买频次是？

A. 一周多次　　　　　　　　　　　B. 半年 3—5 次

C. 一年 1—2 次　　　　　　　　　　D. 很少，几乎没有

15. 生态型产品在您日常消费中所占的比重大约是？

A. 30%　　　　　　　　　　　　　　B. 5%—30%

C. 1%—5%　　　　　　　　　　　　D. 几乎没有

16. 您对现行生态型产品的满意程度怎么样？

A. 很不满意　　　　　　　　　　　B. 不满意

C. 满意　　　　　　　　　　　　　D. 很满意

17. 您愿意为购买生态型产品所多付费用的幅度有多大？

A. 0%　　　　　　　　　　　　　　B. 0%—5%

C. 5%—15%　　　　　　　　　　　D. 15% 以上

18. 您认为增加保护"母亲河"方面的资金投入有必要吗？（   ）

A. 非常必要　　　　　　　　　　　B. 必要

C. 有点必要　　　　　　　　　　　D. 不太必要

E. 不必要　　　　　　　　　　　　F. 反对

19. 您认为自己环保方面的知识如何？（　　）

A. 非常丰富　　　　　　　　　　　B. 比较丰富

C. 可以　　　　　　　　　　　　　D. 不丰富

E. 较贫乏　　　　　　　　　　　　F. 非常贫乏

20. 您认为您周围人的环保意识如何？（　　）

A. 非常好　　　　　　　　　　　　B. 比较好

C. 还可以　　　　　　　　　　　　D. 不太好

E. 不好　　　　　　　　　　　　　F. 非常差

21. 当遇到环境问题时，您会首先做何反应？（　　）

A. 向环保部门投诉　　　　　　　　B. 向污染企业领导反映情况

C. 告诉受污染区的其他人　　　　　D. 自己离开受污染的地方

22. 您是通过下列哪种方式获得有关环境方面的信息和知识的？（　　）

A. 学校教育　　　　　　　　　　　B. 与周围人的交流

C. 他人的影响　　　　　　　　　　D. 互联网

23. 您最乐意接受的环境教育方式是什么？（　　）

A. 新闻媒介　　　　　　　　　　　B. 课堂讲座

C. 活动参与式　　　　　　　　　　D. 阅读环境保护书籍

24. 您认为社会上最需要接受环保教育的群体是哪个？（　　）

A. 普通百姓　　　　　　　　　　　B. 学生

C. 企业员工　　　　　　　　　　　D. 领导干部

25. 您认为环境教育最宜在哪个阶段开始？（　　）

A. 幼儿园　　　　　　　　　　　　B. 中小学

C. 大专院校　　　　　　　　　　　D. 参加工作后

26. 您认为当前最严重的生态环境问题是什么？（　　）

A. 水污染　　　　　　　　　　　　B. 大气污染

C. 生活污染　　　　　　　　　　　D. 城市噪音

E. 物种灭绝

27. 您认为倡导建设"两型社会"，对转变我国经济发展方式的作用如何？（　　）

A. 很好，对我国经济发展很有帮助　　B. 一般，有些帮助

C. 没什么帮助　　　　　　　　　　D. 对此不关注

28. 在同等条件下，您选择居住地时最看重的是什么？（　　）

　A. 周围环境的绿化　　　　　　　B. 周边设施的健全程度

　C. 周边交通的便利程度　　　　　D. 其他（请说明）_____

29. 您在用水上是否会"一水多用"？（　　）

　A. 是　　　　　　　　　　　　　B. 否

　C. 偶尔

30. 您看到身边有人浪费水时，您做何感想，会感到可惜吗？（　　）

　A. 会，并上前提醒他

　B. 会感到可惜，但不会上前提醒他

　C. 不会感到可惜

31. 您对未来生态环境问题的改善持什么态度？（　　）

　A. 充满信心　　　　　　　　　　B. 有一点信心

　C. 有点悲观　　　　　　　　　　D. 感到绝望

第三部分　被调查者对生态资本与生态资本投资的认识

32. 您认为人们是否应该为享受了良好的生态环境服务而付费？（　　）

　A. 应该　　　　　　　　　　　　B. 不应该

33. 您认为可以将生态资源与环境看成是一种可以增值的资本吗？（　　）

　A. 可以　　　　　　　　　　　　B. 不可以

34. 您了解生态资本或生态资本投资吗？（　　）

　A. 比较熟悉　　　　　　　　　　B. 了解一些

　C. 听说过这种提法，但具体不太了解

　D. 从来没有听说过

35. 您觉得进行生态资本投资是否有必要？（　　）

　A. 有必要，因为生态资本是可以保值增值的

　B. 虽然有必要，但却会影响到当地的经济发展

　C. 没有必要　　　　　　　　　　D. 其他（请说明）_____

36. 您认为以下各个主体进行生态资本投资的动力有多大？（请排序）

（　　）

　A. 中央政府　　　　　　　　　　B. 地方政府

　C. 企业　　　　　　　　　　　　D. 社会团体

　E. 个人

37. 您认为目前的生态资本投资实践处于什么阶段？（　　　）

　　A. 萌芽阶段　　　　　　　　　　　B. 起步阶段

　　C. 发展阶段　　　　　　　　　　　D. 成熟阶段

38. 您觉得生态资本投资放在哪个层面进行比较合适？（可多选）（　　　）

　　A. 行政区划　　　　　　　　　　　B. 自然区划

　　C. 生态功能区划　　　　　　　　　D. 植被类型区划

　　E. 生态景观区划　　　　　　　　　F. 主体功能区划

　　G. 其他（请说明）_____

39. 您认为生态资本投资是谁的事？（　　　）

　　A. 政府　　　　　　　　　　　　　B. 企业

　　C. 社会团体　　　　　　　　　　　D. 社会公众

40. 您对企业进行生态资本投资如何评价？（　　　）

　　A. 完全没有必要，"办企业"和"搞环保"是两回事

　　B. 好像很多企业都这么做，是为了让别人觉得自己环保

　　C. 企业支持环保，出钱就行了，操作的时候应该由环保机构或政府去实施

　　D. 这是企业社会责任的重要部分，而且如果这样做，企业也可以实现经济收益

41. 您认为造成生态资本短缺的原因有哪些？（可多选）（　　　）

　　A. 工农业生产　　　　　　　　　　B. 人口数量增加

　　C. 自然灾害　　　　　　　　　　　D. 经济发展而造成的影响

42. 如果为了保护和积累生态资本，您需要购买的物品价格升高，您愿意出更多的钱吗？（　　　）

　　A. 非常愿意　　　　　　　　　　　B. 很愿意

　　C. 愿意　　　　　　　　　　　　　D. 不太愿意

　　E. 不愿意　　　　　　　　　　　　F. 反对

43. 您对缴纳环境保护税（费）所持的态度是什么？（　　　）

　　A. 非常支持　　　　　　　　　　　B. 很支持

　　C. 支持　　　　　　　　　　　　　D. 不太支持

　　E. 不支持　　　　　　　　　　　　F. 反对

44. 您认为当地政府进行生态资本投资的"态度"怎么样？（　　　）

　　A. 很不积极　　　　　　　　　　　B. 不积极

C. 还行   D. 比较积极

E. 非常积极

45. 您认为当地政府进行生态资本投资的"行动"怎么样？（   ）

A. 很不积极   B. 不积极

C. 还行   D. 比较积极

E. 非常积极

46. 为了激励生态资本投资，政府应该采取强有力的措施，您的观点是什么？（   ）

A. 坚决反对   B. 有点反对

C. 保持中立   D. 赞成

E. 非常赞成

47. 为了积累生态资本，每个人的行为都应该有所改变，您的观点是什么？（   ）

A. 坚决反对   B. 有点反对

C. 保持中立   D. 赞成

E. 非常赞成

48. 实行可持续消费，也是一种生态资本投资行为，对此您的观点是什么？（   ）

A. 坚决反对   B. 有点反对

C. 保持中立   D. 赞成

E. 非常赞成

49. 您对生态资本投资的意见或建议是什么？

非常感谢您的支持与合作，为了便于在以后的课题研究中与您取得联系，如果您愿意，请留下您的姓名和联系方式。

1. 您的姓名：

2. 您的工作单位：

3. 您的职务：

4. 您的联系电话或信箱：

后　记

本书是在我的博士学位论文基础上修改完成的，同时也是国家自然科学基金项目（70873135、71303261）、教育部人文社会科学研究青年基金项目（12YJC790029）和中南财经政法大学百篇优秀博士学位论文培育项目（2012YB0202）的阶段性成果。"学有所得、思有所悟、研有所成"的求学宗旨，时刻鞭策着我要不懈努力，而这种坚持和追求的动力正是源于学校"博文明理、厚德济世"校训的激励，以及宽松的学习环境和浓厚的学术氛围提供的便利。也许一篇博士学位论文并不能承载太多的东西，但这篇学位论文不仅是我个人在学期间的一点成就，更是我所有老师、同窗、家人长久以来的支持、鼓励和期盼的凝结。

感谢恩师严立冬教授的知遇之恩。从论文选题到框架搭建，从撰写修改到最终成稿，严老师无不尽心地指导，思及严老师在思想、生活上所给以我的无微不至关怀，在此谨向严老师致以诚挚的谢意！即使毕业后正式工作了，在教学、科研、生活及家庭诸方面，依然得到了严老师耐心细致的指导。

感谢人口、资源与环境经济学专业导师组的刘思华教授、杨云彦教授、陈浩教授、高红贵教授、方时姣教授和杨晓军老师，他们深厚的学术研究造诣、严谨的学风、大家的风范，使我领略到智者的睿智、师表的丰采，令我受益匪浅、终生难忘。

感谢我的同窗师友们，崔元锋、朱蓓、喻长兴、高志英、岳德军、张亦工、孟慧君、刘新勇、陈光炬、郝文杰、蔡运涛、谭波、徐丽、刘加林、邓远建、麦琼翎、黄鹂、马期茂、何伟、苏发金，以及闫继红、王秋跃、刘琳琳、李益博、田苗、袁浩、麦瑜翔、乔长涛、王海成、李立、张琳琳、罗毅民、潘志翔、张维、张永敏、钱丛慧、傅敏、彭屾等，作为"严门"大家族的成员，以导师为核心，大家相互勉励、切磋交流，形成一个充满活力、富有凝聚力与创造力的学术团队，感谢大家对我的帮助和有益探讨！

在论文写作和整理出书的过程中，参考了前人与同行的很多研究成果，文中已有注明，在此表示诚挚的谢意！匿名评审专家对本研究给予了中肯的评价，论文答辩委员会主席和各位答辩委员在百忙之中莅临我的答辩会，并对论文进行了精彩点评，谨致谢意！著作的公开出版也得益于中南财经政法大学学术专著出版资金的资助，同时感谢责任编辑田文老师不辞辛劳的工作。

由于生态资本投资还是一个比较新颖的研究领域，加之自身才疏学浅，著作还存在一些不足之处和需要改进的地方，欢迎同行专家提出意见和建议，将在以后的课题研究中加以完善。

屈志光

2014 年 11 月于南湖